LITERATURE

爱默生与美国个人主义文化

任 昕◎著

知识产权出版社
全国百佳图书出版单位
—北京—

图书在版编目（CIP）数据

爱默生与美国个人主义文化 / 任昕著. —北京：知识产权出版社，2022.9
ISBN 978-7-5130-8133-7

Ⅰ.①爱… Ⅱ.①任… Ⅲ.①爱默生（Emerson，Ralph Waldo 1803-1882）—思想评论 Ⅳ.①B712.41

中国版本图书馆 CIP 数据核字（2022）第 066452 号

责任编辑：刘 睿 邓 莹 刘 江　　**责任校对**：王 岩
封面设计：SUN 工作室 韩力君　　**责任印制**：刘译文

爱默生与美国个人主义文化

任 昕 著

出版发行：知识产权出版社有限责任公司	**网　址**：http：//www.ipph.cn
社　址：北京市海淀区气象路 50 号院	**邮　编**：100081
责编电话：010-82000860 转 8344	**责编邮箱**：liujiang@cnipr.com
发行电话：010-82000860 转 8101/8102	**发行传真**：010-82000893/82005070/82000270
印　刷：北京建宏印刷有限公司	**经　销**：新华书店、各大网上书店及相关专业书店
开　本：720mm×1000mm 1/16	**印　张**：15.5
版　次：2022 年 9 月第 1 版	**印　次**：2022 年 9 月第 1 次印刷
字　数：228 千字	**定　价**：78.00 元

ISBN 978-7-5130-8133-7

目　录

第一章

爱默生的时代

一、超验主义之前的美国

如果不以国家成立的时间，而是以一个具有一定独立形态的民族形成的时间和一个具有一定独立形态的文化形成的时间来计算，那么美国历史应是人类历史上迄今为止最短的国家史和文化史。但是，就是这样一个历史和文化如此年轻以致常常被认为是文化历史浅薄的国家，在近一个世纪的时间里对全球发展产生了重要影响。不论是在经济、政治、外交，还是在军事、国际事务中，美国近一个世纪以来一直处于全球领先、独霸的地位，成为当今世界头号超级大国。如果把这种现象简单归结为经济的崛起和军事的强大，还不能说明深层次的问题。

每个国家和民族都有自己独特的文化历史和文化形态。美国历史尽管短暂，其美国式的独特文化品质和内涵却早已在全球普及蔓延，并且其特征相当鲜明。作为国家意义上的文化主体，美国文化也经历了萌生、形成、确立和发展的过程，但这一过程有其鲜明的特性。

一是文化的速成性，美国在短短二百多年的时间中经历了国家从无到有的建立、发展过程，快速经历了人类历史从古到今一些基本的、主要的发展阶段，其文化也在其中快速发育成长。美国不像世界上其他大部分国家，其历史是建立在某一地域上的一个或若干相对稳定的民族长期繁衍、自然进化的基础上，这种自然进化需要漫长的过程。美国可算是一个“人为”建立起来的国家，并且这种“人为”行为，如果从殖民者踏上美洲大陆算起，也不过几百年的时间，从建立国家至今也不足三百年。这不足三百年的时间越过了人类产生之初的漫长的早期阶段，越过了人类自然进化过程，也越过了一些人类发展阶段和文明发展阶段。人类早期为在自然中生存而进行的种种求生努力和探索自然、适应自然、开发自然的历程，在美国历史中是不存在的，美国无须经历这些发展过程，因而美国的历史只是在人类历史发展到某一阶段时开始的。这期间，国家的快速生成发育，也必然导致了文化的快速生成发育。我们常说美国没有历史没有文化，这种特殊的国家发生史在人类历史中的确是一个特例，这就决定了美国文化的特殊性。美国就像一个快速发育的孩童，还在摇篮中时就经历了其他国家和民族用漫长时间演进的成长史。这样一种快速发育成长的历史的利与弊也必然会影响到美国文化的特质。

二是文化生成过程中的人为性和目的性。我们恐怕很难找出其他文化会像美国文化这样在最初萌生时期即预设了明确的目的，并在发展过程中几乎没有偏离地向其目标发展。我们也很难找出一种其他文化会像美国文化这样，在其发展过程中，不断有人提出明确的治国主张，不断有人为文化发展规定方向、制定战略、提出方案。大多数民族和国家的文化发育都是一个类似生命发育的自然过程，在这一过程中，进化的自然选择、历史的发展或阻滞、偶然性事件、人（个人或少数人）的影响等多种因素交织在一起，相互作用，共同影响着一种文化的发展进程、内在品质和外在形态。我们几乎很难找出一种文化不是在自然状态下完成的发育过程，大多数自然形成的文化形态都是各种因素合力作用的结果。但是，美国文化是一个例外。美国文化的形成和建立过程是一个人为努力和目标预设的过程，这就使得美国文化具有鲜明的自身特征，而这些特征是与美国国家的发展、国家组织机构、政体结构等相匹配的。也就是说，美国文化从总体上来讲，对国家发展、国家机构和政体是起推动作用的，而国家政府组织和权力机构反过来又进一步确立和支持了美国的主流文化。

三是文化的整体性和民众普适性。美国文化在最初很容易给人造成一种错觉，即文化发展的自由度、宽泛性、多元性。提起美国文化，人们往往首先想到的就是民主和自由，以及能够体现这种民主和自由的多元化、多民族性、杂糅性、包容性等。但在美国，无论一个人是什么种族和身份，他可能首先认可的即是自由、民主、个人权利等这些很“美国式”的价值观。正是这些很“美国式”的价值观，构成了美国文化的特征，许多人向往、追求的“美国梦”正是由这些价值观构成的。

美国文化的多民族性和多样性背后是对构成美国精神核心价值的普遍认同，普通百姓与政府在某些价值观上高度趋同，美国核心价值得到普遍认可，这使得美国文化在多样性、杂糅性、自由性和宽泛性上又呈现出高度统一、高度一致的特征，呈现出广泛的民意基础。而这种美国文化的大众性、普遍性、全民一致性，又与美国文化历史的短暂和目标预设有着紧密联系。美国历史的短暂历程使文化发展尚未出现更多分化，也尚未复杂化之时，便在一种几乎是全民公认的价值观中确定了基调。

从哥伦布发现美洲大陆开始，近几百年间在美洲大陆所发生的历史事件实在是翻天覆地。从当初美洲大陆上的原住民在这块土地上居住繁衍，直至欧洲殖民者初次踏上这片土地，从欧洲各地探险家、投机者、宗教避难者抱着各种目的来到这块新大陆寻找机会，到独立战争最终取得胜利，建立起“现代世界所诞生的第一个国家”❶，从这个年轻的国家诞生直至建立起全球霸主地位——可以说，美国自诞生之日起便一直是现代人类历史上一个人为建立起来的传说。

在这个不算太长却足以发生许多巨大变化的历史时间里，爱默生在美国历史上究竟处在一个什么样的位置？其思想和作品对美国文化和历史又产生了怎样的影响？

殖民地时期的文字向我们记述和传达了那一时期殖民者是如何进入美洲大陆并建立起最初的美洲大陆文化的。我们将美洲原住民印第安人的文化作为一个特殊的文化形态，暂且不列入考察范围，而从欧洲殖民者最初登上美洲大陆开始考察美国文化形成的最初因素。这样做的原因主要在于：其一，美国现代文化是源自欧洲并脱胎于欧洲母体文化的一种新兴文化，它与欧洲文化有着天然的、直接的关系。其二，在其后的历史进程中，印第安原住民文化遭到了巨大破坏，被驱赶至主体文化边缘，虽然印

---

❶ ［美］萨克文·伯科维奇．剑桥美国文学史（第一卷）［M］．蔡坚，主译．康学坤，朱士兰，吴莎，译．北京：中央编译出版社，2008：1.

第安文化至今仍然惨淡延续着种族血脉，但早已不占主流地位。在美国占主流地位的文化依然是以欧洲母体文化为源头、以基督教文化为主体并在后来逐渐形成自身特征的美国文化。因此，我们现在所谈论、所考察的美国文化，确切地说是这一占据主流地位的文化，即我们通常所说的美国文化。

美国文化存在两个突出的特点，这两个特点既相互矛盾，又是共生的。第一个特点是文化融合。这一特点缘于美国多民族、多种族杂居共生的现实情况。美国是一个典型的庞大的多民族、多种族共生的国家，美国文化不仅包括早期印第安文化和欧洲殖民文化，也包括其后不断加入的外来移民所携带的各自文化。第二个特点是文化上的相对排他性。为什么说美国文化在多文化融合交汇的同时，又具有排他性（甚至某种程度上可称为单一性）呢？这主要是因为，美国国家建立的人群主体来自欧洲。初到美洲大陆的殖民者大多来自欧洲，而以波士顿为中心建立起来的新英格兰地区则更是以英国清教徒为主，这使美国文化从建国之前即已定下以欧洲文化为主体的基调。美国独立后，开始在一段时间内致力于建立美国本土文化，然而美国早期殖民者来自欧洲这一事实是无法消除的，美国文化不可避免地携带有欧洲文化的基因。尽管美国也在其后的国家建立历史中形成自己独有的美国文化，但这一独立性是脱胎于欧洲文化母体的自我新生，而绝非凭空发生的。这就使美国文化实际上是以欧洲文化元素为主要特征，即以基督教文化为主体的。而其他文化无论从哪方面来看，都没有占据美国文化的主导地位，并且这种情况一直持续至今。在大多数历史时期，基督教文化以外的文化是处于边缘和被动地位的。在一些特定历史时期，这些文化甚至被作为落后文化或异己文化而遭到排斥、轻视甚至毁灭性破坏，如印第安文化。这使美国文化也同时带有相应的两个特征：多元性和欧洲主体性，或称包容性和排他性，开放性和封闭性。这两个特征看似矛盾、互不相容，但又同时存在于美国文化中。这使得美国文化看似包容、多元，处于不断吸收和更新的活跃状态下，但实际上，又常常是排他的，自我封闭的，唯我独大的。这些相互对立、矛盾的特征同时存在于美国多重文化的杂糅、融合、演进中，形成美国文化中一个独特的现象。

早期殖民者们在向新大陆进发的过程中，几乎无一例外都抱着一种强烈的愿望。无论是要探索新大陆，获取海上霸权和殖民先机，还是怀抱投机发财的淘金梦；无论是为逃避宗教迫害，还是相信天赋职责、梦想建立一个人类历史上的理想社会，这些殖民者几乎无一例外都将这块神秘大陆视为一座巨大的金矿，用于获取种种未来的可能性。所以他们几乎无一例外都是下定决心要克服重重困难前往这块神秘大陆的。当时许多文献都记录着促使这群冒险家踏上这一旅程的动机和他们的冒险经历，他们也相信自己正在进行的事业以及所记录的文字能够影响和创造历史。不论结果如何，不论这些文字是否真能如他们所希望、所预料的那样可以改变历史，创造上帝的理想家园，这些文字确也为历史留下了忠实的记录。以今天的视角回过头去看这些冒险登上新大陆的人们，无论他们当时怀揣何种梦想和欲望，也无论这些梦想和欲望对现实产生了怎样的影响，这些欧洲大陆殖民者的到来确也为这片土地带来了最初的欧洲文化元素，也产生了最初的美国文化因子，而这些正是构成日后美国文化的最基本的因素。

什么是美国文化精神？美国文化精神应是以美国民族文化为基础所形成的能够体现美国文化的基本内涵和基本理念，展现民族的基本特质和风貌，具有独特美国性质的因素，它包含了美国文化中那些最核心的观念、准则、价值判断，被赋予了美国式的理想诉求。在此基础上展开的对美国文化和美国精神的研究，主要是以此为依据，针对美国多民族汇聚、多文化交融的情况，从美国文化精神形成的历史去考察，从文化整体上进行观照，思考其所蕴含的特性，并在此基础上探讨爱默生思想对这一文化所产生的影响。

正如有美国学者指出："'美国'一词指的是历史过程中的一个阶段——美利坚合众国。它同时也是一个群体、一个民族的宣言，这个民族的形成和维系依赖于一系列口头法则、社会公认规则、社会凝聚力、社会召唤等，它还依赖于某个寓言、某个梦想、某种美学理想、某种现代的代名词，如'进步'、'机会、''创新'等，是一个包罗万象的符号，如

‘大熔炉’、‘大拼图’、‘国中之国’ 等称号……”❶

在这个大熔炉中，早期印第安原住民文化无疑是美洲大陆文化的开端，但由于历史原因，这一构成美洲大陆开端的文化如今已成为文化孤岛或文化遗留物，无法构成作为独立国家形态的美国文化的主要内容。这主要是由于：第一，早期美洲印第安人虽然拥有古老灿烂的文化，但以文字形式被保存下来的并不多，还有一些以口头形式代代相传。其后，由于欧洲殖民者对印第安人采取了几乎是赶尽杀绝的政策，印第安文化也随之受到严重损毁。第二，在欧洲殖民者眼中，印第安文化属于“劣等”文化，他们不可能对这样“劣等”的文化进行有意识的、大规模的、妥善的保存，一些印第安文献被早期殖民者和探险家当作异教文化毁坏。因此他们更不可能将印第安文化作为文明的养料善加吸收。对于欧洲殖民者来说，他们对待印第安人的最善良的愿望莫过于“经过悉心教化和管理的原住民可以懂得拥抱真理，并因而尊重、顺从、敬畏和热爱我们”❷。因此，印第安文化不可能成为欧洲殖民者尊重和学习的文化，也不可能在日后的历史中对文化主流发生较大影响。对于这些“野蛮”的、“残暴”的、“未开化”的民族，欧洲殖民者的主要任务是教化、宣教、压服和消灭。第三，撇开殖民因素和严重的不对等关系，印第安文化与欧洲文化之间存在巨大的差异，这缘于不同地域的种族在其文化开端时期所产生的那些最基本的信仰和观念上的差异，这些差异导致一些最基本的思想文化及其他诸多方面的差异。

由于美国特殊的形成历史，在独立之前到独立之后的大约一百年时间里，美国经历了一个从无到有、从初始到成形、从文化和观念上的模糊到最终明确、从殖民地形态到独立国家的进程。在这个过程中，美国不仅作为一个独立的国家建立起来，作为一个独立国家所应具有的国家理念、纲

❶ ［美］萨克文·伯科维奇．剑桥美国文学史（第一卷）［M］．蔡坚，主译．康学坤，朱士兰，吴莎，译．北京：中央编译出版社，2008：13.

❷ ［美］萨克文·伯科维奇．剑桥美国文学史（第一卷）［M］．蔡坚，主译．康学坤，朱士兰，吴莎，译．北京：中央编译出版社，2008：29.

领性原则、制度律法等也随之确立起来，并且，作为一个独立国家所同时应当具备的成形的民族文化也逐渐确立起来。这一成形的民族文化应是摆脱了欧洲控制的、具有独立形态和独立性质的文化，是殖民地在经历了两百多年后逐步确立起来的自己的文化形态，它应当具有明确的、自觉的独立意识、独立内涵以及独立品格。

1700 年，欧洲殖民者已经完全占据美洲大陆。在从殖民者踏上美洲大陆到殖民地形成、美国独立之前的这两三百年时间里，是美洲大陆殖民地文化的形成时期。这一时期，文化呈现出纷杂和混沌的状态。在这样一块广袤的尚未开发的土地上，一切都处于形成过程中，欧洲政府的统治尚未稳固，文化也尚未建立，殖民者与美洲原住民之间的关系一直处于利益和文化的紧张冲突之中。这一时期的文化，既有来自不同欧洲国家的不同文化，又有殖民过程中刚刚形成的早期殖民地文化和宗教文化，主要表现为早期殖民者的一些游记。对于欧洲殖民者来说，他们在美洲大陆上最初所看到的绝不是当年马可·波罗在游记中对富庶的东方文明的描述。在这些欧洲殖民者眼里，神秘的美洲大陆是一片荒蛮野性的尚未开发的土地，文明尚未进入这里，这块土地上的居民野蛮、残暴、愚昧、恶毒。带着这样的认识，大多数欧洲人“认为印第安人缺乏构成文明的基本要素……他们是残暴、野蛮、原始的：与其文化相关的一切都是最初等的”❶，而他们则有一个“美好的愿望”，即经过悉心教化和管理的原住民“除了爱、尊重、服从以外，还要有敬畏”，即他们认为自己是来救渡、帮助和开化这里的愚昧野蛮的原住民的，所以原住民不仅要接受他们的文明，还要心怀感恩，将他们视若神明一样敬畏和热爱。

殖民地文化秩序的建立是伴随着殖民者对美洲大陆原始状态与欧洲文明之间的巨大差异和冲突的认识逐步演变、调整的过程。这一过程既是欧洲殖民者逐渐认识这块新大陆、认识这块大陆上的自然环境和原住民文

❶ ［美］萨克文·伯科维奇．剑桥美国文学史（第一卷）［M］．蔡坚，主译．康学坤，朱士兰，吴莎，译．北京：中央编译出版社，2008：29.

明、认识欧洲文明与新大陆文明之间的巨大差异及相互关系，并在其中不断调适的过程，同时也是欧洲殖民者逐渐建立起新的不同于欧洲旧大陆文明的过程。“文明与自然的整个关系体现在殖民化的历程中。通过认识与自身文明具有根本不同的其他文明，欧洲人便能够对自己的文明提出一些基本问题。”❶ 人们通过对照欧洲旧大陆与美洲新大陆之间自然条件和文明状况的不同，对这块神奇的大陆不断地进行认识和探索。当时人们的认识大致分成两种观点：一种观点认为新大陆是一块必须被开发的土地，它远远落后于文明应当进化到的水平；另一种观点则认为新大陆物产丰饶，并非蛮荒之地。但不论哪种观点，有一点双方认识是一致的，即都认为新大陆必须被开发利用。这两种不同的观点都从对新大陆自然条件的认识扩展到对新大陆文明状况的认识，这在当时是较为普遍的观点，也是殖民地文化形成时期人们对新大陆的基本认识，这些都为日后殖民者开发美洲大陆提供了最初的理念。从开发利用美洲自然环境、发展农业到全面开发新大陆、提升新大陆文明，再到建立新世界秩序以及在这一过程中逐渐建立起对新世界的自主意识，殖民者以自己的方式探索着这块大陆的奥秘。这次论争是殖民者关于如何开发新大陆这一论争的起点，也被称为“新世界的争端”❷。

“新世界争论的强烈程度表明，尽管欧洲帝国在迅速向世界主导的方向上前进，但它本身已经很脆弱了。而围绕新世界是否适合作为人们栖居地展开的争论爆发之时，正是欧洲文明已经在美洲确立了绝对地位的时候。”❸ 一些新的东西正在悄悄形成、崛起，一旦时机成熟，其力量足够强大，这一新的势力便一定会提出自身独立的要求；而旧的东西在暂时掌握一切的同时也在开始走向权力的弱化。这场争论背后所隐藏的更基本的

---

❶ ［美］萨克文·伯科维奇．剑桥美国文学史（第一卷）［M］．蔡坚，主译．康学坤，朱士兰，吴莎，译．北京：中央编译出版社，2008：100.

❷ ［美］萨克文·伯科维奇．剑桥美国文学史（第一卷）［M］．蔡坚，主译．康学坤，朱士兰，吴莎，译．北京：中央编译出版社，2008：99.

❸ ［美］萨克文·伯科维奇．剑桥美国文学史（第一卷）［M］．蔡坚，主译．康学坤，朱士兰，吴莎，译．北京：中央编译出版社，2008：99.

问题实则是新世界是否有足够的能力发展出自身的文明，从而建成一个新世界，并成为新世界本身。堕落论者始终认为，美洲大陆是蛮荒和落后的，欧洲人将更先进的文明和信仰带到这片土地上，他们不仅是美洲大陆的发现者和占有者，而且将是新世界文明的创造者。他们不相信美洲原住民的文明，认为他们不配做这块大陆的主人，坚持认为欧洲人比美洲人更高等，应该肩负起开发这片土地的职责。这种观点随着欧洲殖民地在美洲大陆上的进一步扩张和巩固，也越来越显现出不容置疑的优越性。但是让这些殖民者自己也感到矛盾的是：一方面，他们觉得欧洲旧大陆文明高于美洲大陆；另一方面，他们又觉得美洲大陆如同欧洲的孩子，代表着欧洲的未来，因其更年轻和原始，也同时更具活力和希望。与此同时，另一种观点则认为美洲将逐步建立起自己独特的形态，它终将逐步走向成熟，具备可以成为独立国家的条件，并脱离欧洲建立起自己独立的国家。《独立宣言》的起草者们宣布脱离英国自治时，无疑也是抱定了这样的想法。尽管他们或他们的祖先也来自欧洲，但在内心里，他们已经开始逐渐成为美洲人，他们会把美洲当成自己的家园。对他们来说，美洲文明低于欧洲，需要欧洲文明来拯救、来塑造的观点是一种耻辱，这无异于说美洲是低人一等的，不过是欧洲所施予的一块土地。托马斯·杰斐逊曾在《弗吉尼亚札记》里以科学实证的方式介绍了美洲物种之丰富，从而强调美洲大陆是一块富有生机的土地，这种生机勃勃的特性正是美洲大陆未来的基础。类似观点也体现在其他诸如对自然、气候、农耕、医药等自然科学的观察、研究等领域。而所有这些观点和认识都从对美洲自然条件的研究逐步进入对文明、文化的思考以及思想、政治等范围，为美国独立确立基础观念。

这其中一个重要的事实是：持有这种观点的人们不仅认为美洲大陆可以建立起自己独立的国家形态，在他们身上，这种脱离旧欧洲建立独立国家的想法同时也带有建立理想之国的强烈动机和信念。就在《独立宣言》发布的同年，爱德华·吉布的《罗马帝国兴衰史》也发表了，这似乎是一种信号，它表明，“耶路撒冷是清教徒‘山顶之城’的一个典型，而罗马则成为华盛顿的典范。在北美洲中部的殖民地，尤其是在南部的殖民地中，新英格兰是被救赎了的伊甸园的这种想法让位于复苏的罗马形象”[1]。

在这一过程中，有一件事对美国本土文化产生了重要而明确的影响，这就是在1620年，第一批清教徒乘坐“五月花”号轮船踏上了普利茅斯。这一事件对于美洲殖民地发展以及美国的形成历史来说，是一个重要的、清晰的起点。因为说到美国文化，就不能不说到清教文化。作为一种独立的、具有真正美国品格的文化形态，清教文化在其中占有重要地位，也就是说，清教文化对美国文化特质的形成有着重要的影响。尽管目前对这一观点还有不少争论，但这一情况同时说明，清教文化对美国建立和美国文化形成确实有着无法否认的影响。

“清教徒”一词最初是欧洲天主教徒和一些温和的英国基督教徒对激进的新教教徒的称呼。这些被称为“清教徒”的人们漂洋过海来到美洲大陆以后，在新英格兰地区建立起自己最初的殖民地，实现了信奉清教教义的愿望。在新英格兰地区，清教徒们的宗教理想似乎已从这里扩展到更广泛的疆域，影响所及，绝不仅只包括新英格兰地区这片英国殖民地，他们所向往的建立一个宗教相对自由、管理相对自治的理想社会的图景正是日后美国建国所依据的思想基础。从这一点来说，清教徒带给这片新大陆包括带给后来的美国的，相比其他更早期的殖民者单纯以掠夺侵占为主的殖民活动，无疑有着更多的宗教和政治思想内容。如果比较清教徒和英国国教信徒的宗教思想，我们就会发现，清教徒所信奉的教义与现代社会中的一些观念，或者说与大家通常所了解的现代美国社会的一些理念有许多相似之处。比如，清教徒坚持认为每个公理会机构都应当是相对独立的机构，其领导者应由选举出来的牧师或法官担任，而不是像英国国教那样把君主奉为教会之首。他们还认为《圣经》具有神圣的力量，字字句句包含真理，同时对人性本恶的说法产生怀疑。这些宗教信仰和宗教管理上的

[1] ［美］萨克文·伯科维奇．剑桥美国文学史（第一卷）［M］．蔡坚，主译．康学坤，朱士兰，吴莎，译．北京：中央编译出版社，2008：111.

分歧使清教徒与英国国教徒之间的分化越来越大。1609 年，大量的分离主义者即布朗主义者[1]从英国移居至荷兰。在其后至 17 世纪初的一段时间里，他们对整个欧洲的失望和不满情绪越来越严重，随后，大约 100 名分离主义者带着普利茅斯公司颁发的许可状，登上“五月花”号轮船，开始了驶向新大陆的航程。1620 年，他们从科德角登陆，随后建立起美洲第一个清教徒殖民地，即普利茅斯殖民地。他们自拟了一份《五月花公约》作为殖民地纲领。在公约中，他们表示要效忠英国国王，但也声明殖民地应当按照民主的原则建立自己的政府和首领。自此，这个以清教徒为主体的殖民地在秉持个人对于宗教教义的理解和建立相对独立的民主政府的意愿的基础上建立起来。1630 年，另一批公理主义者在约翰·温斯罗普[2]的带领下，乘坐阿贝拉号轮船也来到这里，并建立起波士顿殖民区。随后，17 世纪 30 年代开始出现移民大潮，有 1.5 万～2 万人来到美洲。新英格兰地区随着移民者的到来开始逐渐繁荣起来，贸易和经济获得发展，商人阶层迅速壮大，文化教育随之开始建设，社会规模逐渐发展扩大。从这片殖民区开始，美国文化开始逐渐建立起来，逐渐发展出自己的形态和特质，这片殖民区也成为美国国家建立和文化建立的摇篮。

二、超验主义的诞生

任何一个民族的文化巨人的出现都不是偶然的，而是历史发展和文化累积到一定程度，在特定时代和形势下的产物。所谓时势造英雄，时代和形势为一个在一定历史阶段中将要出现的、在本民族历史上留下重要影响

---

❶ 罗伯特·布朗于 1582 年出版的《宗教改革刻不容缓》一书，主张从英国国教中分离，因此，拥戴布朗思想的信徒也被称为布朗主义者。

❷ 约翰·温斯罗普（John Winthrop，1588～1649），美国殖民时期的重要人物，1630 年带领大批英国人来到北美大陆的马萨诸塞殖民地，曾先后多次担任殖民地总督。

的人物早已酝酿、铺垫好了大的背景和时代条件。一个重要人物的横空出世，如果缺少时势的因素，将不可能成为一件具有历史意义的事件，因为，时势所能提供的活动舞台有多大，人物就会发挥多大的能量。

1836年，就在法国青年托克维尔发表《美国的民主》（上部）的第二年，在美国波士顿的康考德，一批年轻人发起成立了超验主义俱乐部，俱乐部最初的成员有乔·里普利、弗·亨·赫奇、拉·华·爱默生、詹·弗·克拉克、奥·布朗森、阿·布·阿尔科特等，随后，亨利·大卫·梭罗、西·帕克、克·皮、克兰奇、威·亨·钱宁等也依次加入，这个俱乐部中还有三位杰出的女性，即玛·富勒、索·里普利、伊·皮博迪。除去这些人物，一些人虽不在这个派别内，但与这个圈子长期保持联系，他们也同样是美国文化史上的大师级人物，如霍桑、亨利·詹姆斯。这些年轻人最初是在里普利的家中聚会时发起这个运动的，因为他们的活动地点就在波士顿附近的康考德，所以又称康考德派。这其中有不少人都在美国文化发展史上留下了浓墨重彩的痕迹。这场始于美国新英格兰地区的文化思潮持续了大约十年之久，引发了新英格兰文艺复兴运动，使超验主义成为美国本土上第一次重要的文化运动。受其直接和间接影响，产生出一批具有世界声誉的作家，如亨利·大卫·梭罗、霍桑、阿尔科特等。爱默生是这一运动的实际领袖，其思想对美国形成本土文化及美国精神的塑造起到至关重要的作用。林肯将爱默生比作“美国的孔子”，美国人把他称为“康考德的圣人”。

这是一件在美国文化和历史上具有非凡意义的事件。这场运动的发生地——新英格兰的波士顿地区，也是美国独立战争打响第一枪的地方，而此次运动在美国思想文化发展历史上也无异于一场文化上的独立战争。

“1790~1820年间，美国就没有真正意义上的书籍、演讲、对话或者思想。”❶ 这是爱默生在1852年回顾浪漫主义的黄金时代直至被称为文化

❶ ［美］萨克文·伯科维奇．剑桥美国文学史（第一卷）［M］．蔡坚，主译．康学坤，朱士兰，吴莎，译．北京：中央编译出版社，2008：513.

空白阶段时所说的话。在 19 世纪三四十年代之前，也就是美国独立运动前后以及建国之后的一段时期内，美国还没有建立起真正属于自己的民族文化。持有这一看法的不仅是爱默生，当时美国许多知识分子都有同感，这是当时一种普遍的认识。在此之前，美国没有自己的文学，直到华盛顿·欧文和詹姆斯·库珀出现，才开始有了属于美国本土题材的文学作品。而在思想上，此时的美国思想不过是来自欧洲的哲学。作为具有独立形态的主权国家，美国已经建立，在文化上却依旧从属于欧洲体系。爱默生等一批早期美国文化精英们早已看到这一现象，他们深感美国亟须建立真正属于自己的本土文化。

尽管这种观点也受到了越来越多的质疑，越来越多的学者开始挖掘美国建国初期的历史文献，希望从中找到反驳的例证，但不可否认，不论这一时期的美国文献有着多少超出文学和哲学之外的价值，此时的美国本土文化并未真正建立起来。从历史角度而言，这一时期的文献所隐含的更大的价值，也许正在于它们为其后不久到来的美国本土文化的建立酝酿了条件、提供了养分。

美国本土文化的建立，也为美国文化建立起属于自己的、最初的内容、结构和标准，而这也同时为文学的自主建立起标准。文学不再是具有政治意义、提供道德教育范例和考察研究价值的文献，而是越来越成为真正意义上的文学，越来越显示出文学性和独特性。“伴随着教育意义蜕落而来的是对隐私的愈加强调。权威的艺术家们追求新颖的风格来表达作者本人独特的个性，这种艺术的主题是对个人成就的渴望。浪漫主义叙述的特点是讲述个人的传奇经历，作品的中心就是展露主人公的内心世界。”❶与此同时，文学创作被当作一个独立的职业，越来越多的作家以此为职业，甚至以此为谋生手段，在南北战争前，文学创作已得到普遍认可。

在《论超验主义者》（*The Trenscendentalist*，1841）中，爱默生对超

❶ ［美］萨克文·伯科维奇．剑桥美国文学史（第一卷）［M］．蔡坚，主译．康学坤，朱士兰，吴莎，译．北京：中央编译出版社，2008：514.

验主义作了这样的介绍："什么是我们通常所说的超验主义？那就是唯心主义，就是1842年出现的唯心主义。"[1] 爱默生毫不犹豫地宣布超验主义是唯心主义，他区分了唯物主义和唯心主义："唯物主义者坚持一切立足于事实，坚持历史，坚持环境的作用力，以及动物可以成为人。唯心主义者则坚信思想和意志的力量，坚信精神，坚信奇迹，坚信个人的文化进步。这两种思维模式都是自然的，但唯心主义者更倾向于认为他的思想方式高于自然。"[2] 他郑重宣布："每一个唯物主义者都会成为一个唯心主义者，但一个唯心主义者绝不会退回去成为一个唯物主义者。"[3] 由此可见，超验主义最基本的宗旨即将自身与更高的精神世界建立起联系。这种对精神以及对更大的"宇宙灵魂"的探索和需求不仅表明了超验主义作为唯心主义哲学的基本特征，而且也是一种信号，它标志着美国的思想、文化、文学以及美国这一代精英的思想已经从殖民地时代单调的宗教记录、从早期几乎没有丝毫浪漫气息的粗糙写作，进入精神的、灵性的世界，进入整个思想和文学领域的浪漫主义。

爱默生在他的系列演讲《当今时代》（*The Present Age*，1839~1840）的序言中，曾对超验主义有过一个大致解说，说明是什么使这批在康考德附近的文化精英聚集在一起，掀起了这股文化浪潮，而这些文化精英又是怎样的一群人。爱默生这样形容这些超验主义者："超验主义者接受与整个精神规则的联系。他相信奇迹，相信人类思想向着光明与力量持续敞开自身，相信灵感，相信狂喜。"[4] 这些人身上带有典型的文化上的浪漫气息和变革热情："这些人的天性并不忧郁、刻薄、孤僻——他们并不古板和粗鲁——而是欢欣的、敏感的、感情丰沛的，他们甚至比其他人更加渴望被爱。就像年轻的莫扎特一样，每天都想呼喊十次：'你肯定爱我

---

[1] Emerson. Essays & Lectures [M]. N. Y.: The Library of America, 1983: 193.

[2] Emerson. Essays & Lectures [M]. N. Y.: The Library of America, 1983: 193.

[3] Emerson. Essays & Lectures [M]. N. Y.: The Library of America, 1983: 193.

[4] Emerson. Essays & Lectures [M]. N. Y.: The Library of America, 1983: 193.

吗？’”[1] 一方面，这些人渴望爱和被爱，他们灵魂中涌动着无止无休的对这个世界的渴望和对人类精神生活的探索；另一方面，他们又会在此中感到孤独、忧郁。“他们孤独，他们的作品和谈话的精神就是孤独，他们排斥他人的影响，逃避整个社会，他们很想躲进斗室之中，他们不愿过城市生活，而宁肯去乡间隐居，在孤身独处中工作、娱乐。”[2] 只要看一看亨利·大卫·梭罗，这样的评语就非常容易理解。而在这样一班超验主义者中，像这样抽身躲进隐居生活，宁愿孤身一人的人又绝不仅只有梭罗一人。

这群奠定了美国本土文化基础的人又被爱默生描绘成“固执、任性、桀骜不驯”[3] 的一群人，“他们痛恨征收捐税、公路收费、银行机构、等级教育、政府官员，是啊，几乎是所有的法律法规。可他们的脖子却软得不可言喻，就连一根头发也会使之收缩”[4]。但是，使他们产生如此想法、如此做法的关键因素是一致的，那就是他们几乎无一例外相信这样一个信条：个人。在他们心目中，个人即世界，个人是这个世界的一个中心性的闪闪发光的东西，它“是一把过去从未出鞘的利剑，它将骨头与骨髓、灵魂与身体剥离，是啊，几乎是将人与自身剥离”[5]。这是一群带着梦想和热情，渴望对这个社会有所发现，同时也渴望有所建树的一群人。从一些主要特征来看，他们更像是一群纠结于个人与社会、理想与实际之间的浪漫主义者，但因其在文化上的追求和在历史上的特殊影响，他们又兼具启蒙主义者那种开辟新时代的理想主义的特质。他们所掀起的种种探索、实验，如果以欧洲浪漫主义和启蒙主义精神来衡量，也的确同时兼具浪漫

[1] Emerson. Essays & Lectures［M］. N. Y.：The Library of America，1983：200.

[2] ［美］萨克文·伯科维奇．剑桥美国文学史（第一卷）［M］．蔡坚，主译．康学坤，朱士兰，吴莎，译．北京：中央编译出版社，2008：333.

[3] ［美］萨克文·伯科维奇．剑桥美国文学史（第一卷）［M］．蔡坚，主译．康学坤，朱士兰，吴莎，译．北京：中央编译出版社，2008：333.

[4] ［美］萨克文·伯科维奇．剑桥美国文学史（第一卷）［M］．蔡坚，主译．康学坤，朱士兰，吴莎，译．北京：中央编译出版社，2008：333.

[5] ［美］萨克文·伯科维奇．剑桥美国文学史（第一卷）［M］．蔡坚，主译．康学坤，朱士兰，吴莎，译．北京：中央编译出版社，2008：333.

主义与启蒙主义的双重性质。在个性气质上，在他们的种种哲学追求上，他们更像是美国版的浪漫主义，带有狂飙突进的热情；而在文化思考和实验上，他们的所作所为则更具启蒙主义特点。

这种热情与波士顿一向冷漠的人情关系和淡然的生活氛围形成对比。在美国建国之后半个多世纪里，在国家政体建立、形成，政治思想和各项法律随之逐步确立的时间里，另一种暗流也在涌动，逐渐形成并显露出来，形成一股更加明确的力量，这就是对于思想和文化的自我建立的需求。超验主义与其说是美国最早出现的哲学和文学运动，毋宁说是美国在建国之后，随着国家政体和国家理念的确立而出现的国家文化的确立运动。它以超验主义为发端，从哲学、文学上发出自己最初的声音，形成文化上的各种最基本的观念和标准，进而在民族深层次的思想中确立起美国文化的内涵和特色，由此也进一步确立起美国民族精神中的一些基本内容、基本准则和基本特征。

超验主义并非凭空产生的。历史经过长时间的酝酿，已经到了可以出现新思想运动的时代节点上，这股潮流最初是在一种极力要冲破旧有观念的束缚，向往更为开放、自由的思想氛围的呼声中产生的。波士顿地区当时已成为美国文化的中心，但对于年轻的爱默生等人来说，一种更为急切的愿望使他们对旧有的一切越来越感到怀疑和不满。在当时，新英格兰地区的宗教已经与它的欧洲宗教母体分离，美国的基督教在远离欧洲大陆宗教管制的条件下，形成较为宽松的宗教环境，清教教义也更趋向自由。爱默生的父亲是新英格兰公理会的一位自由派牧师，这一派别后来被称为唯一神教派。唯一神教派在美国清教基础上更趋向于自由开明。但是，这一切在爱默生这一代美国人看来还远远不够，他们开始对父辈们宽容的、多少带有反叛进步色彩的宗教观也表现出不满。这种宗教上的自由主义呼声既脱胎于清教中的自由思想，又在这一基础上迈出了更大的步伐，这种对宗教自由和思想自由的要求为超验主义的产生和美国文化精神的确立提供了思想氛围。

超验主义的哲学内容初看上去与欧洲浪漫主义极为相近，同时兼有德国古典哲学的形而上学特色。如果我们从欧洲哲学中移开目光去注视美国早期的这段思想，我们也许会认为这更像是一个美国版本的欧洲哲学，其中充斥着“超验”“自我”“自然”等欧洲哲学的概念，但所有这些欧洲概念又无不被赋予新的含义、新的气象。

爱默生本人并不是一个职业哲学家，他没有在大学哲学系任教的经历，也没有一部可称得上是哲学著作的皇皇巨著。他的职业是牧师，平生大部分时间奔波于演讲厅，他贡献给世人的是以他的演讲为基础写成的文章，这些文章涉及宗教、哲学、教育、自然、艺术等领域以及对美国文化、欧洲文化的思考，其风格也不时令人想起欧洲大陆散文的笔触。

虽然超验主义在美国文化史上的作用类似于欧洲的启蒙运动，但其内容已不限于启蒙运动的主旨，而是糅合了浪漫主义文学和德国古典主义哲学，同时还有一定的东方哲学色彩。由于美国独特的历史，它可以在极短的时间内迅速获取大量人类历史和文化信息，也有可能将它们综合杂糅在一起，为己所用，使之迅速形成美国文化的一部分或对美国文化产生影响。从美国殖民地时期至建国前后这段时间，美国一直在不断地、迅速地吸取各种文化因素以塑造一个新生的国家。这些文化因素为美国这个新生国家能够迅速建成一个独立的国家政体、形成一个独立的民族文化提供着各方面的养分。从国家实体的建立、政府的组成、治国理念的确立、法律的制定、土地的划定，到宗教在新大陆上的进一步发展、社会基本观念和价值准则的形成、民族精神的渐渐成形、本土文化自信的建立等，无一不需要一种快速扩张、快速成形、快速确立的过程。对于一个人为建立起来的、几乎是凭空出现的国家来说，要想在欧洲文化母体之外、在世界各种不同文化中确立起一个完全崭新的国家和民族，确立起自己的国家形象和文化地位，几乎是没有时间去等待的。美国是一个速成的国家，它的文化也一样，无一不带有一种快速形成的特点，仿佛一夜之间，一个国家便出现在北美大陆上，又仿佛一夜之间，这个国家迅速崛起而成为世界强国，它只用了一百多年的时间便把正在步入衰落的欧洲抛在了后面。

对于一个民族来说，它的历史就是它所拥有的财富，而美国正是一个缺乏这种财富的国家。世界上许多民族都有自己的历史，有自己的创世神话、民族诞生神话、远古传说、民谣以及种种历史记载。在有些古老民族的土地上，赫然屹立着千百年前的残垣断壁，这些残垣断壁上的沧桑感恰恰表征了一个民族曾经存在的历史，它形成另一种独特的古老的残破的美感。没有历史的民族就好像一个缺乏人生经历的人，缺乏一个民族从远古一路走来所必然携带的漫长的民族基因、民族记忆、复杂的历史事件、生存经验、文明的积累以及古老的智慧。许多历史悠久漫长的民族都积累了自己独特的智慧，创造了灿烂的文化。但这一切在美国是不存在的，美国没有这样的历史。早在美国建立之前，印第安人就已经在这片土地上生活了许多世代，由于印第安文化较少有文献留存，加之殖民者和后来美国政府对印第安文化的大肆破坏，能够保存至今的已不多。但不可否认，印第安人有着自己独特的历史和文化。从另一角度来说，我们也不能就此断言美国因其历史短暂而没有属于自己的文化。这不仅是指美国建立起来的本土文化，事实上，美国文化脱胎于欧洲文化，它本身即携带了大量的欧洲文化，也从中获取了大量养分，美国文化就是欧洲文化在新大陆上的一种移植。从这一点上来说，美国文化并不完全是凭空产生的，从来源于欧洲文化母体角度来说，美国文化实际上就是一种变体的欧洲文化，其中包含大量欧洲文化信息，也带有欧洲文化的最基本性质。但是，不可否认，欧洲文化到了美洲大陆上以后，在速成的过程中也不可避免地被简单化了，它被大刀阔斧地去掉了枝枝节节，其目的是为己所用，保留下来的与其说是最主干、最基本的部分，毋宁说是对新大陆殖民者建立一个全新国家的梦想、对一个全新的国家来说最有用的部分。美国文化是实用主义的，是简单干脆、直截了当、不加粉饰的实用主义。要想使这个国家在短时间内迅速建立起自己的政体和文化，摆脱欧洲的操控和影响，要想在北美这块蛮荒的大陆上求得生存、获得土地，那么一切就必须是简单明了、实用有效的。在这块土地上，在一个国家迅速形成、诞生的特殊的历史时期和环境下，没有人会将生存和机会付诸空想。不切实际、思辨和理想，那是欧洲人的特长，而绝不是美国人所信奉的。在美国这块土地上，在美国人的文化里，实用便意味着有效，意味着能够在这块蛮荒的土地上生存下来，意味着把"山巅之城"的梦想变为现实，所以美国人不需要那种理念的论证和乌托邦的构想。对于千里迢迢来到美洲大陆上的殖民者来说，乌托邦就是要实现的，它不是理论，不是空想，而是行动本身。因此，让·波德里亚在《美国》这本书里一直强调"美国是实现了的乌托邦"❶，那种"在欧洲被思考的东西在美国变成了现实"❷，而欧洲则只把乌托邦建立在理想中。

美国是一个在历史上和文化上几乎一穷二白起家的国家，我们常常说美国没有历史或美国没有文化。另外，美国文化因来自欧洲母体文化，因而又表现出明确的渊源性和传承性。从这一点上说，我们不能简单地说美国没有文化，它的文化前提和基础都来自欧洲，我们所说的没有文化实则是指美国缺乏属于自己的历史悠久并富有内涵的文化，而这样的文化是靠历史来支撑的。这就使美国文化具有两个既相互矛盾又相互依赖的特点：一是美国文化是一个年轻的文化形态，二是美国文化在其基因中又有着古老文化的因子，它是欧洲文化在北美的变体。

在说到美国文化的短暂和缺失之后，我们又不得不注意到这样一个事实，即美国文化在缺乏文化传承、历史积淀的同时，在缺乏一个民族历史的沧桑感和深刻的苦难感的同时，又是一个没有历史包袱和传统束缚的民族，而这恰恰是对美国文化形成最有利之处，也构成美国历史和文化的另一重要特点。这两种相互矛盾的特点构成美国文化的正反两方面的属性，对于美国文化的形成来说，既是劣势，同时又是优势；既是优势，同时又是劣势。

正因为美国"没有历史"，它才可能在一片空白的基础上去创造自己的历史，建构自己的历史，书写自己的历史；正因为它没有传统可资借鉴，它才有可能自己确立传统，确立标准，确立律法；正因为没有传统和

❶ ［法］让·波德里亚．美国［M］．张生，译．南京：南京大学出版社，2011：132.
❷ ［法］让·波德里亚．美国［M］．张生，译．南京：南京大学出版社，2011：144.

既成标准的束缚，它才有可能轻松上阵，不会受到其他力量的干扰和压制，全凭一己之力去创造一个理想中的国家；正因为没有历史的重负，它才有可能去把山巅之城的梦想付诸现实。在这里，历史是一把“双刃剑”，一方面，它为一个民族积累智慧和经验，而这些智慧和经验正是一个民族最宝贵的财富；另一方面，它也使一个民族在未来的每一步前进中都必须背负着历史和传统的包袱，历史越是悠久，这份负担也会越沉重。

超验主义的诞生有赖于这样一些历史因素：首先超验主义运动是在宗教领域兴起的。在当时的波士顿，唯一神教占据着宗教正宗地位，其教旨主要是信仰上帝而非三位一体，所以又被称为一位教。唯一神教是清教在殖民地生根之后自我更新、变化的一个结果。清教在英格兰形成教派之后，经历了大约两百年的时间。最初的清教教义是宗教改革之后的结果，相较于宗教改革之前，清教教义本身含有许多积极成分。但是，随着时代的发展，清教本身所具有的那些积极的、进步的因素已开始逐步显露出与时代不相和谐的声音。它从一个宗教改革的进步者逐渐蜕化为保守者，清教内部也开始分化，出现自由派、保守派和温和派三种派别。当时率领清教徒来到美洲大陆的温斯罗普等人即为清教的温和派。到 18 世纪末 19 世纪初时，自由派对清教中的保守气氛越来越不满，遂发起又一次宗教改革，另立门户，成立了自由教派，称唯一神教。唯一神教的基本教义即全面否定加尔文教派的原罪论、预定论和上帝选民论，强调人对上帝的信仰可以通过人自身的努力而获得，上帝是仁慈的，人可以通过自身的理性与努力同上帝交流。1825 年，唯一神教正式成立，宣布与清教分离。唯一神教的成立，宣告了清教中最自由的一个教派的出现。

即便如此，随着时代的进一步发展，一些年轻人又开始不满于唯一神教中的某些教义。虽然唯一神教在基督教发展中已是宗教改革运动后形成的一个不断趋向自由化的宗教教派，但是，在后来的改革者看来，它的自由并不彻底。它还保留着宗教仪式，仍然强调着神迹显示这样的神化形式；它又是呆板的，在改革者看来过于强调理性而缺少宗教的热情，因而也就缺乏生机。一些年轻人对此尤为不满。他们认为唯一神教教旨的弊端在于没有激发人的灵性，而是压抑灵魂中的生机。爱默生的父亲在当时即是一位唯一神教的牧师。对爱默生以及当时的一批年轻人来说，灵魂、热情、生命的动力，已经越来越成为生活中不可缺少的重要存在，这种对于生命力和热情的呼唤和需求，从表面上看，似乎只是一批年轻人的青春梦想，但如果从时代这个更大的背景上看，从其背后的深层原因上看，也可把这看作一种正在酝酿中的呼声，一种对更加自由的人性和生存的吁求，这一呼声所代表的正是一个正在形成中的民族的自我成长的诉求。

超验主义的诞生是历史的诉求，是美国历史发展到一定阶段后、在种种综合条件下发生的现象，它之所以在美国这个刚刚诞生的全新国家中产生，正是应和了这个国家发展的诉求，应和了这个国家要建立自己独立的文化的诉求。年轻的美国的诞生看上去似乎更像是一次历史的偶然，在此之前，欧洲人尚未到过地球另一端这块未被开发的大陆，这不仅有赖于人类文明的发展、航海知识的进步，也有赖于对新世界的认识的渴望和冒险探索的冲动。这些并没有在文明发端更早的亚非古国发生，而是在欧洲资本主义文明发生之时，在资本开发、科学与冒险精神混杂的动力以及宗教精神的驱动之下实现的。在欧洲宗教与资本主义的双重驱动下，一些人远渡重洋来到这片新大陆。在一个远离欧洲、远离旧世界的地方建立一个新世界，这一想法本身即令人兴奋不已，它期许了一个具有无限可能的未来。按照自身的梦想建立一个人类理想国家，是当时踏上波士顿地区的清教徒们的最高理想。从这一点来看，美国建立之初与清教有着深刻的渊源。从一开始所承担的宗教理想来看，清教教义之于美国国家，几乎相当于后来美国的国家理念。

相较而言，清教是对欧洲基督教的改革，改革的主要目的是要求宗教上的自由，因此清教的基本教义一直是向着更加自由的方向发展的。到了新大陆以后，这种追求自由的要求在初步实现后仍在继续发展。

在这样一种不断革新的氛围中，一种更加崇尚自我与上帝的关系、更加自由、更加趋向个人自由意志与上帝联结在一起的宗教思想便进一步发展起来。与欧洲基督教相比，美国的宗教似乎是不停歇地向着更加自由的方向奔跑。这股追求个人自由意愿的宗教热情势必会波及世俗情感、社会层面、日常生活，从而激发出人们渴望自由、反抗现行体制的愿望。

其次，除去宗教教义上的自由趋向，新大陆得天独厚的地理位置和历史机遇，使这批宗教移民者在这块土地上建立自己理想中的“山巅之城”时可以相对较少地受到干扰和限制。这种干扰和限制主要来自欧洲国家、欧洲文化传统，也来自教会的更高权力机构。这就使这个新兴国家无论在宗教教义和宗教机构的自由化道路上，还是在世俗政体及其他社会事务等方面，都相对较少受到来自外界的干扰和束缚，从而得以相对更加自由地按照自己的意愿建立起社会运行机制。

最后，新的国家成立之后，一切尚处于开端，一切都是向上的、欣欣向荣的，虽然许多方面尚需建立、规划、巩固，但就整体氛围而言，由于一切都处于开端时期，这就使这个国家从整体上处于一种向上的态势。在一个新生的国家里，一切都充满未知，一切都亟待建立，一切都充满希望，在建立属于自己的独立的国家和政府后，对建立本土文化的诉求也开始酝酿，这一呼声也越来越高。

主张超验主义的年轻人对呆板的唯一神教论感到越来越难以接受，他们认为它缺少生机，没有灵性，缺乏宗教热情，令人压抑。爱默生曾这样描绘当时的宗教：“他们读了戒律，读了排除一切、重如泰山的职责；一种义务，一种悲伤，层峦叠嶂般地压在他们身上，生活变得阴森森的，没有一丝欢乐，成了一段天路历程，一种缓刑，后面被亚当的堕落和诅咒的可悲的历史包围着。前面有世界末日，炼狱的刑罚之火，目睹耳闻的人为之心寒”[1]。如果说美国文化最初是建立在清教徒意欲摆脱欧洲宗教束缚，建立自己向往的、可以更加自由地信教的国家的基础上，那么当这种对宗教自由的向往在远离欧洲大陆的地方实现之后，这些清教徒并没有就此满足。他们想要进一步挣脱欧洲教义的束缚，他们把对上帝的信仰的宗教热情与对世界的哲学式的认识结合起来，在新大陆的新的历史机遇和新的氛

[1] 钱满素．美国文明［M］．北京：中国社会科学出版社，2001：389.

围中，不断使之催生发酵，形成一种更加不受约束的自由趋向。

与此同时，欧洲浪漫主义方兴未艾，这对清教徒意欲摆脱压抑的宗教氛围、释放个人热情的诉求起到了促进作用。这些年轻人渴望建立一种新型的思想和文化，以摆脱传统的精神束缚。这一束缚不仅来自宗教，也来自一种文化，而这一切所指向的就是那个欧洲的源头。

任何一种“破”无一例外都是从旧的当中吸取养分，然后破茧重生，生成新的东西。因此，任何一种破旧立新，都无法完全舍弃旧有的东西。旧是新的土壤，它滋养了新的东西，才使新的东西能够生成自身独特的生命。

超验主义的年轻人渴望破旧立新。他们从当时欧洲浪漫主义运动和德国古典哲学中汲取思想养分。“超验”一词本出自康德。康德认为，有些事物是超验的，人类知识经验是无法认识超验的事物的。美国的超验主义者接受了这一概念，认为人的直觉具有超越经验的认知能力，可以不必依赖逻辑推理，甚至完全可以凭借感觉而达到对世界的经验。例如神圣、道德、不朽等就是人类认知能力所无法认识的事物，对这些超越理性的事物，只有运用直觉来感知方可达到。除了康德，他们还推崇法国的折中主义哲学家维克多·库辛，英国浪漫主义诗人华兹华斯、柯勒律治、卡莱尔，德国的歌德和席勒等。他们对德国的唯心主义哲学的了解主要是通过库辛、卡莱尔、柯勒律治等人。在美国本土，早在超验主义者之前，就已经出现了一些早期的文化开拓先驱和榜样，唯一神教牧师威廉·埃·钱宁就是这样的人物。钱宁曾公开宣称，他宁可相信自己的理性，也不会盲目相信《圣经》。与此同时，科学的发展也对超验主义者打破传统僵化的思想现状，追求新视野新思维起到了推动作用。自中世纪以来，科学的发展就一直不断地在破除宗教教义中的蒙昧成分，人们越来越不再盲目相信宗教教义。越来越多的人试图重新审视上帝、人与上帝之间的关系等问题，也更倾向于运用人类理性去信仰，追求一种更为自由的精神活动，而不是成为永远无法涤除原罪并被教会所摆布的可怜人。

超验主义者的大部分人都毕业于哈佛大学和哈佛神学院，其中有不少人还当过唯一神教的牧师，爱默生的经历就相当有代表性。爱默生的父亲曾做过波士顿第一教堂的牧师，爱默生从小便生长在浓厚的宗教氛围里，进入哈佛大学后，又进入哈佛神学院学习。1826 年，他作为唯一神教的牧师开始布道，1829 年成为波士顿第二教堂的牧师，但因要求宗教改革被教会拒绝而愤然辞去牧师职务。超验主义者的其他成员中也有类似经历。对唯一神教的失望和不满，以及对新思想的憧憬使这些渴望改革的年轻人走到了一起。

在这一年，爱默生出版了他的第一部著作《论自然》(*Nature*)。在这部书中，他提出了自己超验主义的哲学思想。1840 年，超验主义者们创办了自己的刊物《日晷》，他们发表文章，译介国外新思想，《日晷》成为他们宣传自己思想的阵地。这场运动持续了十年之久，成为美国历史上第一次有规模、有思想体系并影响深远的文化运动。在这一文化运动中，诞生了美国历史上数位文化巨人和思想先驱，其影响波及美国以外。在这一运动中，诞生了真正的美国思想，从此运动开始，美国本土文化真正得以建立。这一文化运动也被称为美国的文艺复兴运动。所谓复兴，并非指美国文化的复兴，而是说这一文化运动在美国历史上的意义堪比欧洲大陆文艺复兴运动，它带来了美国历史上第一次真正的文化蓬勃发展的局面。这场运动也产生了像爱默生这样美国历史上划时代的人物，爱默生成为这一团体实际上的思想领袖，他的思想和著述也成为超验主义运动中最具影响力、最有代表性的思想，而爱默生本人则在其后的历史发展中成为美国本土文化发展奠基的文化巨匠，对美国思想文化发展有着重要影响。

三、超验主义的文化理念

超验主义思想主要有以下几方面内容。

第一，人与宇宙合一的先验唯心观。

爱默生曾直接宣布自己的哲学是唯心主义的哲学。超验主义一方面是欧洲哲学的舶来品，另一方面则是欧洲哲学在美洲土地上落地生根后结出的美国哲学之果。“超验”这一概念来自康德哲学，超验主义者借由这一概念来说明：在人与世界的关系上，人是通过心灵直觉来发现宇宙并建立与宇宙的联系的，他们强调直觉认识而非经验的认识。他们反对英国哲学家洛克的经验主义学说。洛克认为一切知识都来自感官经验，强调感官在人类认识中的重要性。但是，超验主义者更倾向于接受德国古典哲学中的唯心主义。欧洲大陆的先验思辨哲学与英国的经验主义哲学来到美国后，经过美国超验主义者的筛选，最终大陆哲学的思辨性和关于人与世界关系的先验认识被接受下来，这不能不说是一个有趣的现象。康德认为，人类认识并非全部来自经验，其中有一类非常重要的认识恰恰不能依靠经验而获得，而需依靠其他，这就是直觉。这一直觉不是来自人类知识性的认识，而是来自人类心灵中超越知识性认识和经验认识的直觉体验。经验必须通过直觉才能为人们所得到，康德称为“超验的形式”。这些都给了超验主义者极大的启发。对于超验主义者来说，世界充满神秘，而这种神秘正需要人以心灵去发现、体验和与之交流。对于认为世界是神秘的人来说，超验哲学恰好迎合了这种对于世界的神秘性的说明。而这种对世界神秘性的基本看法或者基本情感则与宗教感情有着直接联系。超验主义者追求超越经验世界的心灵直觉，强调对这个世界的认识方式是领悟式的。这种对直觉的偏好和强调与他们在宗教背景中成长起来并形成自己的思想有着密切关系。超验主义者大都是牧师或学习宗教出身，而美国清教势力比我们实际了解到的要更加强大。在美国这样一个新兴的、历史短暂的国家，宗教影响之大是超乎人们想象的。它不是表现在宗教组织和宗教仪式上，而是表现在宗教意识在人们心中的影响以及清教教义对美国形成国家思想体系和政治体系甚至社会生活的方方面面的影响上。在对宇宙的看法上，这些超验主义者不仅是带着欧洲大陆哲学的唯心主义立场和浪漫主义文学在人与世界的和谐关系上的看法来看待这个问题，同时也是带着清教徒式的宗教热情来看待这个问题。只是这种宗教热情不是以唯一神教式的刻板方式表现出来的，而是试图超越这种刻板，试图追求一种更具现代意识的、自由的、热情的宗教精神。这也正是超验主义者着力改革之处。

爱默生在《论自然》中曾谈到顿悟式的经验，他对此有这样一段描写：

我体验到了极度的狂喜。我高兴到了恐惧的边缘。……站在裸露的大地之上，我的头沐浴在阵阵微风中，伸展向无限之地——一切不纯洁的自我都消散了，我变成一只透明的眼球。我不复存在，却又能看见一切。宇宙万物循环往复的生命之流从我身上穿越而过，我成了上帝的一部分，一个微小的分子。[1]

这种顿悟式的体验有些类似马斯洛的“高峰体验”。这段充满诗意和神秘气息的描写与其说是一段以心灵直觉感知世界时的灵光乍现般的体验，毋宁说更像是一个与上帝沟通并体验到上帝存在的宗教信徒的灵魂的喜悦，也更像是一个面对自然和宇宙而感到狂喜的诗人的独白，其中的哲学思考、宗教情绪与艺术体验已难以区分。而这种艺术体验与宗教冥想、哲学思考之间本来就存在类似的体验。还要指出的是，爱默生在写下这些时，如果考虑到当时他所处的时代和美国社会的具体环境，便会发现这种直觉体验与美国后来出现并占据主流地位的实用主义、物质主义、商业主义等社会文化现象形成极大反差。在美国历史上，超验主义的出现更像是一场充满青春气息的文化盛宴，像这样充满艺术气息、浪漫气息和先验哲学色彩的文化运动在美国历史上几乎是绝无仅有的，它更像是一场年轻时代的浪漫的梦，充满对新世界的憧憬和生机勃勃的热情。超验主义在美国，也可以说是一场年轻的文化运动，一场新文化的运动，它为美国后来的文化发展和精神走向奠定了基础，明确了基本的理念和内涵。

---

[1] Emerson. Essays & Lectures [M]. N. Y.: The Library of America, 1983: 10.

第二，宗教上的自由倾向。

超验主义是从宗教改革开始文化探索之路的。超验主义者认为，宗教是精神的，这一观点与他们对宇宙的看法是一致的。在他们看来，一切传统的基督教都已经失去了其宗教的基本精神，因为宗教本身不是一种信仰的权威，而恰恰是信仰本身，是人的心灵与上帝的合一。因此，他们既否定了加尔文教派关于原罪论、预定论和上帝选民论等严厉的教义内容，又反对唯一神教的仅仅遵从教规而缺乏宗教情感的刻板的宗教形式。他们带头反对宗教中的陈规和传统，也引发了他们与教会机构之间的矛盾。

这其中最根本的原因与他们的超验主义思想的基本内容有关。超验主义者既然是先验的唯心主义者，他们对世界和宗教的看法也必然与此相联系、相一致。精神，在超验主义者看来是这个世界的第一要义，精神才是这个世界的中心、这个世界的源泉。宗教关乎人的心灵，因此如何看待精神对宗教来说尤其重要。然而，传统的基督教并不关注精神的重要价值，而只关注在原罪基础上的救赎。人生如此苦难，此生不过是来世的准备，人不具备自己决定自己命运的权利，他只能通过不断救赎自己的罪责而达到与上帝的交流。但是，在超验主义者看来，宗教本是精神的，它关乎的是人的道德精神的升华，而绝非禁锢人的精神的桎梏。宗教应该激发人对于崇高精神的向往，激发人的灵魂向着更高的境界飞升，而不是束缚人的灵魂。超验主义者认为宗教不是以上帝为中心的救赎，而是以人为中心的，是人在今世的活动，因此他们提出要以人的活的灵魂来作为衡量一切事物的标准，在宗教中，也应是这样。这种对人的地位的大力突出，对人的自由的强调，对精神的格外推崇，对人与宗教之间的关系的扭转，在宗教发展上体现出一种大胆的现代意识。超验主义者对传统宗教中的教义教规也大胆地提出了挑战。他们反对过分崇拜神灵，认为这是将神灵人格化，而这样做的结果无异于将上帝偶像化；而宗教信仰本是人的心灵与上帝之间的沟通，而不是偶像崇拜。他们这种对上帝神话的消解在宗教教义上是反传统的、大逆不道的，但对于解放人的精神，建立一种新型的国家宗教、新型的民族思想和文化模式来说是开拓性的。它从思想基础上为这个新兴国家建立自己的本土文化开拓了通往更加自由和更加注重个人的道路。在超验主义者眼中，上帝不是偶像的存在，而是精神的，人们信仰上帝，目的是爱与提升心灵，因此上帝是服务于人类的，是来帮助人类克服自身种种缺陷、企达更加美好的精神境界的。他们否定了对上帝偶像化的行为，但认为上帝代表了最高的真理、终极的精神，是人类的良心、世界的本质。他们否认天启神迹之说，认为上帝不是在天上的、高高在上监督人类的神，而是存在于每个人心中的。每个人都可以在心中和上帝沟通，而无须通过教会和牧师。上帝就在人自己的心中，就是人心中的引导者。这样，上帝关乎的就不再是教会、牧师这些代表宗教的权威和实体的中介，而是与个人内心息息相关。他们反对盲目地崇拜上帝而不去思考。他们认为基督的伟大之处即在于拯救人类、为人类服务的高尚的道德，人们不应该把宗教当作一个死去的信仰，而应把它当成活的信仰。上帝正通过大自然向我们展示他的奇迹。爱默生在《神学院演讲》中这样说："神殿的大门正在我们面前，向我们敞开，日日夜夜都如此。真理的神谕从不会停止传播，它被严格地保护起来，这就是直觉。它不会被以第二手的方式接受，说真的，它不是一种指示，而是一种启示。"❶

他们反对基督教的各种繁文缛节，认为传统的基督教会把持着信教的权利，但已经把它形式化，它通过把基督教形式化来使基督教成为僵死的信仰。人们应从基督教的原初精神出发来理解宗教，恢复宗教的本质。他们认为，宗教是那些先贤们在某一时刻所创造出来的精神上的奇迹，人们所应做的是传承这种精神，进行自我精神的净化，而现在的宗教已经完全将这一精神的信仰扭曲为各种规则和仪式，这完全违背了宗教的初衷。人们所应做的就是破除这种陈规戒律，打破这种僵死的形式，将宗教的这种精神释放出来。每一次宗教改革之所以注定要失败，就是因为那些宗教改革者总是要试图以一种新的宗教教义和形式来取代另一种旧的教义和形式，而没有真正认识到宗教本身的精神力量。爱默生等对整个教会发起了

❶ Emerson. Essays & Lectures [M]. N. Y.: The Library of America, 1983: 79.

攻击，认为它的精神已死，他们中许多人最后会与教会彻底决裂。

我们可以看到，这种观念将上帝从天上拉到人间，从宗教权威机构拉向个人，对上帝的信仰从遵从畏惧变成心灵沟通，从谨守教规变成去仪式化。在美国，宗教以其独有的变种形式，成为越来越趋向人间的宗教，越来越趋向个人的宗教，越来越趋向自由信仰的宗教。这就是美国宗教最具特色的三种特征：个人化、自由化、人间化。而这些带有鲜明美国化特征的宗教思想发展到这一步，几乎已经是对原宗教教义否定殆尽了。因此，他们的宗教思想也成为自由化的思想，并在自由化的道路上走得相当之远，无怪乎唯一神教教会十分恼火，指责他们背叛了基督教，称他们的所作所为是“叛教的最新形式”，并把他们看作无神论者。事实上，超验主义者走到今天这一步，也的确与无神论者相去不远。

第三，文学上的浪漫主义。

超验主义者赋予文学以崇高的地位，他们中出现了几位具有世界级影响力的大作家，超验主义运动也被称为美国的文艺复兴运动，这也是美国第一次真正掀起的文学运动。这其中包含几个“第一次”：第一次赋予文学以崇高的地位，第一次产生真正意义上的美国文学作品，第一次出现具有世界影响力的大作家，第一次将文学创作活动作为一种职业活动，出现了专职从事文学创作的作家。所有这一切归结为一点，就是确立了真正美国本土意义上的文学。

爱默生曾说，他们要以大自然、文学和伟人生平来代替宗教对人的教育意义。超验主义者在文学上的主要风格和旨趣是浪漫主义的，他们最推崇的作家是欧洲浪漫主义诗人如华兹华斯、柯勒律治、雪莱等，除此以外，他们还特别喜爱莎士比亚、歌德、席勒等。他们这群人大都是文学爱好者，不仅自己创作，还热心翻译介绍外国文学作品，尤其还译介了印度的《吠陀》《摩奴法典》，中国的“四书”，波斯的《琐罗亚斯德神谕》等东方作品。他们也是美国最早关注东方文化的一群人，对东方文化表现出浓厚的热情。在超验主义哲学思想中，我们可以找到东方文化的一些元素，而在他们的文学创作中，我们也可以发现他们对东方文学作品的借鉴。

他们对诗歌尤其富有热情。诗，在这些超验主义者看来，更因其非凡的灵性而成为可以表达心灵、联结人与宇宙的神秘的形式。他们对诗和诗人进行了高度评价，这在美国之前的历史上是绝无仅有的。他们中几乎人人写诗，或写文学批评。流传下来的许多作品已成为经典，至今还能激起读者的热情。爱默生既创作散文，又创作诗歌，文笔充满热情，气势磅礴。他曾在《诗人》一文中这样形容诗人创作的过程："充满情感的孩子和狂野的智慧，用欢欣的眼，追逐着游戏。如同流星选择自己的轨迹，发出自身的一束光芒，没入黑暗的沉寂。越过地平线的边缘，寻找阿波罗的财富。穿过男人、女人、大海、星辰，目睹大自然在远方起舞。穿过世界、种族、语言、时间，看见音乐的秩序、旋转的节律……"[1] 爱默生对诗人给予了高度评价，这与超验主义思想有关。在超验主义者看来，人的灵魂与宇宙息息相通，每个人都具有潜在的诗人的能力。但并非人人都能成为诗人，诗人是那些把人与宇宙息息相通的能力发挥出来的人，他通过诗而揭示宇宙超灵的本质，揭示人与宇宙万物的关系，因此诗人是崇高的，他超越了普通人的局限，而成为灵魂完整的人，代表了完整的人的灵魂，是"解救万物的诸神"。

爱默生的这番话听上去让人感到十分熟悉。这种对诗人的崇高评价并非爱默生独有，从整个西方文化思想史上看，对诗、诗人特别推崇并赋予他们以崇高地位者大有人在。这甚至已形成一种传统。人们往往将诗人上升为类似神的使者的崇高地位，我们可以在西方哲学史和文化史中找到一系列这样的例子。西方许多著名思想家都将诗人放在特殊的崇高的地位上，哲学与文学总是在每一次大的思潮中珠联璧合，共同携手为思想作出贡献，这并非偶然。哲人之所以抬高诗人的地位，是因为诗往往最直接、敏锐而完美地显示了思想的真相。

以诗人惠特曼为例，他创作的《草叶集》是美国极具代表性的浪漫

[1] Emerson. Essays & Lectures [M]. N. Y.: The Library of America, 1983: 445.

主义诗歌集。在诗中，他讴歌自我、赞美大自然，显示出生机勃勃的野性和狂放的情感，在当时受到一些文人的批评。但是，他的诗受到爱默生的高度赞美，他在给惠特曼的信中赞颂他的诗是美国迄今为止创作出的最不平凡的诗篇。他这样赞颂他的诗："我发现它是美国迄今作出的最不平凡的一个机智而明睿的贡献……我十分赞赏你那自由而勇敢的思想。我极为喜欢它。我发现一些无与伦比的东西写得无与伦比地妙，它们真实恰到好处。我看到了那种描述上的勇气，它是那样地使我们愉快，并且是只有巨大的洞察力才能激发出来的。"❶ 爱默生之所以如此推崇惠特曼的诗，是因为惠特曼的诗恰好迎合了爱默生超验主义思想。在他眼中，人的存在在他所依赖于其中的宇宙自然之中，恰如一个充满生机的灵魂在生长；它之所以如此生机盎然，不可阻挡，是因为它与宇宙自然之灵魂合而为一。这种融合恰是灵魂的狂喜，也是个人生命的完满状态。而诗歌正应该表现这样的完满和生机。惠特曼的诗做到了。与此同时，惠特曼的诗不仅合乎爱默生对于宇宙和人的理解，也恰好迎合了美国作为一个新兴国家充满生机、蓬勃上升的势头。这种乐观狂放的热情与时代紧密相连。而这种生机也恰恰是爱默生思想中蕴含的那种生机，爱默生思想中的乐观向上绝非简单的、天真的自我满足、自我欣赏，虽然这其中也带有年轻人天真的快乐，但这种天真的快乐正来自那个时代国家的新兴发展所带来的整个社会的乐观氛围。

爱默生的文风也大致如此。超验主义者的文风整体上都是浪漫主义的。他们感情充沛，激情洋溢，文章语言优美，遣词造句富丽华美。爱默生的文笔更是活力四射，滔滔汩汩，曾被比喻为"密西西比河水"。他们几乎人人都进行创作，发表散文、评论、诗歌等，创作了大量作品。

超验主义的风格宛如一个热情洋溢的年轻人，他对世界充满热爱，热爱自然和一切美好事物，满怀热情拥抱新的事物。在他们眼里，这个世界充满巨大的能量，它以此能量包容万物。这个世界不是功利的、冰冷的、

❶ 钱满素．美国文明［M］．北京：中国社会科学出版社，2001：396.

无生命的，而是灌注了灵气的。万物有灵，整个宇宙即是一个包容了一切的灵魂。热爱这个世界的人将自身与宇宙融合，宇宙将其灵魂注入人心，人感知宇宙之灵，它唤起人自身的灵魂，整个世界洋溢着这样的灵魂，充盈着这样的灵魂。超验主义者是对宇宙充满热爱的人，是对万物抱有情感，感到自身与宇宙万物同一的人。这样的宇宙观无疑使他们内心充满一种热爱和激情，当这种热情与宇宙的神秘和宗教情绪结合在一起时，便会以一种诉诸内心的浪漫之情表现出来。这是常常发生在年轻人身上的情感，因此，说超验主义者是年轻的，不仅是说他们在年龄上是年轻的，更是指他们内心的那份年轻的激情和赤诚。超验主义者年轻的热情其实来自年轻的美国，来自美国在建国之初所特有的向上发展的势头，这是超验主义者热情和活力的根源。

第四，社会改革与实践。

超验主义者是一群自觉的社会改革派。他们不仅在思想上标新立异，敢于破除旧的思想束缚，更是在行动上积极付诸行动，自觉实践着他们梦想中的社会进步方案。超验主义者不仅是一群文人和学者，而且也在多方面表现出努力改变现状的强烈愿望和社会改革的热忱。他们中很多人身体力行地做着实事，而不仅仅是高谈阔论。他们要以活的灵魂来重塑一切，不愿因循书本或墨守成规。

超验主义者在多方面实践着他们的主张。例如在宗教方面，他们反对唯一神教的死板，带头提倡宗教改革，抵制宗教禁锢。爱默生就是因主张宗教改革遭到教会拒绝而辞去牧师职务的。在教育方面，他们特别重视教育对人的灵魂的教化作用，认为教育可以提升人的灵魂，改善社会现状，促进人类平等。阿尔科特一直致力于开办学校，即使自己一贫如洗，也仍然坚持开放教育。他还努力实行教育改革，增设一些实用性课程，自己编纂课本。玛格丽特·富勒和皮博迪等女性也参与教育，并积极推进女权运动。他们还积极倡导和平运动、监狱改革、废奴运动、禁酒运动，争取工人权利，提倡机会均等，改善社会不公平状况等。

1841 年，在里普利夫妇带领下，超验主义俱乐部的成员在波士顿附近开办了一家名为“布鲁克农业与教育农场”的试验区，他们集体住在这里，一边从事生产劳动，一边阅读和写作。里普利曾经阅读过傅立叶和圣西门的著作，按照他们的构想，他们开办这样一个农场用以实现他们的理论。由于资金不足，农场的运行十分艰难，最后不得不于 1847 年结束试验。这场试验带有强烈的乌托邦色彩，从一开始就面临着褒贬不一的处境。爱默生从一开始就拒绝加入。作家霍桑对此也很反感，他在农场待了不久后便离去，后来他将这段经历写进小说中。

尽管试验以失败而告终，很多方面也并不令人满意，但是这段试验也说明超验主义者是一群多么热衷于社会改革的理想主义者。他们关心现实问题，在一些社会问题上能够坚决表达自己的意愿，坚持公平，表现出不妥协的精神。最著名的例子如梭罗为抵制美国侵略墨西哥而拒绝缴纳人头税事件。梭罗宁可去坐牢也不愿缴纳人头税，他也因此写下了著名的政治文章《论公民的不服从》。这篇文章即使放在今天看仍然具有超前性质，它提及了一个十分重要的问题，即个人意愿与政府权力，我们究竟是应该遵从公平正义原则，还是应该遵从政府指令，究竟是做一个遵守政令的好公民还是做一个遵循良知的好人。不过大多数超验主义者都不愿直接参与政治。他们反对奴隶制，一些人还是坚决的废奴主义者。布朗森就是其中突出的代表。他用阶级斗争分析的方法分析美国社会的矛盾，认为美国社会的主要矛盾是商人和工人之间的矛盾。他研究傅立叶、圣西门的学说，对美国社会中的阶级现象进行抨击。他支持民主党，希望通过民主党来反对阶级压迫、争取工人阶级的胜利。1840 年他发表了《劳动阶级》一文，但此文并未为他实现政治主张赢得支持，反而遭到民主党拒斥。在失望之余，他转而抛弃超验主义，抛弃民主，皈依天主教，并跟随大奴隶主卡尔霍恩去了，成为在宗教和政治上双重背叛自己初衷的人。布朗森的例子虽然并不能代表超验主义者，也不能代表超验主义中的积极因素，但也可以说明超验主义在其根本上带有乌托邦色彩，他们对理想世界的追求不可不谓跌宕转折。这也说明在当时变换的历史时代，思想之间的相互较量在人们身上打下了深刻的烙印。

第五，建立本土文化的自觉意识。

超验主义者都是自觉践行自己理论主张的一群年轻人。他们是这个新兴国家的一群精英式的人物。在所有这一切大声疾呼或积极践行的行为背后，一种内在的情绪普遍存在于他们心中，那就是建立一个新的属于美国的文化和思想的冲动，这种建立新的思想和文化的冲动正反映出这个新兴国家要求建立自己本土文化的诉求。建立本土文化的自觉使这批文化精英积极地在多方面展开探索，宗教、哲学、文学、教育、社会改革、道德风尚等都是他们探讨的课题。在建立本土文化的努力中，他们的探索带有以下特点：他们大都从欧洲文化中吸取养分，为己所用；而他们对文化的选择是有倾向性的，这些倾向表现出这些超验主义者基本的思想立场和文化理想，而这也是由美国这个新兴国家独特的发展形势所决定的文化选择，这一选择无疑影响了后来美国文化的走向。

总体来讲，超验主义者在文化的选择和吸收上有以下内容和特征：他们的所有努力都带有强烈的追求个人价值的倾向。“个人”这一词语似乎只有在美国这个新兴的国家中才会如此前所未有地凸显出它的重要价值。美国是一个个人被高度彰显、个人价值受到高度重视的国家，这一切已在超验主义者的思想和实践中表现出来。超验主义思想强调人是宇宙的一分子，是宇宙大我中的小我；人在宇宙中有着自己独特的灵魂，而这个灵魂是与宇宙灵魂息息相通的；人的灵魂可以与宇宙的灵魂融合，人通过与宇宙灵魂的融合而达到自己灵魂的升华和完满。在这里，表面看，人从属于宇宙这个大我的灵魂，宇宙灵魂如同终极真理、绝对精神一样，带有包容一切的万物本源的性质，占有绝对的地位。但是，超验主义心中的自我与过去哲学上所说的人、自我、个体等是不同的，他们所相信的宇宙超灵也与过去的绝对精神、终极真理、上帝不同，而人与宇宙的关系也与过去哲学中人与世界的关系不同。在这里，宇宙的灵魂不是体现绝对意志的上帝，不是永恒的冰冷的真理，而是一个轻灵上升的活的热烈的灵魂，它在具有先验性、绝对性的同时，又带有浪漫主义的情感和圣洁的宗教情绪。与其说它是本源性的，不如说它是象征性的，与其说它是真理性的，不如说它是具有人的情感性的。它更多带有宗教性质和艺术特质，似乎更像是一种热爱之情和向往之情，一种宗教情感，带有天人合一的超越现实的理想主义特质。而这里的人也不同于过去哲学和宗教中的人。超验主义者把人放在宗教的中心，对上帝的信仰和对宗教的遵从都是从人出发的，须得以人的视角来检验。一切有悖于人的心灵的事，包括信仰，人们都不应该相信、遵从。这里，人与宗教的地位发生了倒置，人从谨守上帝旨意、遵从教会教规的被动的负罪者变成一个有着自己权利的、能够判断、能够决定的主动者，宗教成了为人服务的机构，上帝在人心中，而不在天上。在人与宇宙的关系上，人虽然是这个偌大世界中的一分子，却是可以和这个世界进行沟通、交流，进而融合为一的个体，他是宇宙中的一分子。他不是单一的个体，而是宇宙整体灵魂中的部分，他通过与宇宙融合而实现自身与宇宙的交融。他不是可怜的被动的茫茫宇宙中的一粒尘埃，他对自然充满热爱，可以从大自然中吸收灵魂中的养分，他热情洋溢，充满生机，带着好奇之情观察世间万物。在这样的环境中生存的人，势必会以一个独立的不带枷锁的状态去迎接新世界，而超验主义者所要创造的正是这样一种新的人。爱默生的思想在这方面很有代表性。他在著名的演讲《自我信赖》中，鲜明地提出了个人问题，他认为人就是顶天立地的个体，他不受任何奴役，追求自身价值，而实现自我价值正是爱默生等超验主义者所极力推崇的人生。

爱默生通过《自我信赖》完成了美国式的人的独立宣言，不仅如此，他还通过《神学院演讲》《美国学者》等表达了一系列美国式的思想理念，为美国文化奠定了基本内容和基本标准，确立了美国文化的未来走向。超验主义者通过一系列著述和行动，宣告了美国文化的诞生。

四、爱默生的思想

爱默生的思想大多以散文、演讲、诗歌的形式来表达。1836 年，爱默生出版了《论自然》一书，提出超验主义思想，奠定了他在文学上的声望。1837 年发表的演讲《美国学者》，被霍姆斯[1]称为美国的“思想独立宣言”。1838 年的《神学院演讲》则堪称宗教上的独立宣言，由于宣扬直觉的精神体验，批评传统教会的形式主义，引起宗教人士不满，导致此后哈佛大学近 30 年未请他进入该校演讲。1841 年他发表《自我信赖》一文，这篇文章可看作美国个人主义在理论上的独立宣言。

爱默生有关个人的思想比较集中地体现在《自我信赖》一文中，同时也见于其他著述。总体说来，无论在宗教、哲学思想中，还是优美的散文、诗歌中，关于自我的思想流动贯穿其间，可以说，爱默生以一种文化宣言的方式将美国个人主义上升为理念层面，上升为民族精神的指导思想。

爱默生提出了“超灵”（over-soul）的概念，这是他超验主义思想的核心概念。他认为，宇宙本是一个统一体，而所有物质则源出于同一种精神。这个精神就是超灵，超灵是宇宙中一切物质的来源，是统辖整个宇宙的唯一的心灵、唯一的意志。从超灵中源出万物，万物蕴含于超灵中，归于超灵，并通过超灵合而为一。宇宙万物通过超灵融合在一起。在爱默生看来，超灵是宇宙的统摄，而灵魂正是宇宙、世界、人的本质，唯有灵魂才是万物生存的本质，因此，这也是先验的唯心主义哲学。在这里，

[1] 霍姆斯（Oliver Wendell Holmes，Sr.，1809~1894），美国著名作家，哈佛大学教授，与爱默生是同时代人并保持亲密关系，深受爱默生影响。其子小霍姆斯（Oliver Wendell Holmes，Jr.），美国历史上最伟大的法官之一，1902~1932 年担任美国联邦最高法院大法官。

"灵"是精神，而"超"则表示精神高于实在界，精神高于物质，我们此生的生存须以灵魂为依据，让灵魂超越有限的世界，让精神超越林林总总的物质界。在灵与世界之间，世界只是灵魂的一面镜子，世界不过是象征性的，而灵魂才是真实的、根据性的。我们生活在这个世界中，我们的灵魂不是归肉体所有，而是灵魂拥有我们。我们的灵魂是这个广大宇宙的灵魂的一部分、一分子，我们源出于它，也归依于它。超灵弥漫于整个宇宙，它就是宇宙的"大我"，而我们每一个人都是一个"小我"，我们这个"小我"通过超灵与"大我"融合，人通过超灵与宇宙万物融合为一。人因此超越小我，超越现实世界，与宇宙之灵合一，宇宙之灵注满人的心灵，人也因此心怀宇宙之灵，具有神性。

爱默生的超验主义既强调宇宙的大我，也强调个人的小我。在他的第一部著作《论自然》中，他从自然与精神的关系角度出发，第一次全面阐述了他的先验唯心主义思想。他说，从哲学上看，宇宙是由自然和心灵两部分组成的。自然指的是那些没有被人们所改变的事物，如空气、河流、空间、树木等。还有一种工艺，指的是人的意志与自然之物的混合，如人类建造的房屋、开凿的运河、创作的艺术作品等。在他看来，自然不仅包括未经人们改造的事物和经过人们改造的事物，还包括所有人以及自己。他在《论自然》一书中所使用的"自然"一词，当指所有这些。

自然本是人类从诞生之日起即会发现的周围的天然事物，人们一直生活于其中，千百年来与其共处，也对自然进行了各种各样的研究和认识。当爱默生首次谈到自然时，与其说他是对这一古老的存在的事物的自我观察、描述，倒不如说是一个新生国家中的哲人在那样一个特定的时代和特定的环境中所进行的特殊思考，这种思考带有强烈的时代背景色彩，因而也不可避免地带有其特定的鲜明的烙印。爱默生对自然的思考和强烈的情感，既是从他超验主义哲学视角的发现，也同时带有强烈的浪漫主义气息和诗人的情感。他不是以思辨的方式去论证什么是自然、自然的本质是什么等问题，而是带着无限欣喜之情去发现大自然的种种美好和丰富。他所关心的不是自然的科学属性和哲学性质，而是自然对人意味着什么、给人类带来了什么、人与之然之间究竟是什么关系。他关注的是美好的自然所蕴含的美好意蕴，这些美好的意蕴超过对自然进行科学计算和理性审视，向人们昭示出自然本身所蕴含的秘密。而这一自然的秘密才是人们对自然所应给予的关注和热爱。爱默生的自然万物实际上是染上了人类情感色彩的万物，万物因此都有了活的灵魂。

爱默生把自然对人类的服务分为四类：物品、美、语言和训练。这些事物按其用途由初级至高级排列，越向高级发展，越接近精神。第一，自然给人类提供了赖以生存的各种物品。爱默生说："在物品这个总称下，我可以列出所有我们的感官可以感觉得到的那些自然的恩惠。当然，这只是一个暂时的和直接的恩惠，并不是终极的恩惠，就像对灵魂所提供的服务那样。尽管如此低层次，但自然为我们所提供的服务在种类上却如此尽善尽美，并且是唯一一种能够为所有人所理解的用途。"❶ 例如，风播撒种子，阳光使海水蒸发，风把水蒸气吹向原野，冰使水蒸气凝结为雨，雨落到土里滋润植物，植物成为动物的饲料，而动物再成为人类的食品，等等。因此使人类受益的不是单个的自然之物，而是所有这些组合成的一个整体，自然以其整体为人类服务。

第二，自然向人类提供了一个比物质性服务更高层次的服务，那就是美。自然之美给予人类的服务在于心灵的欢愉、精神的提升、情感的滋养。爱默生说："人对自然的更高级的需求是由自然提供给我们的对美的热爱。"❷ 他认为自然向人类提供的美的服务可以从三方面来考察。一是自然使人愉快，人类对自然的观赏感知可以使人感到快乐，抚慰人类的身体和灵魂。自然对人有治愈作用。二是自然之美可以净化人类心灵，提升人类道德。三是自然之美可以增强人类智慧。"除去与道德的关联，它们也与思想有关。"❸ 也就是说，美与美德有着关联，也与智慧有着关联，

❶ Emerson. Essays & Lectures [M]. N. Y.: The Library of America, 1983: 12.
❷ Emerson. Essays & Lectures [M]. N. Y.: The Library of America, 1983: 14.
❸ Emerson. Essays & Lectures [M]. N. Y.: The Library of America, 1983: 18.

美与智慧之间的关联就是艺术，“美的创造之物就是艺术”[1]。“一件艺术作品就是一件对世界的提炼之作或垂范之作。它就是对自然表达的结果……”[2]

自然向人类提供的第三种服务是语言。爱默生从三个方面来说明，即词是自然事实的符号，个别的自然事实是个别的精神事实的符号，以及自然界是精神的象征。这是典型的超验主义对自然万物的理解，即将自然万物作为精神的象征。爱默生认为自然的历史可以帮助我们了解到自然之外的历史，从而使我们发现内在之物，自然正是通过这种方式为我们提供了语言。他通过词源学来考察词汇，认为词汇与自然界事物有关，例如，词汇本身来源于自然界的某种物质或现象，如“right”一词的本义为“笔直”（straight），“wrong”一词来源于“扭曲的”（twisted）等，我们用“heart”（心）来表示“情感”，用“head”（头）来表示“思想”，也是如此。爱默生从词源学角度指出，在语言形成的遥远年代，词汇的变化转义现象就已经存在，这些事例都说明语言在人认识世界时所发挥的作用。词语不仅帮助人们认识世界和内心，自然界的许多事物本身即表达了一种含义，它们不是被动的沉默的存在事物，而是精神的象征。爱默生说：“词语就是对自然现象的表示。”“不仅词语是有象征性的，自然事物本身也具有象征性。每一种自然现象都是一些精神现象的象征。自然的每一个表面现象都对应着某种精神某种状态。而那些精神状态，只有当我们把自然现象作为它的图像呈现出来时才得以被表达出来。”[3] 例如，我们用狮子来表示愤怒的人，用岩石来表示坚强的人，用狐狸来表示狡猾的人，用火炬来表示智慧的人，用光明来表示智慧，用黑暗来表示愚昧，用热烈来表示爱情，用羔羊来表示纯洁，等等，这些都是象征。人类各民族都有自己的谚语，这些谚语中许多是对自然现象的说明，却对应着一个人生哲理或生活道理。科学中的许多法则如“整体大于部分”“作用与反作用”等

[1] Emerson. Essays & Lectures [M]. N. Y.: The Library of America, 1983: 18.
[2] Emerson. Essays & Lectures [M]. N. Y.: The Library of America, 1983: 18.
[3] Emerson. Essays & Lectures [M]. N. Y.: The Library of America, 1983: 20.

原理也往往都超出了它们在其科学领域的意义而被人类社会生活所广泛应用。他还认为，自然界不仅是个别事实的象征，还是精神的象征，自然界的个别事实不仅对应着精神界的个别现象，就其整体而言，整个自然界就是整个精神世界的象征。人通过与自然之间的这种象征性的对应关系来认识人自身，认识外界。自然就其本身而言是不具有意义的，只有和人联系在一起才会发生意义。他说："与自然和谐相处的生活，对真理和道德的热爱，将会促使我们以我们的眼去读懂自然这部杰作。我们只有在更深入地了解自然界永恒之物最初的意义后，自然这本大书才会在我们面前徐徐打开，它蕴含于其中的生活秘密和终极原因才会向我们彰显。"❶

自然界向人类提供的第四种服务是训练，即训练人类知性和理性，使人类心智得到训练，变得更加睿智明理。他说："空间、时间、社会、劳动、气候、食物、运动、动物、机械动力，日复一日，为我们提供着最为切实的教导，这些教导的意义是无穷无尽的。它们既教导了知性，也教导了理性。物质的每一种属性，它的固态或阻力，它的惰性，它的容量，它的形状，它的可分性，对于知性来说都是一所学校。……同时，理性通过分析将物质和思想结合起来，并由此将那些教导的内容移入自己思想的王国。"❷ 自然界可以促使人类知性认识理性的真理，我们可借由对自然界的认识来认识空间、时间等，可由感知的对象来促进我们的知性认识事物的相似、相异、排列组合等现象，借此来提高人类知性能力的发展。自然界还可以帮助人类认识精神的变化，认识道德真理，因为自然界的变化与人类精神世界总是相对应的。"每一个自然过程都是一个道德语句的形态。道德律法位于自然界的中心并向四周放射出它的光芒。道德律法是每一个实体、每一种关系、每一个过程的精髓。"❸ 自然界与道德就这样两相联系起来，自然界中的每一事物、每一变化都与人类道德境界有着对应关系。自然界不仅以个别事物的方式对应着人类的心灵世界，在自然界千

❶ Emerson. Essays & Lectures [M]. N. Y.: The Library of America, 1983: 25.

❷ Emerson. Essays & Lectures [M]. N. Y.: The Library of America, 1983: 26.

❸ Emerson. Essays & Lectures [M]. N. Y.: The Library of America, 1983: 29.

姿百态的表象之下，是一个大的统一的整体，自然界中的每一个事物本身都是广大宇宙的缩影，自然之物以缩影的方式反映广大的宇宙。每一个事物与另一事物彼此相似，每一个事物都是另一事物的另一种形式，它们相互联系，相似之处多于差异。自然界的这种相似之处表明所有自然之物必然有同一种根源，这个根源就是宇宙之灵魂。

爱默生以唯心主义立场来说明人与自然之间的关系，他不把自然看作与人的存在相对的外在的存在，也不把自然看作可供人类观察认识研究的物质对象，他不想以科学的方式去发现它，也不想以认知的方式去理解它，而是把它当作人类精神的依托、与人类生存息息相关的世界来看待。对他来说，自然界就是精神所创造的，宇宙就是精神本身。他说："我们知晓了那呈现于人的灵魂中的最高的存在，那可怕的宇宙本质，它既不是智慧，也不是爱，也不是美，也不是力量，而是由所有这一切组合而成的。所有的一切都为它而存在，并因它而存在。这一切皆由精神创造着。在自然之后，穿越于整个自然之中，精神存在着。它是整体的一而不是复合体，它不是从外界、从空间和时间中作用于我们，而是通过精神或通过我们自身作用于我们。因此，精神就是最高的存在，它不是在我们周围筑起整个自然，而是通过我们使自然生长出来，就如同树的生命穿过旧的细胞孔从新的枝干和叶片中生长出来一样。"❶

爱默生的这种唯心主义的自然观、宇宙观是他的自觉选择。这既与他的宗教背景有关，但又并非只是宗教情绪使然，而是更多出于他对宇宙自然的个人观念。不过，如果一定要将这种主观唯心主义与哲学联系起来去看待他对精神的这种无限信仰，倒不如以艺术化的视角去看待这种观念。与其说爱默生的唯心主义超验主义思想是一种哲学的立场和观点，倒不如说这种将整个宇宙视为大的统一的精神的观念更与艺术视角和艺术精神有关。它以一种浪漫主义的精神、年轻的热情和探索宇宙奥秘的热切去注视周遭世界，在他眼中，整个宇宙是一个无比广大丰富、充满热情和趣味的

❶ Emerson. Essays & Lectures [M]. N. Y.: The Library of America, 1983: 41.

存在，人生活于其中，这一切不是毫无意义的物质式的存在，而是充满人类精神和情感映射于其中的意义。这是爱默生自觉选择唯心主义视角去看待世界并十分自信地大声宣布出来的重要原因。这其中原因有以下几点：一是年轻的浪漫主义的热情；二是与上升时期的美国整体状况和国家氛围有关；三是站在人的立场、以人的视角看待周围世界，关注人与宇宙自然的关系，在这里，人的因素格外凸显出来，自然是人的自然而不是外在于人的物质世界；四是对抗美国当时已经出现的物质主义和商业主义势头。

爱默生在《先验论者》中就曾明确宣布超验主义者的思想是一种唯心主义。而“超验”这一概念则来自康德的先验论，康德把人的心灵的直觉称为“先验的形式”，认为心灵的直觉先于经验而存在。1842 年之前，美国是不存在纯粹的先验论者的，也从未出现过先验论的派别，但有些人已经开始从直觉出发进入先验论体系。康德对直觉的发现和重视给超验主义者以极大的启发。他们赋予这种直觉以极高的地位，认为直觉可以高于一切经验和权威，可以弥漫在整个思想、艺术和历史之中。对先验的直觉的强调、对哲学中唯心主义的强调，其用意即在于使思想摆脱掉长久以来为宗教和现实服务的角色，而将思想还原回对宇宙生命的形而上的思考。同时，对直觉和唯心主义的强调也是在向世人宣布超验主义哲学在人与世界关系问题上的态度。超验主义者将整个宇宙视为一个大的灵魂，而个人即是这个大的宇宙灵魂中的一部分，人属于宇宙超灵，宇宙超灵是整个世界的创造者。表面看来，超验主义者将人放在宇宙灵魂之中使之成为宇宙灵魂的一分子的思想似乎是将人的地位归于宇宙大化之中，并没有凸显出人的地位，也与个人主义不沾边。但实际上，将人的地位归于宇宙超灵之中，是将人从宗教之中释放出来，并在这一过程中，通过赋予人的直觉以更高的地位从而进一步摆脱人必须依附上帝才能获得灵魂救赎的宗教束缚。人的灵魂可以直接与宇宙灵魂达成交流，因为人的灵魂本来就是宇宙灵魂的一部分。而人也将在把自身融于宇宙灵魂之时获得精神上的自由。爱默生和超验主义者对精神的一再强调，实则是要说明人在精神上本具有无限的潜力，人本可以通过精神的自由活动来获取生命的价值。爱默生这里所谓的个人，正是那个将要摆脱一切附着于其上的精神枷锁，顶天立地站立起来的个人。这个个人，既是人的自然生存意义上的人，也是新生国家中那个代表了民族形象的人。

在将以洛克为代表的唯物主义同以康德为代表的唯心主义进行对比之后，爱默生表达了唯心主义优于唯物主义的观点。爱默生之选择唯心主义并明确表达出来，实际已经表达了这种观点。洛克认为，感觉经验是一切认知的起点和必然通道，凡是出现于理智之中的事物都是首先出现于感觉经验中的。康德则认为，并非所有事物皆出自感觉经验，有一种东西，人类的感觉无法感知，反之，经验本身反而要通过这种东西来获得。这是一类非常重要的观念或者说是必要形式，这就是心灵本身的直觉，即“先验形式”。唯物主义从感觉经验出发来获取对事物的认知，而唯心主义则从意识出发来发现世界，唯物主义强调感觉材料的必要性，而唯心主义则认为感觉恰恰不是最终结果，感觉只给人们提供了事物的表象，而事物的本质是什么，感觉却无法解说。唯物主义者坚持认为事实、历史、人的动物性特征、环境的力量等因素是重要的，而唯心主义者则认为人的意识、思想、意志力、情感是重要的，强调人的意识、美以及个人修养，这无疑又迎合了爱默生以人为出发点去探索宇宙的需求。爱默生认为唯心主义者坚信他们的思想方式比唯物主义更加高级，因为唯心主义者所意识到的那些事实恰恰未受到感觉的影响，它们是毋庸怀疑的事实，具有优越于物质的特性。爱默生怀疑唯物主义者所言之凿凿的事实是否如感觉器官所感受到的那样准确无疑。他认为，唯心主义者承认唯物主义者所说的东西，也承认感觉之于人的重要性，但是，唯心主义所指出的先验形式相较于感观所感觉到的东西无疑更加根本，更加重要，因此他断言“每一个唯物主义者都将变成唯心主义者，可是，唯心主义者却决不会倒回去成为唯物主义者”❶。

唯心主义者并不是不承认感性的经验和事实，他不否认这些林林总总

❶ Emerson. Essays & Lectures [M]. N. Y.: The Library of America, 1983: 194.

的实存的事物，而是将这些实存的事物与人的意识联系起来，将这些外在于人的意识的林林总总的事物移入人的意识之中。对他们来说，这些外界实存之物只是某种表面。唯物主义者只看到感觉的必要性，只强调感觉的准确性，他们嘲笑那些不切实际的思想，把这些看作异想天开。对于唯物主义者来说，现实就是实际存在的，他们认为自己的生活是坚实的，至少他们不把什么东西视为理所应当。爱默生讽刺这样的唯物主义者说："现实主义者安全地待在感觉的确定性中，嘲笑那些缜密的理论，嘲笑仰望星空的人和梦想家，相信自己的生活是实实在在的，至少不会把一切都想当然。他知道自己站在哪儿，在干什么。但是，要向他说明他其实不过是在一群在幻影中散步和工作的幻影之一是多么容易，只消让他提出一两个超出他日常生活范围的问题，他就可以发现，在他的感觉面前，他那坚实的宇宙已变得模糊和不可捉摸了。"❶

爱默生进一步谈到唯物主义与唯心主义在认识外部世界和人自身时的差别："唯物主义者崇尚理性的事物，社会、政府、流行艺术、时尚，所有建立起来的既成事实……唯心主义者有另一套标准，即形而上的，或者说，是那些出现于他们意识中的事物的规范，而不全是大小外观等。思想就是现实，在其中人以及其他自然事物或更好或更坏地反映出来。"❷ 他进一步指出唯心主义者的思想源自何处，又是如何看待世界的："他的思想就是宇宙。他的经验指示他去掌握那被你们称为世界的事实过程，而那些事实则是从他那无形无声的中心源源不断流出的，这个中心既是他的中心，又是他们的中心，并促使他把一切事物看作主观的或相对的存在，相对于那未知的处于他的中心的存在。"❸ 对唯心主义者而言，外部世界不是相对于人存在的实在世界，而是从宇宙灵魂之中流出的，人不是自然世界的派生物。唯物主义者从外部世界出发去认识事物，认识人自身，认为人是自然宇宙的一个产物。而唯心主义者则采取另一种角度，他从意识出

❶ Emerson. Essays & Lectures [M]. N. Y.: The Library of America, 1983: 194.

❷ Emerson. Essays & Lectures [M]. N. Y.: The Library of America, 1983: 195.

❸ Emerson. Essays & Lectures [M]. N. Y.: The Library of America, 1983: 195.

发去看待世界，其所依据的是自己的意识，而不是事物本身的外貌形状。唯物主义者重视感性事物，注重社会、政府、器物层面，而唯心主义者则更注重心灵，他们认为心灵是唯一的实在，人以及周围的环境只是心灵的映射。唯心主义者不看重政府、社会、教会等机构，除非它们能够再现心灵的法则。

先验论者接受了唯心主义者的这些理论，他们相信人的心灵，相信灵感，相信奇迹，相信美好的境界，他们希望人们按照精神的原则去构建社会，而不要过于重视非精神的事物。他们热切希望这个社会能够向着更高的精神境界行进，反对把任何有悖于精神的规则强加于精神之上。他们认为自己就是世界的立法者，因而往往被视为唯信仰论者。这些都充分说明了爱默生的超验主义思想对精神的高度重视，以及由对人的心灵的高度重视演化而成的对个人的高度重视。

爱默生在《论自然》里也再一次论证了唯心主义相较于唯物主义的"优越性"。在爱默生看来，自然界为人类提供了物品、美、语言和训练这四种服务，人们发现，在人与自然、心灵与物之间，存在某种二元关系。按照常识，思想必须符合实际，人们的认知必须符合客观存在，但在诗人眼里，这种关系正好相反，事物似乎是按照诗人的构想而出现的。事物要符合诗人的思想，而物质世界的万物似乎能够随人的心愿而发生某种变化，或改变性状，或迎合人的内心。这种变化正是诗人主观世界对客观世界的一种投射，它表现了诗人的想象力与现实世界之间的对应关系。这种关系不是那种按照唯物主义者观点来看是主观符合实际的关系，而是相反。哲学家在一定程度上与诗人类似。在哲学家眼里，他们可以借助思想把实际中存在的事物溶解开来，注入人的思想、精神、情感。诗人和哲学家借助直觉来把握自然界的规律，而不是仅把自然界当作无生命的事物来分析和研究。在哲学家和诗人看来，人的思想先于事物的存在，精神决定了物质。只是诗人以美作为目的，而哲学家把真理当作最终归宿。爱默生认为，人类越是集中精力研究观念本身，便越是会对物质世界产生怀疑，越是会倾向于认为精神世界高于物质世界。人们越是深入了解世界，便越是倾向于唯心主义。他在《论自然》中这样说："这种理论观念比通俗信仰的优越之处在于，它对世界提出的那种看法也正是心灵最渴望的那种看法。其实，这种看法也就是理性——既是思辨理性的又是实践理性的，也就是说，哲学和美德——所采取的看法。因为，在被思想之光照亮时，世界总是现象的；美德使世界臣服于心灵。唯心主义在上帝之中看到了世界，上帝将所有一切的人与物、行为与事件、国家与宗教，不是艰难地积聚起来，一个原子接着一个原子，一件事接着一件事地在岁月中缓慢累积而成，而是将这一切作为一幅巨大的画作，画在短暂的永恒之上，以供灵魂沉思。"❶

在爱默生的唯心主义先验论哲学中，一个概念扮演了重要的角色，即直觉。爱默生认为直觉是先验论的基本方法。一谈到直觉，我们立刻就会联想到文学创作、灵感、通灵术和一切神秘之物，诚然，直觉与理性、逻辑相左，直觉中不包含逻辑成分。爱默生认为，不仅是诗人，哲学家也要运用直觉来思考弥漫于自然之中的法则。同时，与之前讨论直觉、感性等问题的哲学家不同，爱默生强调直觉是一个个人的、独立的、直接的方法。它也许是飘忽不定的，也许看似胡思乱想，也许会把人引入未知的歧途，但是，爱默生大胆地、坚决地声称："我们把这种最基本的智慧称为直觉，其后所有的教育都是'教导'。在那深层的力量中，最后的事实躲藏在分析所无法进入的领地，万事万物都可找到它们共同的起源。因为生存的感觉在寂静之时升起，而我们尚不知晓……"❷ 他大声呼吁："愚蠢的一贯性是那些渺小的心灵中的魔鬼，被小政客、小哲学家和牧师们所追捧。一贯性会使一个伟大的心灵一事无成。……你今天有什么想法，就掷地有声地说出来，明天再同样掷地有声地说出明天的想法，就算和你今天的想法完全自相矛盾……"❸ 爱默生相信，这种先验论的方法所取得的认识不仅对个人有效，对人们的生活也普遍有效。它不仅是个人思维的方式

❶ Emerson. Essays & Lectures [M]. N. Y.: The Library of America, 1983: 39.
❷ Emerson. Essays & Lectures [M]. N. Y.: The Library of America, 1983: 269.
❸ Emerson. Essays & Lectures [M]. N. Y.: The Library of America, 1983: 265.

和生活的准则，也可以成为在更广大的范围内有效的理论。人要相信自己的心灵，相信它会把自己引导向一个更加广阔的世界。因此，爱默生强调人要相信自己，在这里，爱默生的先验唯心主义的哲学思想与他对个人的强调是深深联系在一起的，先验的唯心论是其个人主义思想的基础。他说："思想家和行动者总会在一个人工作着的地方出现，一个真正的人不属于别的时间和地方，而是所有事物的中心。他在哪里，哪里就是自然万物。他衡量你，衡量所有人、所有事……一个人必须如此而活，他必须使周遭的一切都显得无关紧要。每一个真正的人就是一个起因，一个国家，一个时代。"❶

爱默生一直以文学家自居，而他的思想则被认为是美国早期最重要的哲学思想之一。说他是哲学家，他的哲学既非经院式的，也没有形式上的完整体系，并往往以散文、演讲、诗歌的方式表达。这种亦诗人亦哲人亦学者的身份，除了源于爱默生的博学和睿智，也应和了文化形成时代总能造就出文化巨人这一普遍的规律。在这块尚待开发的大陆上，人们亟须建立本土的、民族的思想体系和文化价值体系，这些都为超验主义的产生和一个可以成为民族文化先驱和精神导师的人物的出现提供了历史的天空。历史呼唤这样一位人物的横空出世。从这一角度来说，是历史孕育了爱默生。爱默生在宗教、哲学、文学艺术、文化等方面的睿智和卓识，使他在美国本土文化形成阶段取得了不可替代的重要位置，对美国文化产生了深远影响。

❶ Emerson. Essays & Lectures [M]. N. Y.: The Library of America, 1983: 267.

第二章

美国个人主义

一、清教传统与美国个人主义

个人主义为什么会在美国这块土地上落地生根并迅速发展壮大，成为美国文化中基本的、核心的内容呢？美国个人主义与清教思想有着密切关联。

早期的基督教以原罪论为基本教义，认为人不论世俗高低贵贱，在上帝面前都是罪人，从一开始即身带原罪。这一思想受到平民百姓尤其是地位低下的贫贱阶层的拥护，因为它认可了人无论在世俗社会中是何种身份，在上帝面前都是平等的。这可以说是最初的平等思想的潜在因素。因而基督教能够迅速获得广泛的民众信任，从诞生之日起便形成了广大的信徒群体，成为欧洲的主要宗教派别。基督教改革进一步发展了这一潜在思想。基督教改革从权力上打击了教会势力，从制度上弱化了宗教形式，使得基督教在中世纪以来向着更为开放的方向发展。在这其中，对教会势力的削弱和对宗教束缚的打击，使基督教对人的禁锢也相应松动，人的地位得到进一步提升，对人的自由的要求的呼声也越来越高。清教是宗教改革的直接产物。清教在宗教方面的进步主要表现在：第一，在宗教权威上，清教进一步摆脱了罗马教廷的严密控制，将人对宗教的信仰变成信徒的联盟，人不再依赖教会的权威和严密管制，信仰愈发成为个人的精神活动。第二，清教进一步在信仰上获得自由的权利。基督教教义的解释权归罗马教廷，人们只有依靠教会组织才能进行宗教活动。但清教对教会的思想钳制发起了反抗，认为人可以不必根据教会的教义来解释《圣经》，而可以根据自己的良心和判断来认识上帝，通过自己的心灵与上帝沟通，新教徒可以自己阅读《圣经》，根据自己的理解来解释它。清教鼓励人们遵从自己的心灵来信仰宗教。个人获得了更多信仰的权力，由此也进一步起到了思想解放的作用。

这两方面的解放都进一步使人们在宗教信仰中获得更多的自由，不仅是更多的宗教活动自由，也包括更多的思想自由；而对自我尊重的关注又使得这一解放过程带上更多个人解放、尊重个体的色彩，可以说，清教的自由化程度的发展也同时是个人的自由化程度的发展。

清教徒在欧洲的发展却困难重重。在英国，早期清教徒遭到了英国国教的残酷迫害，其中一些人为逃避宗教迫害，逃到荷兰。在荷兰经过一个多世纪的避难后，他们仍然感到无法真正实现他们梦想中的宗教信仰自由。清教徒要求更多的自由和更多的自治权力。他们中的一部分人后来远渡重洋来到北美新大陆，在科德角登陆，随后在普利茅斯地区安顿下来，建立了最早的清教徒殖民地。随后，另一批清教徒乘船而来，在波士顿地区建立了殖民地，形成早期清教徒聚居地。来到北美的清教徒梦想在这块广袤荒蛮的新大陆上建立起自己理想中的宗教信仰的国家。他们坚信自己就是上帝的选民，被播撒在这块土地上生根。来到北美的清教徒从一开始就具有强烈的反抗现有传统和权威，建立自主的组织机构的意愿，以及强烈的个人意识和追求自由的倾向。清教徒一旦在这块新大陆上落地生根，远离罗马教廷和英国王权，便是可以相当自由地选择自己的理想的信教方式和政府形式。这是北美清教徒远比欧洲宗教改革者优越之处，即他们可以更自由、更自治。这种原来就有的个人自由倾向与全新的开辟新世界、建立新家园的行动结合在一起，后者更加促进了前者的大胆脚步，为前者提供了几乎是不受任何限制、任何干扰的可能性。所以，北美的清教徒才能够更加大胆地去追求他们心中的自由，更加开放地去实现个人的解放，而这一点欧洲大陆的宗教是无法相比的。

北美的清教徒在强调宗教自由方面有以下几个突出的特征：一是要求教会机构自治；二是认为个人可以凭良心和理智与上帝建立直接的联系，而不必依靠教会；三是强调自律、自省、刻苦、纯洁的精神。北美的清教出自新教中加尔文教派的一支，这一支教派认为人生而有原罪，人性是堕落的。对人性堕落的强调使得清教徒在建立自己的宗教组织时比较强调对权力的监管，防止权力蔓延造成的集权和腐败。他们认为人人在上帝面前都是平等的，每个人的职业都是上帝的指示，不分高低贵贱，这就为民主和平等打下了基础。他们在强调自治的同时，也强调个人在与上帝建立联系之时的自由性，他们认为人完全有可能通过自己的内心、自己的良知判断与上帝沟通，理解教义。人可以通过这种与上帝的沟通方式摆脱原罪论的禁锢。在北美清教徒一百多年的殖民开疆活动中，他们一直履行着这些教义，其中的政权自治已显露出民主政治的端倪，而尊重个人意愿、个人享有更多自由权利、个人可以通过自我努力实现信仰自由、遵从内心意愿、人人平等等思想无疑已是现代个人主义、自由主义、人人平等思想的萌芽。

现代对美国清教徒的研究越来越多，越来越深入，人们越来越相信，没有清教徒的这些萌芽性的思想，便不会有其后的美国文化和历史。清教徒在确立美国文化方面打下了无可否认的基础，产生了深刻的影响。它最早决定了美国未来发展的国家性质和基本文化特质。

在北美殖民者开疆拓土的殖民历程中，个人、民主、平等、自由等思想已逐渐打下根基。而后来美国建国后一段时期的历史又为个人主义的确立进一步提供了现实基础、政治思想基础和社会推动力。

随着研究的日益深入，美国清教对于美国历史的影响已经得到越来越多的肯定。美国国家的一些基本特质事实上在美国国家成立之前即已基本酝酿成形，而且决定了其后美国国家的基本走向和那些广为人知的基本特征。这都与当时的清教影响和殖民者的一系列活动有关。有学者认为："和其他国家不同，美国的国家特质在殖民时代酝酿而出，正是这些形成于建国之前的国家特质，决定了美国的未来。"[1]

从1607年英国人在北美建立了第一块殖民地，即在弗吉尼亚的詹姆斯敦建立殖民地后，到1733年佐治亚建立，殖民者已经建立了13块殖民地，共用了126年。这一时期，大英帝国正处于它的上升时期。在欧洲，

[1] 李涛．美国的梦想［M］．北京：新华出版社，2008：2.

英国国力在各方面均领先于其他国家，海上霸权的建立使这个帝国在全世界建立起自己的势力范围。当然，大英帝国建立起的不仅是宗主国的国土和王权，更是大英帝国的政治、思想、技术等各种文化的传播路径。而这一时期也正是英国自由主义从发展到成熟的时期。随着殖民活动输出的是体制、观念和思想等文化要素。也就是说，硬实力带动了文化等软实力的输出。那些初到北美的殖民者顺理成章地带着来自英国和欧洲其他国家的政治体制、观念思想和文化来到这块未开垦的新大陆，他们的愿望是在这里建立起自己观念中的国家，因此这些体制和观念也自然而然地被应用到殖民地建设中。

1619 年，弗吉尼亚殖民地的移民们在来到这里不久即建立起了北美第一个代议制机构——下议院，这一举动无疑是在模仿英国的议会制机构。当时的北美殖民地移民，一心模仿英国式的生活方式，他们大都幻想过上英国绅士般的生活，言谈举止无不处处模仿英国绅士派头。这里我们也可以理解何以爱默生后来会大声疾呼同族人摆脱英国影响，号召人们放弃那种寄人篱下的日子，努力建立美国自己的本土文化。英国文化在此时以及随后的一百多年中一直是这些英国殖民地文化最主要的来源和形式。美国建国之初的五位总统中，有四位都来自弗吉尼亚，这不能不说明问题。其实，这种最初的模仿无论多么可笑，多么幼稚，都有其最初的价值。正是这种最初的拿来主义为日后的美国文化提供了最初的借鉴，也打下了最初的基础。

而 1620 年一百多名清教徒乘坐“五月花”号轮船在北美东北部登陆建立起的普利茅斯殖民地则是北美第二个殖民地，也是第一个清教徒殖民地。1630 年，英国人约翰·温斯罗普带领另一批清教徒来到北美东北部，建立马萨诸塞殖民地。自此，在北美大陆东北部一带，一批由清教徒建立起来的殖民地迅速发展起来，在包括马萨诸塞、罗德岛、康涅狄格、新罕布什尔等四个地区在内的土地上，建立起被称为新英格兰地区的殖民地。

与弗吉尼亚这些英国绅士般的移民者不同，新英格兰地区的移民者以清教徒的刻苦忍耐和对宗教的严苛追求表现出北美殖民地文化的另一特征。这些特征因与清教教义和清教徒的特征有关而构成了另一部分美国文化的因素。清教徒是带着自己的宗教理想来到北美大陆的。他们对于在英国和欧洲大陆无法得到信仰自由感到极度失望，他们宁可远离家乡，跨过遥远的大洋，来到一个陌生的大陆，也要按照自己的方式信仰宗教。这些清教徒在来到北美大陆之前即已辗转逃离英国，他们是怀抱宗教理想的一群人，如果从世俗角度来看，他们身上无疑也体现出为了理想不惜一切的特质。在北美新大陆上，他们可以按照自己的意愿一心一意地建立自己的宗教自由家园。他们可以远离英国国教的残酷迫害，也无须向人们解释清教教义，只需按照自己的意愿信教。他们要在这里建立一个“山巅之城”，这个理想中的家园不仅是实现自己宗教信仰的家园，他们怀着圣洁之心，倾力奋斗，要把这个“山巅之城”也打造为全世界的公理之国，一个像灯塔一样可以照亮世间，给人们带来光明的国度。

清教徒是宗教上的理想主义者，这是确认无疑的。但他们同时也是世俗中的理想主义者，因为他们所要打造的宗教信仰自由的国家不仅具备了宗教上的革新力量，同时也给世俗生活带来了强劲的影响。

清教徒为了维护信仰的神圣，千方百计要保持信仰的纯洁性，所以他们对于一点点异端邪说也非常警惕。还在去往马萨诸塞的路上，温斯罗普就告诫人们：“我们应该是一座山巅之城，人们的眼睛在看着我们。所以我们在承担上帝使命方面有任何差错，上帝都不会再帮助我们，我们也会成为世人的笑柄。”[1] 他们是上帝选派而来的仆人，所以要尽可能地维护上帝的神圣尊严，绝不容许外来不纯洁的内容侵犯信仰的纯洁。最初他们制定法案，禁止那些非正统教徒进入，以保持领地的纯洁性，所以一开始这里只是清教徒的聚居地。

尽管清教徒在美国历史上，对美国文化特质的形成起到了重要作用，尤其在美国个人主义、自由主义思想的形成上作出了重要贡献，但是，从最初的情形来看，清教教义中的许多内容与后来美国的自由主义、个人主

[1] 李涛．美国的梦想［M］．北京：新华出版社，2008：4.

义思想是大相径庭的，有些甚至背道而驰。清教徒并不认为人人生而平等，在他们看来，只有纯洁地笃信上帝，并按照清教教义生活才配得上做上帝的子民，也才配拥有高尚的人生。温斯罗普在马萨诸塞湾做了数任总督，其影响力自然不在话下，他的思想曾代表了当时初入北美时清教徒的普遍想法。他并不认为人人都可以拥有自由，只有那些诚实、善良、公正的人才配拥有。清教徒并不相信平等、权利这样一类现在看来已被普遍接受的思想，他们眼中的权利和平等只适用于那些遵守清教教义、诚实善良的人。在与之同时期的弗吉尼亚殖民地，风尚与此显然不同。弗吉尼亚带有英国派头的绅士们最热衷的活动是聚在一起谈政治，他们无所羁缚，眼界开阔，心胸豁达，在政治上比较开明放达，在宗教上也比较宽容，他们提倡思想上的自由精神，不愿屈从于权威。他们也设立了圣公会，但与英国不同的是，他们的宗教机构不设主教。

与之大约同时稍晚，1664 年，英国从荷兰手中夺取了费城一带的土地，英王查理二世将这块土地赠送给自己的好友威廉·宾恩，宾恩以自己的名字命名了这块土地，即“宾夕法尼亚”。宾恩早年在读书时曾因拒绝信奉英国国教而被开除，他不想让这块土地上的人再有和他相同的不愉快经历，因此他从一开始即宣布信仰自由，使宾夕法尼亚成为美国第一个信仰自由的州。与此类似的还有马里兰。马里兰为巴尔的摩勋爵所创的殖民地，他创建这块殖民地时，除了想利用殖民地赚钱外，也想给当时受到英国镇压的天主教信徒一个避难之所。1649 年，马里兰颁布了《马里兰宽容法》，以法的形式保护宗教宽容。

清教徒也不支持政教分离。他们按照契约精神来处理宗教事务。他们坚信自己是上帝选派出的子民，他们则和上帝签订了契约，上帝会在冥冥之中保护他们，正是这一信仰的力量支撑着他们克服重重困难，远渡重洋来到陌生的新大陆，他们需要克服生存上的种种艰难，才能实现信仰的自由。他们把和上帝签订的契约称为“天恩之约”，其后又有“教会之约”和“公民之约”。“教会之约”是各教会之间签订的契约，目的在于各教会之间能够保持友好平等的关系，以便更好地服务于上帝。“公民之约”

则是清教徒以在社会中存在的公民身份签订的契约，用于世俗政府的建立和处理世俗社会的各项事务。这些契约的签订表明这些清教徒把欧洲的契约精神带到了这块新大陆。契约精神是一种新型的社会关系的处理方式，它在欧洲大陆表现为资产阶级在社会关系中的处理方式和思维方式，其本质是一种古老的信用精神与新型的互惠互利原则的结合。它与奴隶制时代和封建制时代契约的不同之处在于，奴隶制和封建制的契约不是建立在契约双方平等互惠基础上的，而是基于一方对另一方的控制、占有、支配，而现代契约关系则越来越趋于体现平等的双向关系。“上帝之约”“教会之约”和“公民之约”的签订，就是这种一方与另一方之间基于彼此信任前提下的共同盟约，它的前提是大家都可以共同遵守这一约定，承认并尊重对方的信用。1620 年的“五月花号公约”也是这种契约的代表。这份公约虽然只有寥寥数字，却代表了群体在自愿基础上共同遵守约定、共同建立一种社会关系的决心。在其后的这些公约中，不管签订双方是谁，是普通人、上帝，还是教会，其前提都是基于这种彼此承认和尊重，相互协商，共同做好一件事的意愿。这种契约精神的出现，正是近现代以来宪政思想的萌芽，也是民主政治的前提。

在那个时代，尚未出现明确的契约论，国家与人民之间的契约关系并非一个已经得到广泛理解和承认的事。这种契约关系的生成必须以政府和民众之间的平等和相互信赖为基础，这样，民众就不再像从前那样只是在王权或统治者统治之下的群体，他们不再是被动服从、听从统治甚至必须接受不公平待遇的低等群体，而是成为可以和政府、国家处于平等地位的群体；而统治者也不再是权利的拥有者、支配者，其存在必须以服务于民众为基础，如果不能得到民众的承认和支持，根据契约关系，统治者有可能面临被民众解约，即被民众推翻的危险。这种契约关系在不知不觉间为立宪政治和民主政治奠定了基础，也为个人主义和自由主义思想的进一步发展提供了支持。在契约关系中，人民有可能成为政治中的主体，至少可以与当权者平起平坐，而不再被压迫、被役使，而国家也不再会是某个人或某个团体的国家，从而避免了独裁和等级制度，避免了少数人统治和压迫多数人的现象发生。

清教徒在来到北美大陆之前，即已成立自己的宗教组织——公理会。公理会的建立本是为了与英国国教教会对抗。公理会强调的是教徒个人与上帝之间的关系，他们认为教徒本是上帝的选民，教会则是上帝的选民与上帝之间通过签订契约而建立的自愿组织，它不应受英国国教的管辖，也独立于国家之外。公理会实行自治管理，权利分属于各个成员。这是早期权利自治的萌芽，它主要被清教徒用于管理宗教事务。后来清教徒在北美建立殖民地后，这一管理方式又被应用于殖民地管理中，出现了乡镇议会，地方的权力和政务管理不是由一个人或一个政府部门来包揽的，而是由地方推选出来的议会承担。1641 年，马萨诸塞实行了自由权法，1644 年又建立了两院立法制。马萨诸塞的总督则由每年举行一次的选举产生，每个合格的宗教成员都有权力参与选举。这种自治管理的方式和民主选举领袖的方式也为其后美国两院制和总统选举以及各州的议会制和选举制提供了蓝本。

根据清教教义，人们会发现其中很多内容与后来美国的政治和文化几乎完全相左。尽管清教徒最初是为反抗宗教迫害、追求信仰自由而来到北美大陆的，他们所实行的权利自治和民主管理的方式也为其后美国政体奠定了基础，但是，这并不意味着清教徒就是一批提倡自由主义的群体。相反，清教徒以作风严格、信仰虔敬、勤奋刻苦、遵守规则、不尚奢华、俭朴务实、自律自省而著称。他们无论在宗教上，还是在实际生活中，无论对待道德、信仰、社会风尚，还是对待自身，都有着严格的标准和限制。某种程度上，他们是信仰上的洁净者、道德上的洁净者、精神上的洁净者，正如他们为自己的宗教所起的名称一样，他们要以自身教义上的绝对纯洁来对抗基督教不再纯粹的教义，以此表明他们与基督教的最大差别。

这样的清教徒似乎无论如何也无法与后来崇尚自由主义、个人主义、商业主义的美国形象联系起来，人们无法想象一个霍桑《红字》中近乎道德苦行式的情感阴郁、内敛压抑的清教徒会与一个粗犷粗野、对什么都不在乎、只相信自己的枪和自己的能力、几乎完全无视法律和政府的牛仔有什么关联。但是，清教徒对后来美国国家发展的走向、基础理念、国家政体和基本管理模式以至文化精神、民族特质等都有着内在的深刻影响。这些影响主要表现在以下一些方面。

第一，清教徒带给美国的最内在的影响也许应该是建立一个“山巅之城”，即建立一个理想的模范的公理社会的梦想。这个梦想不仅成全了美国这个国家，也内化于美国国家的理念和精神中，内化于美国文化和民族精神中，及至美国普通个人心中，成为一个国家的梦想。而这个梦想又随着美国的发展和强大外化于更明确的“美国梦”。这一“美国梦”又在一定历史条件下，远走他乡，传播至世界其他国家，成为一个历史时期的世界范围内的“美国梦”。可见这一“美国梦”的影响之强大，而这一强大影响，追根溯源，则可上溯至清教徒带来的强大“梦想”基因。

当初，温斯罗普带领清教徒远渡重洋来到北美大陆，寻找宗教梦想和人生梦想，这一想法对他们来说是如此强烈，以致不惜抛弃国土家园，来到遥远陌生的地方。当年清教徒想要建立一个理想国度的梦想包含两方面内容：宗教理想和世俗意义上的理想；两者缺一不可。首先，他们要建立一个可以自由信教的地方，这个地方可以不受英国国教的迫害干扰，真正做到自由信教。由于清教徒从一开始即主动要脱离基督教会的管控和各种形式主义教义的束缚，因此他们从一开始即选择了相对独立自由的信教方式，这些都为在北美地区建立一种新型的宗教信仰和新型的宗教管理方式开辟了道路。事实上，从清教徒远离英国，来到荷兰等地寻找信教自由的庇护所之时，这种梦想就已经开始扎下根基。坚定不移地寻找宗教信仰的家园是清教徒最大的梦想、最迫切的动力。在尚未到达北美大陆之前，温斯罗普等人就已经开始构建这个梦想中的地方。这一切都是有动机、有计划、有行动的，都是在周密安排、掌握中的。这个计划早已盘桓在清教徒脑中，只待有一天将它变成现实。17 世纪欧洲海上航线和海外殖民地的开发历史，为清教徒在一块陌生大陆开辟信教自由的家园提供了历史机遇。这是一个上天赐予的特殊机会，是清教徒大展宏图的机会。最初的信教自由的动机转变为实实在在的开辟理想家园的行为。

对清教徒来说，开辟梦想中的宗教自由国度又岂止是信仰上的自由实践？又岂止是他们躲避迫害，但求生存，为宗教信仰而战的一种献身方式？在他们看来，清教教义无疑是高于基督教教义中对上帝的解释和人对上帝的信仰方式的。这种确信使他们相信自己坚持了对上帝的信仰的正确方式，他们必须将这种正确的信仰继续下去，这既是对上帝的忠诚，也是完成上帝对其子民的考验。他们不惜背井离乡来到新大陆，就是为了完成这份考验，向上帝表达这份忠贞不渝的决心。对清教徒来说，他们坚信自己就是上帝选派出来播撒到人间土地上的种子，他们要使这种信仰落地生根，开花结果。他们坚信自己肩负着将上帝的意旨传播开去的责任，一切在欧洲大陆上遭受到的迫害都是对自己这一光荣使命的考验。宗教信仰上的这份执着使他们选择了踏上新大陆，他们带着坚定不移之心克服重重困难来到这里，就是为了实现上帝所赋予他们的神圣使命。他们相信，是上帝指引他们来到这里，建立起理想中的信仰之地，这个理想中的国度，根据《圣经》所记，即是“山巅之城”。他们就是要在这块尚未被浸染的土地上建立起真正理想中的“山巅之城”。在这个“山巅之城”中，人们虔敬信奉上帝，相互关爱，和平共处，真正实现了对上帝之爱，实现了人们之间的相互之爱。这样一种理想中的国度将是完美体现上帝意旨的地方，将是人类生存的理想图景。清教徒就是要为人类提供一个理想的模范的生存模式。

这份理想、自信以及为实现理想而做出的种种努力、其中的曲折经过等，都被记录在清教徒的一些历史文献中。在实现这一宗教理想模式的同时，清教徒也在积极筹划着如何将这一模式变为更加可行的现实。这些清教徒在宗教上是坚决的改革派，在实际生活中，他们也倾向于接受更为自由的思想。他们从欧洲大陆上接受了当时一些代表欧洲资产阶级思想倾向的哲学，个人主义和自由主义就是其中一部分。在建立自己的教会组织和管理模式时，他们采取了与原来教会不同的自治式管理方式。这缘于他们相信人通过自身便可以和上帝建立联系以及通过自身完成自我救赎的思想。他们可能没有预料到，正是这种出于对人尤其是个人力量、价值和尊严的强调基础上的教义，使他们在组建和管理教会机构时避免了欧洲基督教会严密管控，尤其是对个人思想进行严密管控的情形。他们在信教方式上反对由教会掌握对教义的解释权，反对以原罪论压抑个人救赎，从而大大加强了人的自治管理。清教教会不听命于英国国教最高教会，而是自己建立教会组织，各教会组织之间采取平等互助的方式。这种教会组织更像是一个社区组织而不仅仅是宗教组织。信徒们通过加入教会组织而使相互之间结成关系，互助互爱，在同一个信仰下联结在一起。这种组织与原来的教会相比，形式上较为松散和自由，也更加世俗化。但是，在实际情况中，这种教会自治的方式往往又在联结各个教徒关系，将他们紧密团结为一体方面显示出优势。由于信教可以以个人意愿和思考为基础，显示出对个人价值的尊重，加之清教徒提倡个人努力和自律，这种在更多尊重个人基础上实行的管理往往能够更加联结个人。也许清教徒自己并未意识到，这种管理模式不仅为宗教管理提供了一个更加自由的范例，也为其后的世俗管理提供了范例。这种自治模式为美国的个人主义和自由主义思想提供了现实基础，影响了美国建国后的政治理念和政体模式。

清教徒的这些理想随着他们来到新大陆而落地生根，也随着殖民地的不断扩展而渐渐稳定下来，成熟起来。在当时，建立新大陆的梦想又何止是这些清教徒或其他怀揣着冒险获利动机的欧洲殖民者才会有，在欧洲，新大陆也是许多欧洲人心目中的新世界，许多人带着憧憬关注着这块全新的大陆的未来。这是当时欧洲人的普遍心态。有些人则亲身来到此地，试图将梦想变为现实。及至美国摆脱英国统治而独立，以及后来摆脱欧洲其他国家的殖民统治，不断开疆拓土，向外界扩张，建成了一个独立的北美新国家，这一新大陆的梦想也一直存在。这个梦想既是美国开国元勋一代的梦想，也是后来历代美国总统一直坚持的所谓美国理念，还是美国普通民众心中的美国理念和美国价值观，在当时乃至后来一段历史时期，也发展成为世界性的理念和价值观。马丁·路德·金在国会山上发表演说“我有一个梦想”时仍在使用“梦想”一词。如今，“美国梦”已经成为一个名词，一段历史时期的一种象征，一份历史档案。

第二，清教徒为争取宗教信仰自由，反抗宗教迫害，不惜背井离乡，远渡重洋，来到一片荒芜陌生的大陆，这一举动本身即带有反抗权威，争取自由和权利的意义。所以，清教徒带给后来美国文化的，除建立“山巅之城”的美国梦外，还有反抗权威、争取自由的传统。同时，清教徒背井离乡来到新大陆，又带来了开拓和冒险精神。清教徒在英国一直受到迫害，英国国教不允许清教存在，也曾对新教教徒实行过血腥镇压。但是清教徒为了维护自己的信仰，一直在不妥协地同英国国教进行抗争。在英国国内无法实现信教自由之时，他们便迁徙到荷兰等欧洲其他国家。在荷兰等地，他们感到仍然无法真正实现信教自由，于是又从欧洲迁徙到北美。清教徒为争取信教自由一直在进行反抗。为争取信教自由而来到北美大陆成为他们最直接的动机。清教徒身上所具有的反抗性既有向宗教权威和传统抗争之意，也有追求自由，实现梦想之意。因此清教徒的这些特征都成为后来殖民地文化以及美国文化的一部分。美国文化中反抗传统和权威的内容很明确，而追求自由权利的意图也很明确，这些都与清教徒传统有关。

第三，清教教义特别强调个人可以通过自己的方式去理解《圣经》教义，也可通过自己与上帝进行精神交流，这就在一定程度上将个人从基督教教会的监管下解放出来，将个人地位大大提升。个人不是教会控制下的缺乏独立思想能力的被动的信徒，而是有理性、有思想、有能力理解上帝旨意的个人，他可以通过自己的努力来提升自己的灵魂，而不必在原罪论、预定论的控制之下悲惨地走过一生。尽管清教并没有提倡个人自由，相反要求人们严格遵循教义，管理自己，却在实际上提高了人的地位，放宽了人在思想上的自由，肯定了人可以通过自身努力达成愿望的方式，鼓励人追求自我价值的实现。

第四，尽管清教要求教徒严格自律，约束欲望、享乐，崇尚简朴，对违反戒律和道德的行为不能容忍，要求教徒要保持信仰的纯洁性，但是这种对个人的严格约束在现实中起到了其他一些意想不到的作用。这种严格的自律精神和对规则的恪守，培养出了一种自律人格。这种人格从表面上看与个人主义、自由主义大相径庭，但实际上，现代个人主义和自由主义不是简单的个人权利至上或漫无边际的自由，尤其是当个人在现代民主社会中生活时，个人的自律和对规则的遵守便显得尤为重要，甚至更重要。自由是以规则为基础的，现代民主社会是以个人对社会规则的遵守和对社会事务的责任意识为基础的。因此，个人与民主、个人主义与民主主义，看似相互矛盾，实则相互支撑。在现代民主社会中，个人意愿的表达是民主社会中必要的形式，而有什么样的个人就会有什么样的意愿，这些意愿集合在一起，便形成民主社会中的民众意愿，即有什么样的人民就有什么样的政府。人民的意愿与国家、政府、社会之间的关系决定着这个社会的民主程度。但是，现代民主社会绝不是说，只要这个决定是由大多数人做出的，就一定是正确的，好的；也并不是说，只要大多数人愿意，一件事就可以实行。一个政策、一件事的正确与否，好与坏，既在一方面取决于当权者，取决于政府，又在另一方面取决于民众。未必更多人支持的事就是正确的，也未必大多数人的意愿就一定合理。因此，在现代民主社会中，民众的意愿是否合理，取决于民众本身，而民众则是由无数个人组成的群体。每个个体的情况看似简单而微小，实则很重要。在现代民主社会中，个人意愿的表达有赖于个人对社会的理解、个人与社会之间的关系、个人参与社会生活以及对自己所肩负的社会职责的理解、个人所持的观念、个人修养等。也就是说，个人是否愿意参与社会活动，是否愿意为社会发展、为他人生活担负起一份责任、贡献出一份力量，个人与社会之间的关系是否呈良性，个人对社会如何为个人发展创造良好条件以及个人如何在社会生活中通过自身努力促进社会良好发展等要有基本正确的认识。个人自由绝不是无限制的随心所欲，无政府主义，想干什么就干什么，个人自由并不是无视规则，相反，只有在规则基础上才能有所自由。而规则的制定不是少数人说了算的事，而是大多数人根据情况制定的合理法律和规章制度。而制定之后即要遵守，在大多数人达成规则协议后即要遵守协议。这种在遵守协商之下的社会规则的个人，将有可能在社会生活中更加遵守规则、更加理性地共同处理社会事务。因此，尽管清教徒并未从一开始即强调个人主义或个人自由，反而处处要求人的自律性，处处要求遵守规则，甚至到了严苛的程度，但是，清教徒的这些特点反而在日后的社会事务中，在国家建立之后的政体管理中，在美国民主社会中，显示出另外的优势。在规则之下，民主才有可能正常实行，否则则成为乌合之众的运动。

清教徒严格自律的生活习惯和对规则的遵守，在表面上难以和自由主义联系起来，我们甚至很难想象今天看似简单随便、不受拘束的美国风格怎么会与当初清教徒苦行僧般的严格戒律联系在一起。但正是这样严格自律的行为，才为后来的个人主义和自由主义发展提供了一定基础。如果在个人主义的强烈驱动之下培养出的是一个为所欲为、无法无天的暴徒，那么个人主义将演变成暴力、犯罪、规则破坏者，社会将不复和谐运转。自由主义假如没有以规则的制定和遵守作为前提，则会演变成无政府主义。民主社会的发展不仅需要对人的权利、价值、尊严的承认，也需要人将自身的权利、价值、尊严善加利用。人除了要行使自利原则外，也要利他；除了要行使自由外，也要遵守规则；除了要表达个人意愿外，也要保持理性。自由不意味着滥用权利，也不意味着不负责任。清教徒这种克己自律的精神，可以说从一开始就为美国后来的民主社会奠定了一定的民众基础。一个社会中的人们，假如无须对他们做过多约束，他们也可以做到一定程度的自我约束，无须命令或强迫他们做什么，他们也能够自觉地承担起一定的社会责任，那么这个社会便有了实行民主的民众基础。这种对个人的自我约束看似与个人主义和自由主义毫不相干，实则有着极为密切的联系，只有良性的自我约束和责任意识，才会保证个人主义和自由主义的良性发展。

第五，务实、勤奋的风格，培养出美国式的实干家。清教并不反对追求钱财，相反，清教鼓励追求财富，但要靠勤奋劳动换取报酬。这种观念培养出美国式的白手起家、拼命挣钱、创造财富、追求成功的典范，也激发出后来的商业主义。崇尚节俭、简单、讲求实用、不尚奢靡繁复，又培养出美国式的简单作风。人们尊崇一切从简原则，实用便好，就连语言的拼写和发音也变得简化。清教徒以勤奋、刻苦著称，他们反对奢侈，反对浮夸，主张简朴的生活，一切从简。他们认为，简朴的生活能够培养出丰富的精神，而奢华的生活会降低精神追求。对于上帝选派的子民来说，以精神生活的升华而不是以物质生活的奢靡来敬奉上帝，是上帝的子民所应该做到的。对精神生活的强调一直是清教徒所遵从的。他们努力工作，认真生活，刻苦勤劳，正如他们的宗教所强调的那样，追求精神上的纯净。但是，在清教徒不尚奢华、生活俭朴的同时，他们也努力追求财富。这与他们的教义有关。在清教徒看来，人工作是上帝的意旨，每一种职业都是上帝的召唤，都是平等的，努力工作是人的职责，是对上帝的感恩。而工作所得则是上帝给予人的报偿，通过努力工作所得的财富是上帝赐予人的礼物。因此，清教徒并不反对钱财，并不把努力赚钱、积聚财富作为羞耻之事。他们认真履行社会职责，兢兢业业做事，努力赚钱。但因为他们反对奢靡，崇尚简朴，所以钱财对他们来说不是用来生活得更舒适或用来享乐的工具，他们会把赚来的钱财积聚起来，用于再生产或慈善事业，作为回馈社会的方式。这种赚钱方式和理财方式的好处是，首先所赚钱财可以用于再生产，促进社会产业进步和资本积累；其次可以回馈社会，既能促进社会公益事业的发展，推动社会和谐运转，又可平衡资金流向和社会各方面利益。加之清教徒守规矩，重信用，因而也就能够在商业活动中越做越好。正如18世纪清教徒约翰·卫斯理对清教徒生活的评价："拼命地挣钱，拼命地省钱，拼命地捐钱。"清教徒的这种对待财富的态度和理财方式为后来美国商业发展埋下了许多线索。美国在短时间内迅速以工商业崛起，继而成为世界经济强国，不能不说与清教徒的这种重视财富、勤奋工作、辛苦赚钱、崇尚白手起家打拼天下的价值观有关。清教徒不是贵族，不工作而享乐不是他们认可的生活方式。他们从不贪恋这种不劳而获的生活，他们是看不起这种行为的。在他们看来，依靠自己的辛苦努力而赢得财富是值得骄傲的事，而赢得财富不是为了享乐从而导致精神上的堕落，而是为了回馈上帝的恩典。这与欧洲贵族式的心安理得享受财富不同，也与敛求财富、见利忘义，或穷则志短、自暴自弃，或迫于生计而不顾道德廉耻等不同。可以说，清教徒追求财富的态度是积极的，手段是正当的，这也是后来美国文化崇尚那些白手起家的实干家、实业家的一个原因。

清教徒在美国开国历史上的意义如今越来越得到人们的承认和重视。清教精神影响着美国国家的理念、文化和民族精神。不过，历史总是有其发端，也有其终结。到了17世纪末，宗教世俗化已是不可避免。

17世纪后期，英国经过“光荣革命”后，发生了一些变化。英国于1688年颁布《英国权利法》，1689年又颁布《宽容法案》，这两部法案的颁布，使得英国国内的政治改革逐渐趋于良性。资产阶级的势头正在上升，公民的自由权利多了起来，出版自由得到认可，政教分离和司法独立已经开始，这些在法律和政治上的举措使英国国内呈现出相对自由的社会局面。1692年，有人将北美清教徒告上法庭，状告北美殖民地以教会会员的资格限制公民的选举权，马萨诸塞殖民地遂被取消独立资格，将成为英国皇家的殖民地。这一消息使殖民地的清教徒移民十分惶恐，这意味着他们辛苦建立的殖民地家园将有可能就此毁于一旦，也意味着他们要建立“山巅之城”的理想将化为泡影。温斯罗普等人痛心疾首，他们反省自身，是否哪里做错了？他们痛感世风日下，人们耽于享乐而忘记了对上帝的忠诚，对世俗生活的兴趣远大于对上帝的笃信。事实上，清教徒的克己忠诚，在这几十年的殖民地生活中，并没有一直保持不变的纯洁和忠贞，而是在实际生活中发生着潜在的变化。

清教的严苛规则似乎不再能够尽善尽美地约束人们，反而其中的自由化倾向越来越促使人们环视世界，萌生出越来越自由化的宗教信仰。当年温斯罗普等人带领清教徒为了理想克服重重阻碍来到新大陆，只为实现为人类建造一个纯而又纯的模范社会的理想。他们千方百计不让旧世界的痕迹污染新世界，想方设法排除那些被认为不纯粹的异端分子进入教会，但是，世界已经开始发生变化，人们的观念也在发生变化。1730年，北美地区掀起了一次宗教复兴运动，为首的清教徒乔纳森·爱德华兹号召人们重新调整对上帝的信仰，上帝对人们的不忠开始发怒，这些话对一些人的确起到了震慑作用，一些人重又回到清教教会。尽管爱德华兹凭借良好的口才赢得了一些信众，但是，人们对宗教的要求越来越趋向自由化。原罪论再次受到重创，人们越来越不相信宿命，而是相信人可以通过努力来拯救自己的灵魂，原罪并非使人万劫不复，它可以为人的努力所消除。清教在最初所带来的反抗倾向和强调个人自由的倾向在这里再一次把它引向了其所不愿看到的方向，但这已是不可避免。爱德华兹得到了“最后的清教徒”的称号。

尽管历史已变，清教徒昔日的好景不再，但是清教徒所怀抱的理想、所尊崇的观念和标准、所开发的社会管理实践经验以及他们在许多方面所遗留下来的痕迹，产生了深刻的影响。这其中有很多不知不觉中留在了美国其后的历史中，并反复出现。尽管清教徒最初所坚持的东西在后来往往以相反的面目出现，却在实际中促成了美国后来在国家建设、管理、经济乃至社会生活、文化观念和民族精神等方面的形成，在许多后来独具美国特色的社会实践方面都可以找到当初清教徒遗留下来的痕迹，找到他们当初试验的模型。尽管清教徒后来被实行了政教改革的英国所弹劾，但在许多方面，仍然应该承认，他们所作的实验是独特的、具有领先意义的。他们囿于清教的严苛规则，这些规则在理想化的层面上可能是完美的，在实际生活中，在面对人性的复杂时，却日益显露出僵硬和理想化，显露出与人性无法调和之处，以致最终在时代面前，在北美更加风云变幻的独立自主的要求面前退回自己的历史中。但是，清教中所强调的个人独立和自由精神被保留了下来，这种独立自主意识也成为清教自己的反对者和推进者。

二、独立战争与建国理念

独立战争后，美国成为独立的国家，在一切方面都在建立自己的秩序。脱离了大英帝国统治，美国不仅建立了共和制国家，而且实行了政教分离。来自英国的子民，摆脱了英国的统治。从英国和欧洲带来的自由主义、个人主义和宪政精神，成为美国反抗英国王权，争取自由的武器。美国独立运动堪称史上第一次大规模的殖民地争取民族独立的战争，为人类反抗殖民统治、争取独立自由做出了楷模，只不过这种反殖民运动唱罢之后，被殖民者、被压迫者摇身一变又成为新的殖民者、压迫者。

美国建立了人类历史上第一个共和制国家。这一共和制国家自建立之日起便一直延续下去。在这块北美大陆上，没有发生过共和制被反复颠覆的情况。英国和法国在资产阶级革命之后，都经过了帝制的复辟，国王的头被砍下来，又会有新的国王或皇帝独揽大权。但在大洋彼岸的美国，这种现象从未出现。这是一个新兴的国家，它没有历史，却也因此得福。

美国成立之前，北美许多殖民地都实行政教合一。新英格兰地区是清教的大本营，弗吉尼亚则是将英国国教确立为正统，而在马里兰，天主教曾在很长时间受到保护，在佐治亚曾出现过多教派共存的局面。宗教在人类历史上有着特殊的重要意义，也曾在一段时间占据着人类精神和文化的统治地位。在北美许多殖民地上，宗教一直受到保护，大多数殖民地会以法律形式将政府支持的宗教保护下来，人们会将税收的一部分捐献给教会组织。在马萨诸塞，公职人员被要求具备合格的教徒资格，人们每逢周日要停止一切活动去教堂进行宗教活动。不过在这些地区，有一个地方例外，即宾夕法尼亚，宾夕法尼亚早已通过对宗教的宽容法案，支持人们宗教自由，并且始终坚持政教分离。

政教关系往往是社会不稳定因素的导火索。如果殖民地始终坚持教会管控，那么很有可能会造成新的宗教争端和新的对异端的迫害。复杂的宗教信仰情况和政教不分的状况将可能直接影响社会稳定，也将可能使新生的共和国面临解体危险。政教分离对美国国家的稳定、政府管理以至民主社会的运行都将是利好。1787 年美国将“不得对公职人员进行宗教方面的测试原则”写进宪法，1791 年的《美国宪法第一修正案》又规定国会不得设立宗教或限制其自由实践的法律，明确国家政府不得设立或干涉宗教，也就进一步将国家政府与宗教的权力分割开来。

宗教势力就这样逐渐从美国人的社会生活中淡出。当初清教徒来到北美大陆进行宗教实践的理想就这样在现实政体面前成为遥远的回忆。这可以被看作世俗化进程对宗教的一次胜利，也可以被看作人的自由化对宗教理想的一次胜利。虽然这种胜利并没有以消灭宗教理想和消除宗教精神为代价，但在世俗化进程这一点上，美国这个新兴国家无疑使自己成功地向现代社会迈进了。当大多数人放下宗教的罪恶感而投身于世俗生活中时，当他们摆脱了宗教的禁锢而开始大张旗鼓地追求个人幸福时，宗教的那种严格的精神要求很快便被世俗要求取而代之。对于大多数人来说，与其为忠于上帝而禁锢自己，倒不如追求人间的权利。此时，个人的权利和自由得到了更大释放，为上帝而活还是为自己而活成为生活中的一道分水岭。美国的历史就这样以一种并不漫长也不惨烈的形式完成了从宗教为主向政教分离的世俗化进程。从历史角度来说，这个世俗化进程一方面释放了个人的价值和潜力，人可以堂而皇之地而不必躲躲闪闪地大胆地追求个人权利，追求个人的世俗幸福，从而为美国式的个人主义的进一步发展提供了机会；另一方面则为这个新兴国家在今后的国家治理、政体模式、政治体制等方面铺平了道路。假如没有政教分离，美国可能不仅要面临多次纠纷和动荡，也可能会使刚刚建立的共和国在尚未强大之时便面临政治上的问题或发生倒退。宗教淡出和政教分离赋予这个国家更多自由的机会，促进了其自由主义和个人主义的发展。

从许多方面看，美国是幸运的。在每一步发展时，在每一次机会中，在几次历史发展的重要步骤或节点上，美国几乎没怎么遇到坎坷。它顺利地度过了最初的独立战争，也顺利地度过了国家政体建立起来的最初阶段，在这些阶段确定了几乎所有重大事务的基本方向。它是那个时代许多欧洲人眼中的幸运儿。

美国的独立战争同欧洲一些国家的近代革命相比是温和的，也是相对保守的。它没有酿成不可挽救的狂飙突进式的大革命，没有那么多你死我活的流血斗争，更没有激进色彩。美国革命从一开始就是反对英王统治，争取更大的自治权利，这是一场为谋求独立而进行的战争。它没有在某种崇高思想和原则的支配下行动，也没有以某一革命理论作为行动指南。英王的军队远涉重洋来到这里，并没有对抗过一群由非正规军人组成的民兵。在法国大革命中出现的那些动辄杀头、群情激奋、你死我活、政权更迭的事件在美国独立战争中几乎是不存在的。美国人的简单务实的作风在这里再次体现出来。美国独立战争中没有法国大革命时期热血沸腾的革命文字，他们只简单地提出了“无代表不征税，无陪审不审判”等口号，这些口号中尚未提及诸如人权、平等、自由、生命等宏大字眼，可以说太不像是革命时期的口号了。即使笃信宗教，美国人也没有出现像法国人那样以宗教为旗帜进行的狂热革命，当初为捍卫宗教自由而不惜抛家舍业来到这里的清教徒们所发起的独立战争并没有以浓厚的神化色彩出现，这些平实的美国人只是拿起武器，以自己的职责去保卫殖民地的独立，甚至美国独立战争中也没有出现一部歌颂或描写独立战争的像样的文学作品。

在独立战争中，最流行的一本革命著作当是潘恩的《常识》。革命战争初期，尽管人们反对英王统治、争取独立的呼声已越来越高，战争风云已迫在眉睫，但是，在18世纪，共和、独立等如今已经广为人们接受、成为常识的思想在当时还是新锐的，就连华盛顿、富兰克林、亚当斯这些革命元勋也并未从一开始就明确提出独立的主张。潘恩是英裔美国人。他看到美国独立的必要性，在这本薄薄的小册子中，潘恩明确提出美国独立，也明确提出共和制思想。这些思想得到广泛认同，极大启发民众的革命意识，成为独立战争时期美国人民的革命教科书。

美国人就这样在并不具备强大的兵力武器，也没有轰轰烈烈的战斗场面的情况下完成了自己的独立战争。华盛顿本人功劳再大，也没有被神化为君主。无论是宗教还是人间的君主，在这里似乎都不再以一种高高在上的形象出现。在美国人的实际生活中，以自己的努力去赢取自己应得的权利被认为更重要。这种无声的观念潜移默化地影响着美国人的价值观念和美国文化。美国人早已接受了权力制衡的思想，对一切可能凌驾于人民之上的权力保持警醒。来自美国民众的民兵组织自发拿起枪来保卫自己的家园。也许天赋人权这样的激昂口号还没有明确提出以激发他们的雄心，也没有体系性的博大思想作为启蒙基础，或许他们也不具备殉道者的宗教热情，但他们内心已深深认同保卫个人权利和自由的重要意义。清教徒反抗权威、争取自由、努力进取的传统发挥着潜在影响，而这又无疑进一步激发出他们在革命时的理性与务实态度。革命只为争取权力和自由，在没有宗教神圣热情的支撑下，在没有君权神授的威严下，在没有激进思想的激发下，在没有利益争端的驱使下，他们只为寻求自己最基本权利的实现而斗争。

杰斐逊是美国个人主义思想在政治确立时期的重要人物。杰斐逊相信人民有管理自己、治理国家的能力，始终强调人人平等，把个人的权利和幸福视作国家建立的唯一合法目的。在杰斐逊的推动和亲自起草下，美国的《弗吉尼亚宗教自由令》和《独立宣言》正式宣布。这两部在美国历史上至关重要的文献，分别从宗教和政治上确立起美国的个人自由和权利。前者提出了宗教信仰上的绝对自由，认为任何人都有权信仰自己的宗教，他人无权干涉；宗教的自由本质在于人的心灵的自由，所以，他人也无权干涉心灵的自由表达；人有自由表达的权力，必须反抗任何对思想的压制。而后者则是美国立国的纲领性文件。在《独立宣言》中，杰斐逊首先强调天赋人权，人人生而平等，每个人的生命权、自由权和追求幸福的权利都是不可剥夺的基本人权。而政府的组成正是为了保护这些天赋人权。政府与个人之间通过宪法而建立契约关系，即个人将一部分个人权利交给政府，以换取政府对个人其他部分权利的保护；一旦政府不能保护个人的基本权利，侵害了个人的权利，个人则有权推翻政府的统治，这是革命的权利。政府的权力应该是有限的，一个权力无边的政府将是政治上的最大的恶。杰斐逊主张在宪法中增加《权利法案》，明确将公民的权利写进法律。他认为公民除了基本人权外，也应享有思想权、表达权等的自由，政府不得干涉。可以说，美国的个人主义到杰斐逊这里正式在政治上、法律上确立下来。

1787 年宪法的颁布并非一帆风顺，并非在提出上述五条基本原则之后，自由、权利、共和等概念就能够被普遍接受。宪法被递交到各个州时，反响不同，有些赞同，有些反对，双方力量旗鼓相当，各执一词，争执不下。支持者多为联邦党人，他们中许多人为那个时代的精英，如华盛顿、富兰克林、汉密尔顿、麦迪逊等，而反对者则被称为反联邦党人。

双方争执的焦点集中在中央政府的权力上，谁来限制中央政府的权力、中央政府的权力和地方州的自治权力如何平衡。反联邦党人最担心的问题是中央政府权力过大，会影响和限制州的权力。而中央政府的权力如果不加限制则极有可能导致又一个新的独裁政府的产生，这正是美国人最害怕看到的结果。独裁政府的产生将使一切革命成果付诸东流，美国革命将无异于其他政权的更迭。18 世纪末，共和制仍然是一个新的概念，一个启蒙思想中的概念，而不是已被付诸实践的概念。总统制在当时颇为新鲜，没有人会预料到它将带来什么样的结果。在革命之后的人们看来，所谓总统，怎么看都和过去的君主没有什么区别。怎样才能知道总统不是旧时代的君主，不会大权在握，不会导致个人独裁呢？

其实，反联邦党人的忧虑恰恰也是联邦党人的忧虑。在对待宪法和美国政体的问题上，支持宪法的联邦党人和不支持宪法的反联邦党人并没有原则上的分歧，并且同样在为新生的国家而竭尽全力。联邦党人虽然支持宪法和共和政体，但在如何限制政府和总统权力上也同样不无忧虑。在宪法中，人们做出种种努力试图限制政府权力，但这样做究竟能否奏效，谁也不知道。共和制前无古人，没有任何经验可供参考，它还只是启蒙思想家的思想产物，人们不能确定什么样的体制能够保证共和制一以贯之地实行，保证不再重蹈君主制威权和独裁者卷土重来。联邦党人极力向人们解释宪法的合理内容，并以《权利法案》作为第一至第十修正案予以通过，逐渐打消了反联邦党人的顾虑，政体之争随之化解。《权利法案》是对宪法的补充和修正，它不仅进一步解释了宪法内容，也进一步划定和限制了宪法中规定的基本权利。它与《美国宪法》共同成为美国立国的思想根本和法律依据。

其实，联邦党人和反联邦党人之间的分歧远不是根本问题之争。这种和平的化解无疑对新生国家统一思想、维护稳定团结的局面十分有利。无论联邦党人还是反联邦党人，在对待美国国家基本政治事务上，在许多大的方面意见还是一致的。如他们都赞成共和制，都同意设立一个统一的联邦政府，都支持分权自治，都同意政教分离等，唯一使他们产生分歧的是联邦政府的权力界定。到底该给联邦政府多大权力才算合适呢？谁来限制联邦政府的权力？联邦政府是否会限制地方州的权力？这是双方争执的核心所在。在这个问题上，联邦党人大多是美国国家的缔造者、开国元勋、宪法和法案的起草者、国家思想的创制者、权力的掌握者；他们大多来自城市，受过良好教育，可谓这个国家的精英。而反联邦党人与此相反，他们大多来自农村，他们对联邦政府和宪法的怀疑，实际也是草根阶层对精英阶层的不信任、普通民众对当权者的不信任、农村对城市的不信任、农业阶层对工商阶层的不信任，以及地方自治机构对中央政府的不信任。而这种不信任还会在以后其他一些政治问题中表现出来，最终导致美国内战的爆发。

对共和体制的争论也促使制宪者、联邦党人以及更多人去思考共和体制，既然没有经验可资借鉴，就只能尽可能制定完善合理的律法，使之切实有效。这种党派之争无形中也促进了人们对共和制和中央政府权力的限制。人们会想方设法限制中央权力的范围，防止其过度、泛滥，防止因权力滋生而产生种种不堪设想的后果。在这方面，他们建立了最基本的原则，即分权制衡，将权力分而治之，这是政府管理中采取的最基本的办法。

但是，这样还不够，美国国家政体既然前无古人，就一定会出现各种问题，在问题中实践，在解决问题中前进，是美国建国之初不断出现的情况。

1812年美英战争爆发，联邦党人因在战争中表现差劲而失去民心，加之杰斐逊领导的民主共和党势头强劲，联邦党遂逐渐淡出朝野，消失在美国历史中。美国历史上迎来了民主共和党一党独大的天下。但是，这段时间也并未持续太长，紧接着，美国历史上迎来了一个民主激进的时代，这就是杰克逊当政的时代。

绰号“老胡桃树”的安德鲁·杰克逊是美国第七任总统，也是美国历史上富有传奇色彩的总统之一。他出身军旅，在英美战争中曾在新奥尔良力克英军，赢得赫赫战功，成为深受人民欢迎的英雄。1824 年他参加第一次总统大选败下阵来，紧接着便带领自己的支持者从民主共和党中分离出来，成立了自己的政党——民主党。原来的民主共和党则改称国家共和党。

以杰克逊为代表的民主党及其政府代表了美国的另一种理念和倾向，也开创了美国历史上的又一个时代。在此之前，美国总统一直出身于精英阶层，尽管在美国，共和制已广为人们接受，但美国政治一直走的是精英管理路线，这与美国建国之初的开国元勋所持有的政治理念不无关系。这些开国元勋大多出身精英阶层，他们维护共和制度，但在政府管理上一直坚持中央政府管理，他们担心将权力下放到大众手中会导致混乱。在民主制问题上，这些开国元勋与其后的联邦党人一直秉持着中央政府管理与各州自治、总统与议会并存，以及专业人员治理政务与民众意愿相结合的原则。他们很担心如果将权力交到普通民众手中会产生难以控制的局面。这种现象既是精英与民众之间的对立，也是国家体制在中央权力和民众权力之间的摇摆斗争。究其根本，就是美国在民主这条道路上究竟能走多远，什么样的民主是民主，给地方和民众多少权力才能体现民主的意愿等问题，这是关系到美国未来国家发展走向的一些带有根本性的问题。

当时由杰克逊所率领的民主党在大众中赢得了很高声誉，这不仅得益于杰克逊的个人魅力，也在于民主党维护的是中小企业者和普通民众的权利。民主党反对商业垄断，主张经济上的自由竞争，从而赢得民众的广泛支持。1829 年，杰克逊当选为美国总统，民主共和党人不得不退出白宫。杰克逊结束了美国早期精英执政的局面，第六任美国总统约翰·昆西被认为是美国最后一任贵族总统。这些精英不无忧虑地注视着这个作风硬朗、毫无贵族气质的新总统成为新一任白宫主人。美国历史在经历了一百多年的殖民地时代和建国之初的几十年时期，不断地以各种方式削弱着来自各个方面的权力：清教徒的殖民地建立为争取信教自由开辟了条件；独立战争争得了国家独立；《独立宣言》为个人权利以及国家和个人之间的权益关系奠定了基础；《美国宪法》及一系列修正法案为共和制和政教分离确立了法律依据；党派纷争又进一步促进了权力制衡的加强；而到了杰克逊这里，中央政府的权力进一步被弱化，来自民众的民主制得到大大提升。总体说来，美国在建国之前的殖民地时代和建国之后的几十年间，就是一个不断削弱各方面权威，在自由主义的道路上前进的过程，也是一个不断加强民主及至建立起美国式民主的过程，这其中，个人的权利和价值不断在此过程中得到提升，美国式个人主义正在形成、确立。

杰克逊在美国政治上的贡献在于开创了大众政治的先河，代表了平民崛起治理国家的形象，东部那些训练有素的政治家们在如此强大的民众呼声中不得不退下阵来。那些曾经没有资产的平民百姓也开始积极参与国家政治，民主政治自此在广大民众中扎下根来。杰克逊的时代为推进美国民主制进程起到了重要作用。我们今天所见的美国式民主更多是杰克逊时代所开创的民主制，在当时世界历史上，民主还是个新鲜的东西，而美国式的民主则将普通民众推上国家政治的主体地位，这不能不说有杰克逊大众政治的功劳。

个人主义在美国全面普及，广为接受则是直到 19 世纪二三十年代杰克逊当选美国总统时期。如果说杰斐逊代表的是美国个人主义的稳健的政治形式，它以宪法和政治思想的方式确立起个人主义的思想纲领，将其定为国家政治理念的基本思想，那么，杰克逊所代表的个人主义或可称为激进的民主形式。这一个人主义是在美国大规模向西部开发的进程中逐渐形成的浪潮。从美国东部和欧洲来的移民者在向西部推进的过程中，形成了独特的西部文化和边疆个人主义。西部广袤的土地是一片尚未开发的区域，远离东部，没有任何政府，也少有社会组织形式，人们在这一大片无人的土地上几乎可以不受约束地开发一个新社会。他们可以不受政府管辖和控制，不受处部影响和干扰，完全凭借一己之力或自治组织垦荒拓土，建立家园。他们既要面对严峻的大自然，克服大自然带来的种种困难，白手起家，顽强地生存下去，也要面对尚未成熟的社会形态，面对在没有政府、权威和法律控制之下的生存环境，必须凭借个人力量处理利益纷争和权力关系。这里几乎没有任何权威组织，某种程度上，强者和武力就是公理。因此，在这里他们必须学会这样的生存技巧：一是以个人之力解决问题，而且常常是必须独自面对问题，面对危险，单枪匹马作战，为自己争得利益和生命权利；二是自然关系下形成的人际关系往往以强权为公理，因此强者、强力型人物、个人英雄便成了西部文化中最富传奇色彩的形象。美国西部文化中的牛仔便是这种个人英雄的典型代表。纵观美国历史，这种个人英雄式的人物充斥美国文化。人们尊崇、提倡这种依靠一己力量战胜困难，战胜强权，为自己赢得胜利的英雄，这已成为美国文化的一种标志。

不过，美国西部边疆文化中绝不仅是在广袤沙漠中孤独游荡，一脸冷峻的牛仔杀手，也不仅是个人单打独斗面对现实的严酷生活。与冷酷现实相呼应的更是遍地的机会和逍遥法外的自由。这也使美国西部成为充满神奇色彩的地方，在美国文学和影视中形成一类特殊的题材。在这片广袤的土地上，他们可以开辟自己的天地，机会比比皆是，到处可以淘金，只要敢于冒险，便可能取得成功，获取财富。他们不受束缚，享受着在东部政府管辖下享受不到的自由。对于他们来说，可以管制他们的政府几乎不存在，可以保护他们的政府也几乎不存在，一切都要靠自己，必须有真正的自我依靠、独立自主精神才能应付这一切。相较而言，东部的气氛与这里迥异，那里更像是欧洲，而欧洲文化离他们很远，对他们影响甚微。他们不受传统影响，也不愿受传统束缚，他们对一切权威和特权都很反感，所以他们并不希望有政府来控制他们，他们宁可单枪匹马地奋斗或组成自治组织。而这样不受约束的自由的最大有利之处即可以使他们充分享有寻求个人成功的机会，这样的机会在广袤的西部俯拾皆是。他们崇尚通过个人努力取得成功的英雄，因此对他们来说，机会平等就显得尤为重要，而机会平等的前提是民主自治和个人享有自由权利。在开发西部的冒险活动中，美国式个人主义得到了充分的表现，也得到了充分的发展。并且，随着这些理念的逐步形成，他们对美国式的个人发展、个人成功以及建立在个人自由基础上的民主政治的要求越来越明确。在他们身上，另一种美国式的形象正在形成。一个美国人可能缺少欧洲式的文化，他既不文雅又带着浓厚的功利和商业气息，相比于欧洲的精致、冷漠和势利，他显得粗俗、缺乏教养，但在略显野蛮的外表下，则是一个强健的、富有生机的异乡人形象，这又恰与欧洲人形象形成对比。如果说精英政治和民主政治之间的这种较量，在建国之初是精英政治占据主位，其后民主政治崛起，不相上下，那么发展到此一阶段，美国式的民主则已经越来越显示出上风。

杰克逊的出现正好代表了这股日渐壮大的美国式文化。杰克逊是在19世纪二三十年代当选美国总统的。此前的半个多世纪中，美国东部训练有素的政治家们一直主持着这个新生国家的政治。杰克逊的当选标志着西部政治家开始登上政坛，打破了东部政治家一统天下的局面，这也标志着美国政治开始从联邦党人向民主党人过渡，标志着美国本土文化即以民主政治为政体形式的美国式民主逐渐占据主导地位，并在其后一直保持着相较优势的地位。这也标志着以民主政治为主体的美国文化的形成，而美国式的民主恰恰是美国文化的一个重要特征。杰克逊明确地将大众权利带入政治，显著提升了大众地位，美国政治从联邦党人的精英政治走向平民大众的政治。民主政治强调个人权利的充分实施，相信并鼓励平民百姓通过个人奋斗实现成功，这一切都极大地吸引着平民百姓的支持。

从来没有过贵族王权制度的美国，从一开始实行贵族王权制度的可能性就已经相对弱化，加之北美清教教义中对个人平等自由的强调，使得美国这个新兴国家从一开始即对王权和贵族等级制度抱有天然的排斥。在美国开国的一些纲领性文件中也明确将人的权利和自由正式列入其中，强调天赋人权不可剥夺。如果说建国之初的开国元勋们曾经一度考虑过采取精英政治，那么经过这半个世纪的较量，现在以杰克逊为首的民主政治的倡议者们可以说，民主政治已经在这个国家奠定了坚实的基础。而美国政治也开始逐渐显露出自身的一系列特色，这种人人有权利的意识体现在政治上，又导致了美国民主选举中轮流坐庄的政治分肥制的形成及一系列问题。

三、美国个人主义的确立

个人主义作为一种思想起源于欧洲，最早可追溯至古希腊罗马时期，有人认为智者学派的普罗泰戈拉的思想中即包含个人主义的最初萌芽。柏拉图《泰阿泰德篇》中提及普罗泰戈拉曾说过："人是万物的尺度，是存在的事物存在的尺度，也是不存在的事物不存在的尺度。"普罗泰戈拉把个人放在万物之首，认为人可以依据自己的经验或意志来判断事物，并肯定了人的价值，同时认为人具有自由选择的权利。这种观点对后世的哲学家产生了很大影响。罗素则认为，个人主义源自斯多葛学派和犬儒学派。他认为，亚历山大时代衰退后，希腊人被迫退出城邦生活（公共生活）体制，进入一个以个人生活为主的时期，从而导致个人主义发展起来。

文艺复兴使人性从神权束缚中解放出来，人性获得了一次全面的解放和大规模的爆发，人以独立的姿态成为人本身，人性本身伟大的一面和世俗的一面同时被激发出来，从而极大促进了个人主义的发展。这是现代意义上的个人的诞生。宗教改革为个人在宗教上独立思考和摆脱教会控制提供了可能。马丁·路德的宗教改革的贡献在于认为人仅凭自身即可与上帝沟通，因为人可以凭自己的良心和判断来信仰，而不必通过教会的中介，不必求助于外界如宗教形式和神职人员，新教徒可以通过阅读《圣经》作出自己的判断，直接向上帝祈祷。这样就把宗教信仰设为人的内心对上帝的信仰，从而将个人的判断置于罗马教会之上，教会的绝对权威被否定了。这样，宗教信仰中也体现出个人权利和意志的萌芽。18 世纪的一系列资产阶级革命使对神圣权威的挑战从宗教转向世俗。英国的“光荣革命”是对君主权威的一次沉重打击，并以宪法的方式限制了王权。美国独立战争建立了人类历史上第一个共和制国家，而它所依据的正是在《独立宣言》中被明确下来的“人人生而平等”的思想。及至法国大革命则是对君主制和贵族制的一次毁灭性打击，它所产生的震荡余波久久回旋在欧洲近代以来的历史中。

在思想上，霍布斯、洛克、休谟、亚当·斯密等，都对个人主义思想的发展作出过贡献。个人主义作为一个概念则是在法国大革命时期由圣西门提出的，最初是指脱离社会和政府的无政府态度，因此，这个词最初使用时，是一个贬义的概念，只是到了美国后，这个概念才逐步增添了新的含义，有了新的发展，并渐渐具有积极的意义。

美国早期的殖民拓荒者把欧洲文化带到这片新大陆上，宗教改革和哲学上的个人主义思想也随之被带来。在这块新大陆上，一个国家的历史好像是凭空产生的一样，社会发展必须经过的种种社会形态和发展阶段已经被大大省略，封建主义从未在这里出现，君权神授的观念从未得到承认。广袤的土地、优越的自然环境，为个人发展提供了充足的空间，个人以一己力量求生存和发展成为人们共同追求的目标。在这里，没有神圣权威的统治，没有主人、奴役和管辖，甚至没有足够威严强悍的政府，没有群体、村寨和家族聚居，美国早期殖民拓荒者在这块土地上，几乎是不受约束地运用一己之力为自己开创未来。这使得美国从诞生之初即有着其他文化传统所没有的可以开辟一个新世界的条件和机遇，也为个人主义的充分发育提供了在其他大陆和文化中所不具备的充足的条件和机会。在这之后，个人主义从欧洲转向北美大陆，开始在美国进入了新的发展阶段。

19 世纪 30 年代，托克维尔在美国进行考察时，个人主义还是个刚刚出现的新概念。他在《论美国的民主》里这样写道：“个人主义（Individualisme）是一种新的观念创造出来的一个新词。我们的祖先只知道利己主义（Egoisme）。”[1] 托克维尔所说的这个新奇的词汇正是他在美国所感受到的一种东西，这个在欧洲还是一个贬义的概念在美国这块土地上却被赋予了新的含义，个人主义在美国得到发扬光大，从最初的消极意义转向积极意义，从人性的觉醒和解放转为自觉的、明确的价值观，从对人性的诉求转为对平等、独立和自我实现的追求，从理想转为实践。美国个人主义既保留了欧洲传统中的天赋人权、人人平等的政治要求，也发展出诸如自主自立、自我实现以及自我与他人、自我与政府之间的现代社会关系。从那时至今的一个半多世纪里，个人主义在美国已逐步确立了正面形象，特别是在它发展初期所显露出的更多是正面效应。个人主义除自身在美国获得长足发展外，也为无数美国人带来了个人发展的机会，为国家带来了发展和繁荣，逐渐成为美国社会生活中的普遍的价值准则，形成特有的美国文化和民族精神。伴随着美国的经济强大，美国价值观开始向世界推移，一时间成为一种被广泛接受的价值准则，“当时机成熟，民主浪潮剧烈动摇王位和阶级的时候，全世界出现了崇拜者和模仿者——远在日本，热情的青年学生阅读惠特曼诗篇的英文原本，或者阅读有岛五郎的音调柔和的日文译本”。[2] 这是美国著名历史学家比尔德在书中不无自豪地描摹的情形。

美国个人主义的形成主要来自两方面内容：一是来自清教传统的个人主义即新英格兰个人主义，二是殖民拓荒时代形成的边疆个人主义。

清教是新教中加尔文教派的一支，由于清教徒在英国屡遭宗教迫害，因此他们中的一些人不惜远渡重洋，来到美洲大陆。他们怀抱着神圣的宗教理想，希望在新大陆建立一个没有宗教限制、可以自由信教的新国家。清教徒继承了新教反教会权威和注重个体意识的传统，同时，由于新大陆上没有更高的教会组织，因此，他们从一开始即拥有了相对自由的权力去

---

[1] ［法］托克维尔．论美国的民主（上卷）［M］．董果良，译．北京：商务印书馆，2009：625.

[2] ［美］查尔斯·A. 比尔德，玛丽·R. 比尔德．美国文明的兴起（上卷）［M］．许亚芬，译．北京：商务印书馆，2010：815.

处理宗教事务，也因此得以将个人在宗教上的自主性逐渐发挥开来。尽管清教从一开始并没有鼓励个人自由和个性解放，更没有现代意义上的个人主义观念，在组织上也仍然保留着政教合一的制度，但是，清教教义中对个人的注重以及在新大陆发展初始阶段较少上级教会干扰等因素使得清教在美洲大陆上以一种较欧洲更为自由和简化的形式存在，更强调个体生命对宗教的自主追求和皈依，更强调生命与上帝直接交流的体验。宗教去神化和个体意识的彰显使清教这种源自欧洲大陆的基督教改革教派在美洲大陆得到了相较于欧洲本土更多的自由，而清教徒自省自律、勤勉耐劳的精神也逐渐塑造出务实进取的美国性格。正如一些西方学者所指出的那样："约翰·加尔文（John Calvin）是美国真正的创始人。""加尔文体系所教导和包含的关于共和制的自由和自治的革新原则被带到了美国，这些原则在这片新土地上生根发芽、枝荣叶茂，是谁的功劳？——是加尔文主义者。"❶

边疆个人主义则是美国独有的产物。早期拓荒者来到北美大陆，面对如此广袤的土地和稀少的人烟，他们几乎是在一张白纸上书写自己的历史。首先，他们必须白手起家，靠自己的力量解决生存问题，获得必要的生存条件。对殖民拓荒者而言，首要面对的不是社会，而是自然，因此他们首先养成的是自力更生、不依赖他人、自主自立、冒险垦荒的精神，也养成了公平竞争、勤奋进取、个人奋斗的价值观。他们相信通过个人努力，就可以实现个人价值和理想。其次，他们远离社会，与自然斗争，逐渐形成一套求生存、相互协助的规则，主张自助和助人，相信在助人中可获得自助。最后，由于他们远离社会，较少社会规范，也不希望更多来自社会和政府的束缚和干预，尽可能避免与政府打交道，而这又为民众自治、小政府大社会模式以及民主政治奠定了基础。美国的个人主义发展使美国出现了以社团为基础的个人联盟。如果说清教通过提升自我意识为个

---

❶ ［美］约翰·艾兹摩尔．美国宪法的基督教背景：开国先父的信仰和选择［M］．李婉玲，等译．北京：中央编译出版社，2011：4.

人主义在精神上提供了支持，那么，边疆个人主义则在实践中促成了个人主义的发展。

个人主义在美国不是作为个人中心这样的意义发展起来，而是赋予了个人主义将个体尊严、能力、价值发扬光大的积极意义。美国个人主义包括这样一些含义：个人权利和自由；个人的独特性；个人发展，个人价值，自我实现；自我依靠；在个人与他人之间做到自利与利他的平衡；人人平等，公平竞争；个人自由与社会利益、政府管理之间的平衡。对于美国人来说，没有什么比追求个人的自由、价值更重要的事了。至少在个人主义形成的初始阶段，在美国历史诞生、民族形成和国家上升时期，这种个人主义发挥了深远的影响，可以说，没有个人主义，便没有美国社会，也没有美国文化，美国精神的特征将是另外一副样子。

及至1776年《独立宣言》发布，明确提出“人人生而平等”的主张，1787年宪法则从法律上将个人主义明确提出并确定下来。而这些通过美国建国后几代人的努力，从最初华盛顿、约翰·亚当斯以及汉密尔顿等人对联邦政府和精英政治的强调，到杰斐逊提出民主自治，再到杰克逊进一步提高大众权利和大众意识，美国式的民主逐步确立起来，个人主义进一步成为美国价值的中心。美国的个人主义在两百年中经历了欧洲传统、清教教义、开疆拓土、殖民自治、独立战争、宪法及一系列修正法案的确立、杰斐逊民主启蒙时期、杰克逊大众实践等，到了爱默生这里，把它提炼成一种民族的文化精神已经是水到渠成。

爱默生个人主义思想在个人主义这个概念的发展中具有承上启下的作用。一方面，他在思想上对从殖民地时期开始发展起来的美国个人主义进行了总结，使个人主义以文化的形式明确下来，成为美国文化的核心价值观和美国精神的基本特征。另一方面，以文化形式明确下来的个人主义又通过文化的方式得到弘扬。爱默生的思想在许多方面对美国文化都有着开山之功，爱默生之后的美国文化长期浸润在他的思想中。正如有美国学者指出：“面对美国文化意味着让自己去感受一种单薄却又强大的存在：一团迷雾，一片云，一种气候。我称之为爱默生现象，这种表述可能不够准确，但却可以引领我们进入这个民族历程中最重要的精神中。”❶ 当时美国已开始进入资本主义工业化和社会大生产时代，加之实用主义一直是美国社会的主调，个人已开始被机器文明的喧嚣和商业主义所裹挟和吞没，爱默生以超验主义为哲学基础，强调灵魂、自然、和谐的个人主义在当时就显得独特而珍贵。与此同时，建国后民主制一直在与共和制的较量中曲折生长，而民主制的最大问题也日益显露，即多数人专制对个人的压迫。这是个人与民主之间永远的矛盾。爱默生提倡个人主义在一定程度上制约了民主制的专制。梭罗的公民不服从理论就最好地体现了这一精神。

因此，爱默生的思想就兼具解放思想，繁荣民族文化，领导主流价值观念以及确立美国本土文化的意义。通过对美国精神中的最根本的特点——个人主义从思想上给予阐发、肯定、弘扬，从思想和学理上确立个人主义的至高地位和价值，从而完成了从文化上确立个人主义的工作，与清教中对个人的重视、美国开拓疆土时期的个人奋斗，《独立宣言》中对个人自由、“人人平等”和“天赋人权”的政治肯定，美国宪法中对个人权利、个人幸福权利和个人财产的法律确立，共同完成了个人主义在美国的确立，从而完成了对美国文化和美国精神的奠基工作。美国两百多年的历史正是一个不断确立、完善、发展、实践、光大个人主义的历史。

个人主义在从欧洲移植到美国的过程中，完成了从否定到肯定，从消极到积极，从初始到成熟，从理论到实践的转化。它在美国的成功完全由于美国特殊的历史发展和社会环境。美国从未经历过其他民族和文化所经历过的一些社会形态，这给个人主义安家落户和充分发展提供了得天独厚的历史条件。因此当马克思试图通过阶级斗争为欧洲寻找出路时，美国人只对财富和成功感兴趣。对美国普通人来说，没有什么比通过个人奋斗取得财富更值得羡慕的事了。当欧洲资本主义发展进入帝国主义时代，酝酿着不可调和的阶级对立时，美国正在轰轰烈烈地进行着财富积累、西部扩

❶ Irving Howe. The American Newness：Culture and Politics in the Age of Emerson [M]. MA：Harvard University Press，1986：Preface.

张、淘金、机器大工业化进程。这其中，美国社会的矛盾也许更多是个人和联邦之间的矛盾、南方奴隶主与北方工厂主之间关于分裂或联合的争议，甚至西进运动中印第安人的血泪、南方大种植园黑人奴隶的反抗、加利福尼亚有色人种劳工的苦难都不能算作美国社会的主要矛盾。个人几乎从未消失在尖锐的阶级对立中。美国上升时期的繁荣是一场个人主义的欢庆。也许，这就是为什么当欧洲徘徊着一个“共产主义的幽灵”时，美国却在财富积聚的成功中摇身一变而为世界强国。

除了美国，历史上没有一个国家在诞生之时即将个人镶嵌在一切价值观念的中心，把一国政体的构成建立在个体的权利之上。水能载舟，作为整体的水由无数细小的水滴组成，但水的庞大往往既包容又湮没了水滴的存在。民主政治建立在人民基础上，但人民是作为整体出现的，没有一个国家像美国这样把民主政治建立在凸显个体的人民基础上，这是美国式民主的基本理念。

第三章

《自我信赖》

一、个人主义的独立宣言

1841年，爱默生发表《自我信赖》（*Self-Reliance*）一文，在文化和思想上正式宣布了美国个人主义的确立。爱默生有关个人的思想比较集中地体现在他的散文《自我信赖》中，同时见于其他著述。总体来说，无论在宗教、哲学思想，还是在优美的散文诗歌中，关于自我的思想流动贯穿其中，可以说，爱默生以一种文化宣言的方式将美国个人主义上升为思想层面，上升为民族精神的指导。

爱默生的个人主义思想包括以下几个重要内容。

第一，他将个人与超验的世界灵魂联系起来，认为个人的存在源出于宇宙之灵，将个人与世界整体、与自然天地融合起来，这是爱默生强调个人主义时最具哲学色彩的地方。个人是世界万物的一分子，是上帝和宇宙的一部分，与宇宙和上帝融为一体，人性与神性是相通的。爱默生提出“超灵”（over-soul）的概念，认为宇宙是一个大的灵魂，万物从超灵中产生，处于宇宙之中的每一个人便成为超灵的一部分。超灵弥漫整个宇宙，人通过超灵与宇宙相通，与万物相通，合而为一。在《超灵》（*The Over-Soul*）一文中，爱默生这样写道：“从古至今，一切错误的最高评判者，一切必然之物的唯一预言者，就是那伟大的自然，我们在其中栖息，如同大地栖息在大气柔软的怀抱里；就是那整体，就是那超灵，每一个人独特的存在无不包含其中并与其他一切联结为一；就是那共通的心，一切真挚的交谈都是对它的顶礼膜拜，一切正确的行为都是对它的臣服；就是那君临一切的现实，它驳回了我们的巧智和才能，迫使每一个人显露他自己……”[1] 爱默生的超验主义思想来自康德的先验论，同时深受欧洲浪漫

[1] Emerson. Essays & Lectures [M]. N. Y.: The Library of America, 1983: 385-386.

主义影响，爱默生对东方文化也非常欣赏，从他的“超灵”的宇宙观中，可以同时看到，先验主义、直觉领悟、对自然与宇宙的爱的激情以及万物合一是如何糅合在一起的。这使爱默生的哲学在以实用知识为主调的美国文化中显现出一种独特的魅力，爱默生明确宣布自己的思想是唯心主义的，这对于美国文化的实用性、物质主义和肤浅多少是一种调剂和平衡。

爱默生谈到人自信的根源，为什么人要自信，而且生来自信，人必须自信？他解释说，这种自信的来源出自自然，出自人的本性，它“既是天才的本质，也是美德和生命的本质”❶，爱默生把它称为“直觉”，其后的教导都是“传授”。他这样形容直觉的那种巨大的精神力量：“我们把这种最基本的智慧称为直觉，其后所有的教育都是‘教导’。在那深层的力量中，最后的事实躲藏在分析所无法进入的领地，万事万物都可找到它们共同的起源。因为生存的感觉在寂静之时升起，而我们尚不知晓……”❷

第二，个人是神圣的、独特的，要承认、尊重和保持个人的独特性，而不要违背自己的天性。他说：“蕴藏在他身上的历练更是非常新奇，因此除他而外，谁也不知道他有什么本领，而且不经过尝试，连他自己也不知道。”❸ 他强调个人的自由，强调尊重个人的权利，强调个人意愿的神圣：“除了你自己心灵的完善，没有什么最终神圣之物。”❹ 他认为，“一个真正的人不属于别的时间和空间，而是一切事物的中心”。❺ 所以他宣称“人一定要卓然独立，使一切周遭之物显得无关紧要。每一个真正的人就是一个起因，一个国家，一个时代……”❻ 这种大写的人的观念与欧洲文艺复兴时代的人的观念极其相似。文艺复兴由人的觉醒拉开了欧洲近代社会的序幕，而爱默生倡导的新英格兰文艺复兴则开启了美国文化的先河。爱默生思想在一些方面接近东方哲学，而个人的神圣和力量又明显带

---

❶ Emerson. Essays & Lectures [M]. N. Y.: The Library of America, 1983: 285.

❷ Emerson. Essays & Lectures [M]. N. Y.: The Library of America, 1983: 269.

❸ Emerson. Essays & Lectures [M]. N. Y.: The Library of America, 1983: 275.

❹ Emerson. Essays & Lectures [M]. N. Y.: The Library of America, 1983: 261.

❺ Emerson. Essays & Lectures [M]. N. Y.: The Library of America, 1983: 267.

❻ Emerson. Essays & Lectures [M]. N. Y.: The Library of America, 1983: 267.

有文艺复兴时期的巨人特征，这种巨人精神与美国上升时期的进取精神更为合拍。爱默生坚持人不要违背自己的天性，他说：“对我而言，除了我的自然天性，没有什么是神圣的法则。好与坏不过是一些名目，极易彼此转换。唯一正确的便是顺遂我的天性，唯一错误的便是违背我的天性。”❶这种观念与东方哲学中的顺遂天性看似相像，实则不同，东方哲学中的不违背天性强调的是顺应自然，安时处顺，而爱默生则强调坚持个人特性，不应牺牲自己的特性去迎合他人、社会甚至家人。这一点在其后的美国个人主义发展中得到了充分演绎，美国对个人之看重往往使个人凌驾于社会之上。

第三，个人价值的自我实现。爱默生的个人主义思想倡导一种独立自主的人生态度，即自助。爱默生说：“一个人只有放下了一切外部援助，独自挺立于世，我才会看到他的强大和成功。”❷ 爱默生鼓励实现个人自我价值，提倡一种积极进取、乐观向上的个人价值观。而强者和成功同样是建立在自助自立的基础上的。这种强调自立自助，主张积极进取、实现自我价值的人生态度已成为美国人日常生活中的普遍观念。

美国个人主义是一种富于进取和行动、追求自我实现的扩张型的个人主义，那些通过个人奋斗而成为某一领域英雄的人物受到普遍尊重。殖民时期开疆拓土的艰苦，摆脱英殖民统治追求国家独立的愿望，以及在这个充满机遇的土地上各行各业对财富积聚、获取成功的“美国梦”的追求，使美国人格外看重那些单枪匹马独闯江湖或通过自我奋斗实现成功的个人英雄。这样的历史和社会状况使个人的因素以及个人的能力被放大。爱默生明确宣布：“我必须成为我自己。我再也不能为你或别的什么人而毁了我自己。”❸ 这种张扬的口气颇有一种年轻人天不怕地不怕的豪情和胆气，爱默生的个人主义思想所折射出的正是那个时代美国人的普遍心声。

第四，个人的自助，包括自我信赖、自我依靠、自我负责、自我帮助

❶ Emerson. Essays & Lectures [M]. N. Y.: The Library of America, 1983: 262.

❷ Emerson. Essays & Lectures [M]. N. Y.: The Library of America, 1983: 281.

❸ Emerson. Essays & Lectures [M]. N. Y.: The Library of America, 1983: 272

等，这亦是美国个人主义的又一重要特征。爱默生的自助思想是对美国个人主义的完善和提升，它塑造了自我独立的、不依赖他人的美国性格，因为自助缘于对自我力量的信任和肯定，它相信个人身上蕴含的能量足以使人顶天立地。自助是自我实现和成功的基础，也是个人与外在世界相处的一种方式。自助既是对自我负责，也是对他人负责。爱默生说："能力是自然界中衡量一切正确合理之事的基本标准。大自然绝不会容忍任何没有自助能力的东西留存在她的王国中。"❶ 爱默生将自我依靠看作个人能力的最高表现："永远受神和人的欢迎的是那些自助的人。所有的大门都为他敞开，所有的语言都在向他致敬，所有荣誉的桂冠颁发给他，所有的目光都热切地追随着他。"❷ 个人对自我的负责以及行动上的自助和自立是美国个人主义最富美国特色和最有价值之处。这使得美国个人主义在强调自我完善、价值实现和个人自由的同时，也用自助这样一种自我负责的精神比较合理而有效地完成了对个人行为的控制。

第五，合理的利己和利他。爱默生说："不管我们在谎言中生活了多久，去在真实中生活吧，这与你、我和所有人的利益都相适宜。"❸ 因为"相信你自己的思想，相信在你内心深处对你是真实的东西对所有人也都是真实的——这就是天才。"❹ 这些话在当时以传统道德标准看来难以接受，但是，爱默生认为这是一种更合理和真实的道德观。这种思想建立在尊重个人特性和不违背个人意愿的基础上，在不损害他人利益的前提下做到合理的利己以及在不损害自己利益的前提下做到合理的利他。许多美国人相信，同情和帮助未必是对他人的尊重，也未必于他人有益。在实际中，这种双赢的道德观一方面可能表现为一种理性成熟的行为，另一方面也可能失之温情，使人情淡漠。合理的利己和利他是个人主义的产物，它将个人和他人之间划出分明的界限，从一己出发去判断利害。如果从有利

---

❶ Emerson. Essays & Lectures [M]. N. Y.: The Library of America, 1983: 272.

❷ Emerson. Essays & Lectures [M]. N. Y.: The Library of America, 1983: 276.

❸ Emerson. Essays & Lectures [M]. N. Y.: The Library of America, 1983: 274.

❹ Emerson. Essays & Lectures [M]. N. Y.: The Library of America, 1983: 259.

方面来看，利己与利他之间的合适关系是可以对利己主义的泛滥进行一定控制的，从而达到对个人与他人、群体和社会之间关系的一种制约。人们在追求一己利益的同时也会顾及他人利益，因为只有通过利他和助人，才可能做到利己。这使得美国人在追求个人主义和自由的同时，通过社团方式在一定程度上控制了个人主义的过度膨胀。

第六，自信。美国人对自我的信赖和肯定是明显的，“我应当气宇轩昂，生机勃勃地阔步向前，想方设法说出粗犷的真理”[1]。爱默生这样鼓励人们，“信赖你自己吧：每一颗心都随着那根铁弦颤动，接受神圣的天意给你安排的位置。接受你的同时代人构成的社会，接受种种事件的关联。伟大的任务想来都是这样做的，而且像孩子似的把自己托付给他们时代的精神，表明自己的心迹：绝对可行的东西就藏在他们的心里，通过他们的手在活动，在他们的存在中起着主导作用。现在我们都是成人，必须在最高的精神境界里接受那相同的超验命运；我们不是躲在安全角落里的幼儿和病弱者，也不是在革命前临阵脱逃的懦夫，而是导师，是拯救者，是恩人，我们遵从全能的努力的引导，向着混沌和黑暗挺进”[2]。这也是许多美国人的写照。他相信“随着自信的提升，新的力量一定会出现。一个人就会成为肉身的道，生来就是为了医治民众……”[3] 没有这种自信，就没有对个人的自我依靠，就没有成功和英雄。

第七，进取。如果说美国个人主义在某些方面带有强者色彩和张扬的特质，那么这种强者色彩便体现在进取精神上。进取是许多美国人的人生观，它在本质上是对生命意志的肯定。自信和自助与进取和自我实现是相互联系的，是一体的。这是美国式个人主义的重要特点。在个人自我实现这一点上，美国个人主义较欧洲文艺复兴和资产阶级革命时代对人性解放的吁求，更加注重个性彰显和个人成功。由于受神权束缚和封建束缚较少，美国个人主义无须投入更多精力在人性如何对抗神性获得解放上，而

[1] Emerson. Essays & Lectures [M]. N. Y.: The Library of America, 1983: 262.
[2] Emerson. Essays & Lectures [M]. N. Y.: The Library of America, 1983: 260.
[3] Emerson. Essays & Lectures [M]. N. Y.: The Library of America, 1983: 275.

直接进入个性追求和个人价值的实现环节。爱默生说："一个人只有放下了一切外部援助，独自挺立于世，我才会看到他的强大和成功。"❶强者和成功是建立在自主自立基础上的："当一个人知道人的力量是与生俱来的，他之所以软弱，是因为他从自身之外和其他地方寻求善，当人一旦意识到这一点，他便会毫不犹豫地依靠自己的思想，立刻改正自己，挺身而立，驾驭自己的躯体，去创造奇迹，正如一个用双脚站立的人比一个用头倒立的人更强大一样。"❷爱默生的这种具有强力精神的个人信念对年轻时的尼采产生了影响。

第八，在个性与共性的关系中，往往突出个性，个性在共性之上。作为宇宙超灵的一部分，每个人都可以声称自己的神圣。在一个人的内心，那"最深处的便是神圣的"❸。而神圣的个人是不允许受到任何人的侵犯的，哪怕是他的家庭成员："我不会出卖我的自由和力量去顾及他们的情感。"❹这是一种相当强力的也是一种典型的美国化的个人宣言。美国个人主义对个体的强调超过任何一种个体与群体关系的观念，这是美国社会独有的价值观念。这也可以解释为什么美国文学和影视作品中会不厌其烦地制造出那么多个人英雄，他们不仅超出众人，甚至超出政府的能力之上成为拯救社会和人类的孤胆英雄。而在解决个体和群体纷争之时，个人权利往往高于群体和国家利益，这在梭罗的个人行为和他的《论公民的不服从》❺中表现得非常典型。爱默生曾说没有再比梭罗更真实的美国人了，而梭罗也同时是一个顽强地保持自我、绝不与社会妥协的个人主义者。为了抗议大多数人通过的美国侵略墨西哥的决议，他拒绝缴纳人头税，自愿去蹲监狱。他提出了一个至今看起来仍然十分重要且具有前瞻性的命题：个人比国家更重要。

---

❶ Emerson. Essays & Lectures [M]. N. Y.: The Library of America, 1983: 281.

❷ Emerson. Essays & Lectures [M]. N. Y.: The Library of America, 1983: 282.

❸ Emerson. Essays & Lectures [M]. N. Y.: The Library of America, 1983: 274.

❹ Emerson. Essays & Lectures [M]. N. Y.: The Library of America, 1983: 274.

❺ 梭罗在这篇文章中对美国民主进行了反思，提出了一个相当具有前瞻性的问题：个人与社会、个人与国家之间的关系。他在文中提出的非暴力抵抗思想对甘地产生很大影响。

也许这些观点在今天看来不算新奇，其中许多观念不仅是美国的，也不只是欧洲的传统，而是带有人类共通性，有些观念早已超出个人主义内容而为更多人认可，而有些观念更已成为普遍的价值被当今各种文化立场的人们所接受，甚至成为现代社会的常识。但在当时，特别是在民族文化建立时期的美国，爱默生的这些思想给当时许多美国人以振聋发聩的鼓舞，他也成为民族文化形成时代能够从纷纷扰扰的世态中拨清迷雾给人以精神指导的文化偶像。许多人是在爱默生的影响下成长起来的。约翰·杰·查普曼❶在《爱默生和其他散文》中说过："他帮助我释放了属于自我的某种东西，这使我认为自己像任何人一样优秀。"❷霍姆兹法官在晚年时说："我年轻时最能激发我灵感的人当属爱默生。"❸

爱默生对人的自我的发现与一个民族对自我的发现是同步的，当爱默生的个人要求自我的独特性和价值，相信自我可以通过自助获得成功之时，一个新兴国家也同样在努力强调这个国家的独特价值、它的成长、它的生命力，它要自觉地摆脱英国殖民痕迹和欧洲文化母体，就如同一个正在成长中的青年，努力寻求自我，印证自我，实现自我。而爱默生那些"如密西西比河水"般滔滔涌出的思想正是在合适的历史时期为美国文化和民族精神奠定了基调。

二、一场个人的革命

爱默生从人性的纯真开始说起，他所有的独立、自由、高贵的品质恰恰来源于人性中的真纯。他以小孩子为例，说明小孩子不需要讨好任何

❶ 约翰·杰·查普曼（John Jay Chapman，1862~1933），美国作家，著有《爱默生和其他散文》《歌与诗》《莎士比亚一瞥》等。

❷ 林语堂．美国的智慧［M］．刘启升，译．西安：陕西师范大学出版社，2007：25.

❸ 林语堂．美国的智慧［M］．刘启升，译．西安：陕西师范大学出版社，2007：25.

人，他顺应自己的天性去看待世界，对待事物，从不弄虚作假，瞻前顾后，他就像纯然之人一样带有天然的纯真之气，而这正是人身上最宝贵的东西。一个小孩子可以“像贵族老爷一样完全不屑于做点什么或说点什么去讨好他人，而这正是自然人性的健康态度”。[1] 小孩子是“独立的，不必负责，他只消躲在他自己的角落里旁观着那些人和事从眼前经过，对这些人的特征评头品足”，“他从不考虑接下来发生的事，也不盘算利益，他只给出一份独立的、真诚的判断。你可以讨好他，他却不见得讨好你”。[2] 但一旦到了成人世界，情况就恰恰相反，他这样说：“可是成年人却不同，可以说他被自己的意识关进了牢狱。一旦他做了什么惊世骇俗的事或说了什么惊世骇俗的话，他就会成为被评论的对象，被成千上万同情或憎恶的目光所注视，而他们的这些情绪一定会进入他的头脑中。在这里没有忘川。”那些曾经在我们心中回响的真实的声音已经在成年时期逐渐微弱下去，“社会就像一家联合股份公司，其中的成员要同意以拱手让出食者的自由和教养为代价来换取股东的面包的安全保障。顺从是最受欢迎的美德，而自主则是最受排斥的。这个社会不喜欢真实和创造者，而是喜欢各种名目的陈规陋习”[3]。这一段对成年人社会规则的揭示实在是入木三分。

爱默生对此深恶痛绝，他大声疾呼：“谁要想做人，就不要做一个顺民。谁要想获取不朽的掌声，就不要被空洞的善名所羁绊。”[4] 这里的“善”指的是社会为公民所制定的规则、标准，这里的善不是真的善，而是伪善，是虚伪的道德空名，它束缚一个人成为他自己，听从自己的良心的呼声。爱默生说：“除了你自己心灵的完整圆满，没有什么是真正神圣的。”大声宣布了只有自己才可以成为自己的主宰，只有自己才可以成为

---

[1] Emerson. Essays & Lectures [M]. N. Y.: The Library of America, 1983: 261.
[2] Emerson. Essays & Lectures [M]. N. Y.: The Library of America, 1983: 261.
[3] Emerson. Essays & Lectures [M]. N. Y.: The Library of America, 1983: 261.
[4] Emerson. Essays & Lectures [M]. N. Y.: The Library of America, 1983: 261.

自己的标准。所以他号召人们“解放你自己，你将拥有全世界的认同”❶。

紧接着，爱默生又举出自己小时候的亲身经历，进一步宣布除了自己可以做自己的主人，自己可以主宰自己的思想外，没有任何人、任何传统、任何权威能够决定一个人的思想。当一位良师益友一样的人用教会的种种教条去劝说他时，他这样回答：“如果我完全按照我的内心去生活，我跟圣洁的传统又有什么关系？”❷ 他进一步宣布：“如果我是魔鬼的孩子，那我就遵从魔鬼的原则去生活好了。”他进一步宣布：“对我来说，除了我自己天性的法则，再也没有什么神圣的法则了。好与坏都只是一些名目，它们之间可以轻易互相转化。唯一正确的就是我自己的一切，而唯一错误的就是违背这一切。”❸ 他痛感随波逐流，将自我泯灭于社会的可悲：“一想到我们如此轻易便向标准和虚名、向社会群体和僵死体制投降，我真感到无地自容。”他大声宣布一个人应当毫无愧怍地做他自己：“我应当理直气壮、生机勃勃地向前，以各种方式说出粗犷的真理。”❹

他因此指出一个忠实于自己，敢于坚持自我的人的伟大：“在世界上，按世人的观点生活容易；在独处时，按自己的想法生活也不难；可是伟人之所以伟大，就在于他在广大人群之中仍然尽善尽美地保持了遗世独立的品格。”❺ 他痛恨顺民的性格，语出讥讽地将千人一面、毫无个性的顺民表情比作蠢驴的面孔：“渐渐地，我们长成了同一副面孔、同一种身材，并渐渐学会了最温顺的蠢驴似的表情。”❻

在这里，爱默生毫不留情地指出了大众的平庸和这种平庸背后的暴力：“可是群众怨怒的面孔，和他们欢喜的面孔一样，并无什么更深的原因，而是随风尚的变化、报纸的操控而变换。然而群情激愤比起议员或学

---

❶ Emerson. Essays & Lectures [M]. N. Y.: The Library of America, 1983: 261.
❷ Emerson. Essays & Lectures [M]. N. Y.: The Library of America, 1983: 262.
❸ Emerson. Essays & Lectures [M]. N. Y.: The Library of America, 1983: 262.
❹ Emerson. Essays & Lectures [M]. N. Y.: The Library of America, 1983: 277.
❺ Emerson. Essays & Lectures [M]. N. Y.: The Library of America, 1983: 263.
❻ Emerson. Essays & Lectures [M]. N. Y.: The Library of America, 1983: 264.

术机构的不满更为可怕。”❶ 从此可看出爱默生所指的个人，所崇尚的个人，并非思想平庸、随波逐流的大众。他所热烈赞美的个人是具备独立思想与品格的个人，而大众是不具备独立思考能力的。他所指出的乌合之众的愤怒与个人思想独立完全是两码事，乌合之众的评判和愤怒来自非理性的思想，而这种非理性的思想一旦演变为乌合之众的力量，其暴力程度则具有巨大的破坏性。

爱默生在谈到不要做顺民时指出妨碍一个人独立自主的原因：一是流行的美德和规则的束缚，二是世人的横眉冷对，三是遵从一贯性。他说："假若你自相矛盾，那又怎样呢？""愚蠢的一贯性是弱小心灵里的恶鬼，受到小政客、小哲学家和小牧师的膜拜。如果万事强求一成不变，伟大的灵魂将一事无成。……如果现在你有什么想法，就掷地有声地说出来吧，明天再把明天的想法掷地有声地说出来，尽管它可能跟你今天说的自相矛盾……"❷ 他因此说，伟大的人物都会遭人误解。

爱默生认为，人之不独立，不信赖自己，常常也与周遭人群的影响有关。我们能够坚持自我，敢于做自己，也是一个人信赖自我，拥有独立人格的一个重要方面。他充满嘲讽地说："我们为什么应该装出和我们的朋友、妻子、父亲或者孩子一样的一副糊涂相，就因为他们围在炉边坐着，据说和我们有着一样的血统吗？"❸ 但是人要想坚持自我并非易事，"有时，似乎全世界都在密谋着用夸大了的琐事侵占你的生活。朋友、客人、孩子、疾病、恐惧、欲望、施舍，一起涌过来敲你紧闭的房门，说道——'出来，到我们这儿来。'" 所以爱默生大声宣布自己的观点："从今以后，我不会遵从任何法律，除非是那永恒终极的法律。……我会努力赡养父母，抚育子女，做一个忠实于妻子的丈夫——但我必须要按照一种前所未有的新的方式来供养这些亲属。我不会服从你们的习俗。我必须成为我

---

❶ Emerson. Essays & Lectures [M]. N. Y.: The Library of America, 1983: 264.

❷ Emerson. Essays & Lectures [M]. N. Y.: The Library of America, 1983: 265.

❸ Emerson. Essays & Lectures [M]. N. Y.: The Library of America, 1983: 273.

自己。我再也不能为你们而毁了我自己，或者毁了你们。”[1] 这里的“你们”指的是一个人身边的亲属朋友，他生活于其中的人际圈子。在这里，爱默生大声疾呼人格独立与自主，从神到自己周围的亲朋好友，没有任何人能够阻止一个人成为他自己，神不行，亲人也不行。他只相信真理的法则，不会顺从他人失去对真理的追求，即使这个人是高高在上的神，是个人生活中的亲密关系。他说：“我不会出卖我的自由和力量去顾全他们的感受。”[2] 他进一步说，如果自己所爱的人们、自己的亲朋好友也同样是遵从真理法则的人，那么自己也会爱他们，但如果不是，自己并不愿假意去献殷勤讨好他们。这样做不是出于自私，而是出于做人的真诚。这样做既符合他人的利益，也符合自己的利益。在这里，爱默生所提出的自我信赖观点，对自我的强调已经达到一个新的高度。人在拒绝恭顺地相信神灵的权威时，已是对自我的一个巨大突破，是人类自我意识在前进道路上迈出的一大步。如今，爱默生在这里大声宣布人也不能依从世俗人情、社会流俗、人情世故，要勇敢地坚持做自己，这又是自我意识的一大进步。表面看来，社会流俗、人情世故的权威没有神权、王权、政府权力那么大，但是，流俗的权威比上述权威更加细密、悠久，如同一张秘密织就的网，将一切世俗之事网罗其中，人们有时可以突破权力的边界，往往却不容易突破世俗之网。爱默生在这里却呼吁人们同样不要屈从于世俗的影响，甚至是周围亲朋好友的阻碍，勇敢地坚持自我。这种思想具有强烈的现代社会中人的意识和公民意识。

社会的约束力量如此强大，以至于我们都“变成了胆小如鼠、灰心丧气、忍气吞声的可怜虫”[3]，我们害怕所有东西，这样的社会无法进步，爱默生大声疾呼“我们需要能够革新社会、革新我们的生存状况的男男女女”，可是“我们大多数人都是些潦倒破落之人，连自身的需要也满足

[1] Emerson. Essays & Lectures [M]. N. Y.: The Library of America, 1983: 273.
[2] Emerson. Essays & Lectures [M]. N. Y.: The Library of America, 1983: 274.
[3] Emerson. Essays & Lectures [M]. N. Y.: The Library of America, 1983: 274.

不了”，“只好日日夜夜屈身行乞”❶，他愤然地说：“我们的艺术、我们的职业、我们的婚姻、我们的宗教，都不是我们自己选择的，而是社会替我们选择的。”❷ 爱默生提倡一种伟大的自我信赖，提倡在整个社会，从宗教到教育，从事业到人的日常社会，从社会行为到理论观点，来一场普遍的革命。

爱默生认为这种革命主要体现在四种社会问题或社会现象上。

第一是宗教。爱默生对宗教从一开始就进行了毫不留情的抨击，对自我的提倡也首先从宗教开始。他从祈祷开始说起，批评现在的宗教状况是过于依赖外在的教义，而不听从内心的声音：“祈祷的眼睛向外看着，祈求某种外来之物提供外在的美德，结果却把自己迷失在自然的和超自然的、奇迹般的无穷无尽的迷宫中。”❸ 在爱默生看来，“祈祷是人从其最高视点对生活事实的关照。它是一个生活观察者的欣喜的灵魂独白”。❹ 但是，祈祷如果不是人发自内心与上帝的交流，就是“意志上的一种弊病”，而宗教的信条就是“智能上的一种弊病”。❺ 爱默生指出了两种方式的祈祷是假祈祷：一种是把祈祷当作达到个人目的的手段，这种祈祷无异于“狗盗鼠窃”；另一种是懊悔，人在灾难性事件面前懊悔自己的过失，希望通过祈祷来解除灾祸。但是，爱默生辛辣地指出：“不满就等于缺乏自我信赖，也无异于意志薄弱。”❻ 因为懊悔灾难并不能有效解决问题，与其帮助受灾者，倒不如一心去干自己的事，反而会对事情有所帮助。这样的懊悔于事无补。我们这时如果同情这种行为，则“我们的同情也一样地卑劣”。❼ 在爱默生看来，依靠自我解决困境比求乞于外界更重要，行动起来解决问题比懊悔更为有效。“如果我们去看望他们，他们哭天抹

❶ Emerson. Essays & Lectures [M]. N. Y.: The Library of America, 1983: 274.
❷ Emerson. Essays & Lectures [M]. N. Y.: The Library of America, 1983: 275.
❸ Emerson. Essays & Lectures [M]. N. Y.: The Library of America, 1983: 275.
❹ Emerson. Essays & Lectures [M]. N. Y.: The Library of America, 1983: 275-276.
❺ Emerson. Essays & Lectures [M]. N. Y.: The Library of America, 1983: 276.
❻ Emerson. Essays & Lectures [M]. N. Y.: The Library of America, 1983: 276.
❼ Emerson. Essays & Lectures [M]. N. Y.: The Library of America, 1983: 276.

泪的，我们便坐下来陪着他们哀号，而不是用振聋发聩的办法向他们灌输真理，为他们送去健康，使他们重新与自己的理智交流。幸运的秘诀就是我们手中的欢乐。”[1] 爱默生认为对受灾者给予没有意义的同情，不如促使他们振作起来改变处境，解决问题，改变命运。前者看起来似乎对受灾者充满同情，而实际上并不是真正有益的帮助，后者看起来似乎冷酷，却是良药苦口，反倒富有实际成效。我们可以看到，爱默生的个人是一个独立、自强的个体，充满强大的精神力量和行动力，他对个人自我帮助、自我依赖的认识建立在成为生活强者的强烈意识上，人应该在人生中秉持进取精神，对自己的处境和困难动辄自怜自艾，只能是意志薄弱者的行为，真正的强者应该是人生中的勇士，是勇敢面对困难进行抗争的行动者，而不是只会哭哭啼啼、埋怨不休的软弱者。在爱默生的思想中，自我这一概念始终与强者联系在一起，与意志坚强、敢于抗争、敢于坚持、独立自主的品质联系在一起。爱默生的词典里没有“弱者”一词，弱者是不受欢迎的，他以极大的蔑视把弱者排除在外。在这里，弱者不是在社会生活中缺乏生存能力和自我保护能力的人，也不是地位低下的人，而是人格上不能自主、自立、自强的人。他们不是在处境或社会地位上处于弱势，而是在观念和意志上处于弱势。

爱默生的这种强者学说对尼采产生了影响，我们可以在尼采的超人哲学中发现这些因素。这种强者思想一方面与当时美国正处于建国之初，国力上升的时代背景有关，也与爱默生的思想和人格有关。从爱默生的哲学思想和文学创作中，我们可以了解他对宇宙自然的强烈热爱以及将小我融于大我的心境，从其演讲和写作的激情四溢的风格中，可见他性格中富于激情、乐观向上的成分，从其生平事迹中，我们也可以感受到他在生活中的坚强、勇敢和乐观。

第二是旅游。爱默生认为，人们正是由于缺乏自我修养，才热衷于旅游。这多少会令人奇怪，为什么在那么多社会问题中，爱默生偏偏要提出

[1] Emerson. Essays & Lectures [M]. N. Y.: The Library of America, 1983: 276.

旅游问题，把它放在仅次于宗教这样重要的问题之后。旅游看起来不是什么重大问题，但如果联系到当时美国的社会生活情况，就会了解爱默生用意何在。

爱默生生活的时代，美国已经独立半个世纪，美国国力正处于上升时期，简单来说，就是美国开始强大了，美国老百姓开始有钱了，有钱便出国旅游，这似乎是许多国家在发展上升时期出现的几乎是复制一般的社会现象。那时，在欧洲各地，到处都可见到美国游客，各大博物馆、展览馆充斥着来自新大陆的美国观光者。在欧洲艺术品、文物拍卖会上，也是有钱的美国人，他们几乎逢欧洲艺术品、古董必买，欧洲许多艺术品、文物等凡是带有历史和艺术价值的都被有钱的美国人买走了。这些在亨利·詹姆斯的游记和小说中都有很生动的描写。

这是一个与文化等深厚原因有关的社会现象。国力增强，生活富裕，温饱之余，对美国人来说，文化历史便成为他们的最大需求。美国是一个历史短暂的国家，这恐怕是许多美国人心中最大的遗憾，这一点，无论国力如何强大，经济、科技、军事实力如何雄厚，世界地位和影响力如何称霸天下，都无法弥补。这是时间问题，每个民族都无法超越时间，也无法超越时间的问题。相应地，美国文化也处于缺失的情况。一个多世纪前的美国尤为如此。美国脱离欧洲这个母体文化后，由于尚未建立起成形的属于自己的本土文化，因此美国人对欧洲这个母体文化的依恋依然存在。到欧洲旅行成为美国普通人的时尚，这背后反映出的问题是：美国人还没有真正属于自己的文化，或对自己现有文化、现有状况并不认同，美国文化尚处于稀缺状态。什么东西进来，便会大量涌入。人们对文化的需求背后是对自我文化缺失现状的急迫感以及对自我文化身份的迷茫。这种心情使得大量美国人涌入欧洲寻找文化给养，如同一个尚未开化的野蛮人闯入文明的花园一样，几乎是不加选择地、如饥似渴地、贪婪地吸收着同时也是买进着欧洲文化。

作为美国文化运动领军人物的爱默生不仅对这种不加选择地吸收欧洲文化的状况感到忧虑，更是对美国缺少自己独立的文化和独立的文化身份

感到忧虑，更是对美国缺少自己独立的文化和独立的文化身份感到忧虑。他并非反对出国旅游，事实上，他也曾三次游历欧洲；他也并非反对吸收外国文化，他的哲学思想和文学创作均得益于欧洲文化的滋养。他是反对那些一味迷信欧洲文化而丢失自我立场的游历，这样的游历只盲目观看，却没有带着独立的自我意识去观察、了解、思考，这是一种丧失自我的向外看。他这样形容这些缺乏思考和吸收，只一味看热闹的美国人："如今所有受过教育的美国人仍然对旅游趋之若鹜。有人曾在他们的想象中把英国、意大利或者希腊变得高尚神圣，但它们自己却像一根地轴，固守在原地不动。"❶ 这样的向外看仍然是一种故步自封。而"灵魂绝不是一个漫游者，智者总是足不出户，如果有必要，有义务，让他在某种情况下离开他的住所，或者到外国去，他也仍然好像待在家里一样，而且他的神情使人们意识到他是在传播智慧和美德，就像一位君王一样访问一个又一个城市和那里的人民，而不是像一个商贩或仆从"。❷ 这样的向外看不是学习。甚至，"谁为了找乐，为了得到他不曾拥有的东西而旅游，谁就在做脱离自我的旅行，置身于那些老古董当中，即使自身再年轻，也会变成老朽"。❸ 而新生的、年轻的美国人宁可不去做这样的旅游，宁可不去欣赏这些历史文化，也不能去做老古董。这里，爱默生对年轻的美国的自信可见一斑。在爱默生看来，即使美国因年轻而缺乏文化历史，也不会因这种缺失而丢掉年轻的活动。恰恰是这种年轻，才是新生的美国的最大实力和特有的资本，才是美国所应该依傍的自我："我装点好衣箱，拥抱过朋友，启程航行，最后当我在那不勒斯醒来，旁边还是那个严峻的事实，即那个我一直试图逃避的、毫不退让的、同一个忧伤的自我。我寻找梵蒂冈和那些古代宫殿遗迹。我假装沉醉在景色和想象中，可是实际上并没有沉醉。我走到哪儿，我的巨人就陪伴我到哪儿。"❹ 这个"我的巨人"就是

❶ Emerson. Essays & Lectures [M]. N. Y.: The Library of America, 1983: 277.

❷ Emerson. Essays & Lectures [M]. N. Y.: The Library of America, 1983: 274.

❸ Emerson. Essays & Lectures [M]. N. Y.: The Library of America, 1983: 277.

❹ Emerson. Essays & Lectures [M]. N. Y.: The Library of America, 1983: 278.

年轻的美利坚，就是在年轻的美利坚中成长的自我。这个自我一定要建立起来，一定要强大，我们一定要相信这个自我，这就是爱默生想说而没有说出的话。这个自我即使在自我文化缺位，即使在向外来文化寻求自我的过程中，依然强有力地支持着个人，使个人保持强大的自信。而这份自信背后既是强大的自我，又是年轻的美国。

第三是模仿。爱默生称美国人的旅游是“影响整个智力活动的一种更深的不健全的征兆”。[1] 这种“不健全”使人们只会盲目模仿：“尽管我们的身体被迫待在家中，而我们的心灵还在彷徨。我们模仿，除了心灵的彷徨，模仿还会是什么呢?”[2] 爱默生这样描述当时美国对欧洲文化的亦步亦趋：“我们的房屋是按外国情调建筑的；我们的橱架是用外国的装饰品装饰的；我们的见解，我们的爱好，我们的才能，都十分贫乏，还追随着‘过去’和‘远方’。”[3] 这是爱默生深感不满和忧虑的。建立本土文化的自觉意识促使爱默生发出文化上的独立宣言：“坚持你自己，千万不要模仿。你自己的天赋随时可以用终生修养的积蓄力量表现出来……每个人干得最出色的事，只有他的造物主才能交给他。”[4] 每个人都有自己的天赋，都有自己的独特之处，这是人最宝贵的，他说：“每一个伟大的人物都是无与伦比的”[5]，“莎士比亚的老师在哪里？能指导富兰克林、华盛顿、培根或牛顿的导师又在哪里呢?”[6] 模仿固然不可缺少，文化先进固然重要，但相较于个人的独特品格和独立精神，爱默生显然更看重后者：“灵魂尽管已是满腹经纶，言之凿凿，却不可能重复自己。”[7] 爱默生的思想始终都在强调个人的独特性，每个人都有自己的天赋，要遵从自身的天赋，听从心灵的声音，“主宰你生命中纯朴、高尚的那个地方，你要听从

---

[1] Emerson. Essays & Lectures [M]. N. Y.: The Library of America, 1983: 278.
[2] Emerson. Essays & Lectures [M]. N. Y.: The Library of America, 1983: 278.
[3] Emerson. Essays & Lectures [M]. N. Y.: The Library of America, 1983: 278.
[4] Emerson. Essays & Lectures [M]. N. Y.: The Library of America, 1983: 278.
[5] Emerson. Essays & Lectures [M]. N. Y.: The Library of America, 1983: 279.
[6] Emerson. Essays & Lectures [M]. N. Y.: The Library of America, 1983: 279.
[7] Emerson. Essays & Lectures [M]. N. Y.: The Library of America, 1983: 279.

它，服从你自己的心声，你一定会再现史前的世界”。[1]

个人的独立权利、尊严、价值以及个人独一无二的品格、天赋，被爱默生始终放在首位，这也是爱默生关于个人的思想中最核心、也最具魅力之处。所以爱默生始终号召人们遵从自我，发现自我，不要一味盲目地模仿。这一用意背后是建立美国本土文化、塑造民族精神的雄心。

第四是社会改良。爱默生说：“我们的宗教，我们的教育，我们的艺术，眼睛都朝外看，我们的社会精神也是如此，人人都以社会改良为荣，但没有一个人真的有所改良。”[2] 在爱默生眼里，社会改良不是一个新的社会代替旧的社会，而是后浪推动前浪向前的过程。所以他说：“社会从来没有进步。它在一个方面有所退步，却在另一个方面有所进步，其速度都是一样迅速的。”[3] 爱默生不认为社会的进步是一种断裂式的新旧交替，在他看来，社会进步必然带来某些方面的改变，也同时带来某些方面的失去或退步。例如，我们经历了许多种社会，有野蛮的，有文明的，有基督教社会，有富裕社会，有科学社会，但是，社会在获得某些方面的更新以后，也同时失去了旧的传统，“社会获得了新的技艺，却失去了旧的本能”。[4] 他举例说，穿着讲究、会读书写字的文明的美国人跟赤身裸体的野蛮的新西兰人形成对比，前者的口袋里装着怀表、铅笔和汇票，而后者的财产只是一根木棍、一支长矛、一间棚屋。文明的美国人比野蛮的新西兰人更加进化，野蛮的新西兰人却保留了健康的体魄和更强的生命力。在人的身体的自然状况上，野蛮人比现代进化的文明人更加接近自然属性。他说，“文明人造出了马车，却失去了对双足的利用”，文明人“有一块高级的日内瓦表，却丧失了依据太阳定时的本领”，文明人“有一份格林尼治天文年鉴”，“街上行走的普通人却认不得天上的星星”，他反问：“我们是否由于过于讲究文明反而丧失了原始的活力，是否由于信奉一种

[1] Emerson. Essays & Lectures [M]. N. Y.: The Library of America, 1983: 279.
[2] Emerson. Essays & Lectures [M]. N. Y.: The Library of America, 1983: 279.
[3] Emerson. Essays & Lectures [M]. N. Y.: The Library of America, 1983: 279.
[4] Emerson. Essays & Lectures [M]. N. Y.: The Library of America, 1983: 279.

根植于某种机构和形式中的基督教而丧失了某种粗犷的气质，这些都成问题。”❶

这些是在技艺上出现的新旧改革问题。在道德上，他认为，“道德标准上的差异并不比人的身高或大小标准上的偏差更多。现在的人并不比过去的人伟大”。❷ 爱默生认为古代的伟人并不比现在的伟人更低，他们同样伟大，而且历经多年仍然表现出伟大的特质。所以，爱默生认为“人类并不是随着时间的推移而进步”❸，每个时期的伟大人物都在其时代里充分运用自己的才智创造了奇迹。表面上看来，机器和技术的发展不断突飞猛进，新的时代总是超过旧的时代，但是，爱默生认为“一个时期的技术和发明仅只是那个时期的装备，并没有对人心有所振奋。机器经过改良有其利也有其弊”。❹ 每个时代都有每个时代的发明，但“每隔一段时期，工具和机器就要遭到淘汰”❺，不管在当时多么轰动，技术永远都在不断更新，但也同时离原始状态越来越远。

这就是爱默生的社会进步观。在他看来，社会的进步不是性质的改变，并不是所有新的一定就比旧的好，现代的一定就比古代的强，文明的进步并不是进化从低级向高级的进步。他说：“社会是一个波浪形态的运动。波浪向前运动，然而构成波涛的水却不是。”❻ 表面上看来，社会一直在向前不停地发展，而构成其内在的一些最基本的东西始终如一。我们不要盲目相信所谓社会改良、社会进步，不要被一个又一个新奇的发明和运动所蛊惑，反而忘掉最重要的那些东西，那些东西不是来自热热闹闹的外部，而恰恰是来自内心。但人们如此依赖外部。人们之所以会如此依赖社会的种种体制、机构，是因为人们把这些社会机构视为自己财产的保护者，宗教、社会机构的存在是人们现有既得利益的守护者和依据。人们看

❶ Emerson. Essays & Lectures [M]. N. Y.: The Library of America, 1983: 280.

❷ Emerson. Essays & Lectures [M]. N. Y.: The Library of America, 1983: 280.

❸ Emerson. Essays & Lectures [M]. N. Y.: The Library of America, 1983: 280.

❹ Emerson. Essays & Lectures [M]. N. Y.: The Library of America, 1983: 280.

❺ Emerson. Essays & Lectures [M]. N. Y.: The Library of America, 1983: 280.

❻ Emerson. Essays & Lectures [M]. N. Y.: The Library of America, 1983: 281.

重的不是一个人的独立价值，而是外物，不是他是什么，而是他有什么，因此，人们看重这些社会机构和体制的存在，并依赖它们运转。爱默生说，这是“见物不见人”的表现，都是缺乏自我信赖的表现。但是，人活着不是依赖于物，“人所获得的东西就是他活的财产，它不听命于统治者、暴民、革命、火灾、风暴或破产的指使，只要人在那里呼吸，它就永远在那里进行着自我更新”。[1] 这里获得财产不是物质的财产，而是一个人独立自主的精神所带来的人的自我更新。爱默生这样描述美国当时依赖外部的热闹表象：“我们对外国货的依赖导致了我们对数量的盲目崇拜。政治党派召开无数次的会议；集会规模越来越大，每一件事的宣布都伴随着大张旗鼓的宣传。从埃塞克斯来的代表团！从新罕布什尔来的民主党人！缅因州的辉格党员！千万双眼睛在注视着，千万只臂膀在挥动，面对此情此景，年轻的爱国志士便感到比以往更加斗志昂扬。改革家们也如出一辙，不断召集会议，不断投票选举，不断抛撒出大量的政策决议。”[2]

这种社会现状使爱默生倍感忧虑，他大声疾呼：“别这样，朋友们！”他进一步说：“一个人只有摆脱了一切外部帮助，独立于天地之间，我才会看到他的强大和成功。”[3] 他进一步说：“无论在何种千变万化之中，只要你站稳了脚跟，岿然屹立，不久便一定有人出现，支持你周围的一切。谁如果知道力量本是与生俱来，内在于心的，知道他自己之所以软弱，是因为他总是从自身之外寻求良善的救助——谁有了这种领悟，就会毫不迟疑地依赖自身的思想，立即纠正自己，挺起腰杆，驾驭自己的躯体，去创造奇迹，恰如一个用双足站立的人比一个用头倒立的人更有力一样。”[4] 在关于社会改良和推动社会前进的思想中，爱默生强调的依然是自我。在推动社会发展的行为中，人不要仅仅依赖政府、机构、体制等外部现存秩序，不要被表面的进步和繁荣所迷惑，而要依然相信自我，相信自己的力

[1] Emerson. Essays & Lectures [M]. N. Y.: The Library of America, 1983: 281.

[2] Emerson. Essays & Lectures [M]. N. Y.: The Library of America, 1983: 281.

[3] Emerson. Essays & Lectures [M]. N. Y.: The Library of America, 1983: 280.

[4] Emerson. Essays & Lectures [M]. N. Y.: The Library of America, 1983: 281.

量和判断，这样人才能充分发挥出自己的能量。在这里，爱默生并没有接受那个世纪流行的科学进步神话和文明进化论，而是把人类文明的发展视作一个运动变化的过程，这一过程在本质上没有现代与原始之分，没有高下等级之分，人类在自我发展的历史中获得了进步，也同时失去了自然本性，这在爱默生眼里是有失有得的过程。这种文明发展观显然与当时通行的文明进化论、社会进化论、科技进步观大相径庭。爱默生没有对人类科学技术的进步振臂高呼，他并不把人类技术的进步视作奇迹，反而认为各个时代都有各个时代的变化和局限，而技术的进步只是那个时代的一种“装备”，现代高级天文望远镜与伽利略所使用的看剧用的小型望远镜之间并没有本质差别，在没有现代轮船的时代，哥伦布乘坐一只没有甲板的小船也同样发现了新世界，他们都同样在各自的时代创造了奇迹。永远不变的不是技术的日新月异、观念的层出不穷、党派的聚合纷争，而是一个人内在的自我，人不需要依赖外界的新奇和社会的保护，他自己就是自己的依靠。无论社会如何发展变化，人所做的只是遵从自己的内心，发挥自己的能力，去做正确的改变。这才是社会改良的真正意义。

爱默生最后说，要“尽可能地利用那被称为‘命运’的一切东西”。[1]爱默生不相信所谓的命运，他认为，说到底，人最终要依靠自己为自己建立生活，他要人们把从命运那里赢来的或失掉的东西放下。对人来说，什么才是真正地依赖自己，就是“有‘目的’地工作、获取”[2]，对命运之轮如何旋转泰然处之，因为只要信赖自我，依靠自我，人在命运面前便会无所畏惧。他劝人们不要把自己的欢乐建立在外界基础上，一些偶然的欢乐，一些利益的获取，固然会引起人们的乐观自信，但是，真正使一个人战胜命运而顶天立地的，只有他自己：“不要轻信。除了你自己，什么也不能给你带来安宁。除了真理的胜利，什么也不能给你带来安宁。”[3]

就这样，在破除对宗教的盲目信仰，破除对外国文化的盲目追随和模

[1] Emerson. Essays & Lectures ［M］. N. Y.：The Library of America，1983：282.

[2] Emerson. Essays & Lectures ［M］. N. Y.：The Library of America，1983：282.

[3] Emerson. Essays & Lectures ［M］. N. Y.：The Library of America，1983：282.

仿，破除对外界、对社会、对文明进步的盲目依赖后，爱默生也在此破除对命运的盲目听从。他要人们不要盲目依赖任何来自外部的东西，而依赖自己的内心，相信自己的独特价值和巨大力量。至此，爱默生式的自我已经完全建立起来，这个自我几乎是卸下了所有外部的负担，宗教、传统、文化崇拜、外部权威、物质追逐、社会机构、技术文明进步，直至命运本身，他仅凭自己的心灵作出决定和判断，仅凭自己的意愿和力量完成自己的人生。在他身上，人类一切观念、传统和信仰的重负似乎都卸下来了，他宛如一个全新的生命，不受任何浸染，不带任何成见，只遵循自身，只做他自己。这是一个从新世界诞生而来的新人，这是在年轻的国家里诞生的一个年轻的美国人，他要用自己的眼光去看待世界，用自己的头脑去思考问题，用自己的力量去创造自己的世界，而这正是爱默生所提倡的自我，一个只有在美国才会产生的无负担无传统的全新的自我，一个不同于欧洲体系也不同于任何其他体系的自我，这是爱默生心中的人，也是爱默生心中的美国人，更是爱默生心中的美国精神和美国民族的化身。

在当时，不仅是爱默生的《自我信赖》表达了鲜明的美国式个人理念，超验主义其他成员即使没有提出明确的个人思想，也从不同方面表达出对个人的理解。在他们的作品和生活中，个人是一个重要的思考背景，而这又与建立民族文化的自觉结合起来。美国文化中对个人的强调促使这些文化精英站在民主国家的立场上思考个人与社会，同时思考美国的未来。对于一个新生的民主国家来说，个人与社会、个人与群体、个人与种族、个人与国家等问题所涉及的不仅是人类社会发展的现象，而且是一个关乎民主制度的根本性问题。除却爱默生的思想表述，梭罗的身体力行，钱宁、阿尔科特、富勒、皮博迪等人的社会改良也可以算入其中。但是，尽管美国文化从一开始就表现出对个人的高度关注，在这些知识精英中，对个人的理解并不尽相同。我们会看到，在其后的美国文化发展中，个人主义更多表现为爱默生式的个人主义品质，或者说，爱默生式的个人思想构成了美国个人主义思想的主流。

爱默生强调每个人都应当信赖自己，相信自己心中所想，从自己心灵中涌流出来的思想并不是无足轻重的，它很可能就是真知灼见，闪耀着智慧的光辉。我们可以在天才们的著作中发现，他们的想法也就是深埋在我们心中的想法，我们也有着独立思考的能力和判断，不要轻看了自己，不要畏惧权威。1838年，他在哈佛神学院进行演讲时，对宗教神学给予了公开的嘲弄和抨击，他呼吁年轻人不要盲目接受基督教传统，不要按照《圣经》的教义去布道，而是要按照自己心灵深处的灵感去布道，他号召这些即将成为牧师的年轻人不要因循守旧，以死气沉沉的面貌去进行宗教活动，而是要以一个新生的、游吟诗人的心去理解教义，去进行布道。这样的言论在当时肯定是大逆不道的。以诗人之心去从事宗教活动而不是严守基督教教义，可见爱默生是多么热切地希望能够为当时的宗教注入一股清新的风气。

在《经验》一文中，爱默生提出了“代表人物”（representative man）的说法。他认为，我们每一个人都是代表性人物，即我们每个人都可以成为人类精神的代表。这种真正的代表人物不是经由群众推选出来的，而是他们遵循自己内在心灵的呼声并把这一声音表达出来，他表达了人类的吁求。这声音虽然来自个人，却超越了自我，表达了宇宙的灵魂之声，因而成为全人类共同的精神财富。所以，代表人物所思所想的不是他自己狭小范围内的事，而是人类心灵的普遍诉求。

在《美国学者》中，爱默生又进一步从部分的人与完整的人的角度来阐述其关于代表人物的看法。他说，远古时代有一个神话，诸神把一个完整的人（Man）分成许多单个部分的人，他以小写的man来表示，这样做正如把一只手分成许多个手指一样，以便人能更好地发挥作用。爱默生认为这则神话包含很多寓意，即“一个人，只以某一特殊的方式或通过某一领域向所有特殊的人呈现；你必须在整个社会之中才能找到这个完整的人。这个人不是农夫，也不是教授，也不是工程师，而是所有这一切人。这个人是牧师，也是学者，也是政治家，也是生产者，也是士兵。在这种高度划分的或者社会性的状态下，这些职能被分散给许多个人，每个人都专注于完成这个联合工作中他的那份定额，其他人则完成他们自己的部分”。[1] 在他看来，如果农夫、士兵、学者、牧师等只为自己的职业而工作，或者说，只为自己的生活而工作，那么他就始终是一个部分的人。但如果他把自己的工作看作全人类事业的一个组成部分，自觉地为之工作，他就成了完整的人。爱默生在这里提出了一个重要的问题，即个人作为人的完整发展以及人劳动工作的目的这些与现代人生存状况相关的问题。这些观念具有很强的现代性，关系到现代人在社会中生存的目的和劳动的本质等问题，也是现代教育理念中所提倡的通识教育的基础。

爱默生之所以强调个人，与他的超验主义思想密切相关，他的先验唯心主义哲学是其个人主义的思想基石。在《自我信赖》中，爱默生极力赞颂个人价值、个人力量、个人独特性以及个人对价值实现的追求，而这一切无不建立在他的唯心主义先验论基础上，爱默生公开宣称自己的哲学是唯心主义的，并盛赞唯心主义之于唯物主义的优越性。爱默生的唯心主义将个人置于中心位置，但这并不同于欧洲哲学中关于人与世界的关系以及人的中心视角。人作为中心不是由于他的重要地位，不是由于他是宇宙的中心和主宰，而是由于他与宇宙特殊的亲密融合、息息相通的关系。虽然爱默生的思想从欧洲文化中汲取了养分，但在人与世界的关系上，爱默生的观点并不同于欧洲传统中的人的中心主义立场。在爱默生这里，人的重要性不是因为他是宇宙的中心、万物的主宰，而是人与宇宙的亲密关系，即宇宙自然是从心灵中涌流出的现象，而不是外在于人的实存世界。爱默生从根本上否定了那个实存世界的重要性。他想要强调的是宇宙自然从来都是与心灵息息相关的存在。根据他的观点，宇宙的本源是精神，宇宙是从精神中流出的，精神创造了宇宙，而非物质创造了宇宙，整个宇宙自然都是心灵的映射。按照这种观点，人看待宇宙，正是用人的心灵去看，因此，不是人主宰自然，而是人以其精神观照自然，与自然融合，人与宇宙不是对立、分离的，而是小我的灵魂与宇宙灵魂的合一。因此，人

[1] Emerson. Essays & Lectures [M]. N. Y.: The Library of America, 1983: 53-54.

与宇宙自然之间的关系便可以通过心灵融合在一起。

爱默生的宇宙观并没有以人的视角去审视世界，也没有将人的位置和能力夸张地放大。虽然爱默生特别强调个人的独立、权利、价值等，提倡顶天立地的强者精神，但是，爱默生的个人与欧洲传统中的人尤其是文艺复兴以来的作为“宇宙之精华，万物之灵长”的人以及传统人道主义、人类中心视角是不同的。个人再独特和伟大，也当融入宇宙灵魂之中。当宇宙从精神中涌出来后，人会以与之融合的方式消解人与宇宙自然的边界关系，这是爱默生哲学在人与宇宙关系上的与欧洲哲学不同之处。

三、爱默生个人主义与欧洲传统的差异

爱默生的哲学将精神、将人的心灵凸显出来后，也同时将人的地位凸显出来。这种观念与清教徒对宗教自由和个人的强调以及殖民者在开发美洲大陆、建立美国国家历程中的开疆拓土的精神结合起来，便形成美国文化独有的对个人地位的大幅提升，对个人的极力推崇，对个人自由的特殊强调。美国个人主义的背后是其对人这个被讨论了千百年来的特殊存在的现代式的自由追求，它超过了以往任何一个民族、任何一种文化对个人自由的强调，形成鲜明的美国特色。

爱默生的个人与欧洲哲学有以下几点不同。

第一，美国超验主义中的个人与欧洲形而上学二元对立模式中的主体是不同的。人在爱默生哲学中具有极为重要的位置。从爱默生唯心主义哲学出发，宇宙不是独立于人的外在存在，而是从心灵中流出的，人的意识成为宇宙存在的基础，因而人不是自然所创造出来的存在，恰恰是人的心灵对应了这个世界。因此，人在爱默生哲学中处于一个中心点的位置。但是，这个中心位置并不同于欧洲哲学中人与世界关系的二元对立模式。在

欧洲哲学中，人与其外部世界既相互对立又相互依存。对于人来说，外在世界是独立于人的外部存在，相对于人来说是客体，而从人的立场出发去看待世界，则人成为相对于客体的主体。欧洲哲学同样是将人置于主客模式中的主导地位，人可以认识世界，也可以改变世界，自然是为人所认识和利用的客体。主体与客体之间，主体占有更主要、更优势的地位。这种人与世界关系的模式与认知世界的方式看起来与爱默生对人和人的主观精神的强调十分相似，但在本质上大相径庭。首先，爱默生的个人虽然被置于核心位置，但从来不是宇宙自然的统治者、奴役者，他并不是高于宇宙自然的人，也不是渺小卑微的存在。而欧洲哲学中的主体则在主体与客体的关系中处于主导地位和优势地位，人是自然的主人，自然则是被主体作为一个事物认识和利用的客体，人不仅可以将自然物化，而且可以利用自然，改造自然。其次，爱默生也认为自然能够为人提供服务，爱默生将这种服务分为四种：提供物品、美、语言和训练。但是，这种服务不是低于人的主仆式的服务，而是对人有所裨益的服务，人借助自然的这种服务来提升自身。而在西方哲学中，自然则是为人所利用开发的对象，这导致了现代以来人们对自然进行了掠夺式、破坏式的开发利用，导致了一系列环境恶化问题，直接影响人类生存的未来。最后，爱默生的个人虽然处于核心位置，自然虽然是自人心灵涌流出来的，宇宙则是人的精神的映射，但是，爱默生的个人从未与自然分离。在爱默生哲学中，人的精神投射到自然之上，而人与宇宙万物被一个统一的灵魂所包含，那就是超灵。超灵包容万物，人是其中一分子，他既被包容其中，又有着超灵的一部分，他也正是借由这部分灵魂与宇宙灵魂合而为一。在这里，人与宇宙就这样被爱默生借助超灵融合在一起。而在欧洲哲学中，主体始终是与客体相对的存在，二者虽然相互依存，却又相互对立，界限分明。人虽然是自然界创造出来的存在，却从诞生之始即与自然分离。随着人脱离自然、神权、王权等成为独立大写的人，人类文明进化的脚步越来越快，人类再也没有复归于自然。直至现代，西方思想家们越来越意识到这种主客分离所造成的思维问题和社会问题已经直接威胁到人类的未来。并对这一现象进行了大规模的反思批判，试图纠正这种思维偏差。

第二，如果把个人的地位放在社会各方面，在较为全面的背景上考察，相较而言，美国文化更强调个人。人类历史上没有任何一个国家、任何一个民族像美国这样凸显个人的地位、个人的价值，大张旗鼓地要求个人的自由，并为此从宪法、法规、政权、社会体系、文化等方面全面推行这样一种观念和价值体系。这其中，爱默生则以哲学思想和文字著述的形式推波助澜，将之确立下来，从文化上为美国个人主义的确立和弘扬作出了纲领性、方向性的贡献。美国文化对个人的强调有以下几个比较突出特点：一是个人的地位得到极大提升，个人被置于国家基本问题的出发点，即置于国家性质、宪法、法律、政府和党派、社会体制等这些一个国家基本秩序的出发点，一切必须以个人权利为基准，一切行为不得剥夺个人权利。二是在个人和国家、社会、群体之间的关系上，强调个人的权利和自由。三是特别强调个人的自我价值和为这种自我价值的实现所进行的努力，特别推崇个人成功的典型，因此也形成美国文化中特有的崇尚个人奋斗的特征。四是特别强调个人的独立，包括独立的人格、自我成长、不依赖他人等特点。这种强调常常会像贴标签一样表现在其文化的许多方面，形成美国式的个人价值观。

第三，欧洲个人历史的漫长与美国个人历史的短暂形成对比。欧洲的个人是从自然的威权、神的威权、王的威权之下逐步脱离而独立成为大写的人过程，其间经历了漫长的历史，发生过种种激烈的抗争，终于在某一时代节点上，人脱颖而出，成为人本身。美国的个人奋斗之路则远远没有那样长的历史和复杂性。美国的个人没有经历过漫长的历史演变，美国人没有经历过奴隶制的极度不平等命运，没有经历过封建等级制度的桎梏，没有经历过打破枷锁赢得大写的人的独立、尊严和解放的轰轰烈烈的革命时代。即使在宗教上，美国人也没有经历过长期黑暗的宗教年代，虽然清教徒在英国经历了宗教迫害，但在到达美洲大陆，建立起殖民地之后，这种宗教迫害、这种与传统教会的对立就基本不存在了。剩下的事情就是如何在新大陆上通过辛勤劳动建立起一个理想中的宗教圣地。历史赋予美国一些优越的机会，因此美国在人权崛起的道路上走得要比世界其他民族顺畅得多，美国的个人相对来说几乎可以毫无负担地顺利成长为独立的个人，可以做到相对自由、相对容易地为自己赢得人的权利。这在其他民族历史中几乎是无法看到的。其原因也很简单，就是美国是一个在新大陆上凭空建立起来的国家，它可以按照自己的意愿建立自己的国家，书写自己的历史。这既是美国得天独厚的幸运，也是美国历史中最为缺失的部分。任何一个民族的历史都有其背负的沉重，都要为其民族的成长付出惨重的代价。但是这些在美国这个新世纪的宠儿这里是不存在的。没有历史的历史既是资本，又是缺失。因为没有经历过历史中的沉重时刻，美国在理解所有权利之时往往不会理解到这些权利在其成功取得之前需要漫长而艰难的蜕变，尤其在理解人的权利的历史之时往往会以人的权利的成功取得作为衡量人的历史的标准，对于人权的不平衡状态难以从更深的历史层次去理解。美国人会把自己对人的权利的理解作为衡量一切人权的标准，并用此标准评价其他标准。

追根溯源，欧洲的个人主义最早来源于古希腊时代，对个人主义的理解更多属于哲学层面，是哲学家哲学体系的一部分。欧洲文化以其理性思维为基本特质，对个人主义的论述也多从哲学角度，以哲学思辨形式进行。柏拉图的人被放置在古希腊政治生活中，从公民角度加以思考；笛卡尔的人则从主体存在与意识的角度被证明；卢梭的人是有着健康生命力的自然之人；康德的人被放置在先验论之中进行考察；黑格尔的人则是宇宙之绝对精神下的存在。这种思辨理性中被反复考察论证的人带着与生俱来的复杂性，他是自然属性的人，又处于社会和历史的汪洋中；他是意识中的人，又是活生生的人；他是感性与理性交织的人，又是在先验中被证明人性的人；他是世界的主体，具有大写的人的特殊禀赋，又是当下生存着的有限的个体。欧洲哲学赋予了人以思辨哲学的色彩。在宗教中，即使基督教中的人被置于上帝的创造中进行着无穷的自我救赎，然而在文艺复兴时期，他又冲破宗教禁忌和上帝的权威，获得了人性的解放。

但是在美国文化中，个人身上被赋予的种种复杂性已经被大刀阔斧地简化掉，以至于美国文化中的个人几乎已全然不同于欧洲文化中的个人。在美国的个人身上，人性的种种复杂，被加诸人之上的种种思考被删繁就简，只有一个最主要的个人特性。我们从这个个人身上几乎已看不出历史留下的种种印迹、民族特性、文化附属物，等等，我们看到的只是一个独立的个人。这个个人在一切之上要求自己的独立自由，他几乎全然不顾其他条件，而只要求个人的权利，他相信通过个人的努力可以赢得这种权利和自由，可以达成意愿。在美国的个人身上所展现的，是一个没有经过历史打磨的个人，他几乎是自由生长起来的，所以他可以不假思索地要求个人权利和自由，并认为这是理所应当、与生俱来的。他为实现这一愿望而努力行动。在他身上，行动就是行动本身，个人权利和自由的获得既然是不容置疑的，那么去争取就是了。

他们也真的这样做了，从踏上北美大陆之时起就在实践着这一观念，直到建立独立国家，并将这种认识贯彻下去。美国人在实现他们所认为的人的权利和自由时几乎从不理会思辨的意义，他们不用思辨的形式去论证人生而平等这些问题，而是不假思索地以行动去实现这一观念。托克维尔曾经说过，美国人没有哲学思辨能力。这不是说他们不会以理性去看待问题，或者说他们的逻辑思维能力比较弱，而是说他们不会以欧洲人的哲学思维方式去思考这些根本性的问题。他们是美国式的，他们的思想是美国式的，行动更是美国式的，而美国人的思想常常就是行动的。从理论上证明这些根本性问题固然不错，从先验主义角度去思考本源性问题固然也不错，但对于美国人来说，不如直接从行动上实现它来得更好。他们删繁就简的风格使之不会费力去从玄虚中论证这些问题，他们务实的风格使之不愿空想而更愿意行动，他们富于行动的风格使之成为实干派。事实也证明，人的权利和自由等问题，在美国一直以来都是以付诸行动的方式来进行的。美国不缺乏实干家，即使美国哲学也是趋于实践派的实用主义哲学。因此个人主义在美国是以实践方式表现的，虽然个人主义源出于欧洲，到了美国之后，却以一种新的姿态呈现出来。不论是在社会生活中，还是宗教中，个人都不断地摆脱各种束缚，趋向自由发展。

第四，欧洲个人的整体性与美国个人的个体性。欧洲的个人是在传统基础上的个人，而美国的个人则由于较少受传统影响和依傍而变得更加“个人化”。欧洲文化中的个人是在欧洲历史中艰难前行而成就的个人，是在与神的权力、王的权力、统治者的权力的斗争中逐渐实现的个人权利和自由。这个个人是从历史中杀出一条血路来实现的个人，他背负着历史的沧桑，不可避免地带着历史的旧迹、传统的影响。因此，欧洲的个人是历史的个人，文化传统基础上的个人。美国的个人则由于较少受到传统影响，也由于缺乏历史积淀，从一开始便可以按照他们自己所了解的个人方式来塑造个人主义思想。因此美国的个人是一个新型的个人，他因为较少受到其他影响和束缚而可以在追求个人自由和权利的道路上无所顾忌地行动，因而美国式个人所成就的是更“个人化”的个人，即这个个人比之欧洲的个人更加享有个人权利和自由，也更加追求个性化，更重视个体价值，更看重个人成功。欧洲的个人相比较而言，更是历史中的个人、文化传统中的个人、群体中的个人。他可能不像美国式个人那样表现出实干家的作风，也不会把追求个人价值的实现看得那么重要。当美国文化中到处充斥着单打独斗的英雄时，欧洲人思考和困惑的则是在现代性中丧失了人性的人的生存状况，是人在世界之中存在并与世界之间所维系的关系。欧洲人常常慨叹欧洲的没落，相比于美国尚未开化的新生的野蛮，欧洲似乎正渐渐衰老。美国的个人与欧洲的个人之间的对比就如同一个粗野而务实的北美商人与一个精致而颓废的欧洲贵族之间的差别。

不过我们也不能因此即断定欧洲个人的群体主义影响更大或美国个人的自由主义更强烈。在欧洲，个人主义总体来说并不是一个褒义词，个人权利和自由与个人主义并不是一回事。托克维尔在《论美国的民主》中已谈到这点，在欧洲，个人主义在当时还是一个比较新鲜的词汇。在美国，个人的自由也并非完全没有集体的依傍，个人主义并非脱离集体、脱离社会的孤独的个人主义和绝对自由的个人主义。事实上，这种观点完全是一种误解。欧洲个人主义被当作贬义词使用时，个人主义已经被殖民者带到北美大陆。在欧洲并不被看好的个人主义在北美反倒被发扬光大，增添了积极意义。在欧洲，个人的基本含义更多体现在天赋人权这一意义上，而个人主义则更多是指脱离集体的一种不加节制的个人自由，是个人自由的不良放大。但是，北美殖民者在个人主义的道路上显然走得更远，他们已经不满足于个人权利和自由的一般性概念，他们要求在个人生命权、财产权和追求幸福的权利上能够更加彻底，同时，这样的权利必须以某种方式固定下来并得到保障。这样，美国的个人就和美国国家联系在一起，并通过契约的方式使国家以保护个人权利的方式对个人权利和自由进行保障。美国个人之所以如此放心大胆地去追求权利和自由，除殖民地时期形成的传统外，也在于他们从政体上、法律上保证了个人权利和自由。这是个人权利和自由的现实保障。美国个人主义的实现有赖于与之相应的国家政体模式，这是美国式个人得以无所顾忌、放心大胆去追求个人权利和自由的坚实保证。反过来，这种个人主义的发展、这种对个人权利和自由的特别追求又推动了美国共和制和民主社会的发展。对于美国人来说，只有一点点权利和自由是不够的，他们需要更多的权利和更多的自由。他们在北美大陆上一路开荒所要建立的就是这样一个可以为个人发展开辟无限可能的地方。

美国的个人是在一个年轻的国家、民族中产生的个人，其带有所有年轻的特征，呈现出向上的、积极的势头。他是自信的、乐观的，他直来直去，直接表达愿望和要求，却不愿意接受任何束缚，尤其不愿受到权威力量的干涉，也不愿受到任何有碍于自身发展的传统约束。美国的个人是新生的年轻的个人，他脱胎于欧洲的个人传统，却又有别于这个传统，所生成的几乎是完全崭新的个人。就像一个年轻人，既带有年轻的所有特征，奋发向上，积极进取，对抗一切，不畏传统，也不愿受任何束缚，只管一味地向上生长。他因为年轻而充满活力，渴望进取，渴望通过努力而获取成功，实现个人价值。他因为年轻而无所畏惧，可以挑战、对抗一切来自权威和破坏的力量。他因为年轻而不愿受到传统的压制和约束，对传统不会那么重视，也不会那么畏惧。他没有因为某种必须承担的职责、不得不遵从的规则或传统而克制意愿，压抑自由，委屈自我意愿，放弃反抗，或牺牲自身价值。他因为年轻而缺少人生阅历，几乎没有经过什么沉痛的教训，因此他对苦难和挫折没有更多认识，他没有生命悲剧的情怀和痛苦压抑的情感，某些民族中带有的沉重、苍凉的情感和特征，在美国人身上不会找到。他因为年轻而没有传统约束，也同时没有思想包袱，他可以不必在某种既定思想的框架下去思考和行动，从而可以在更大程度上决定自己的意愿，这是他的优势。他因为年轻而以乐观之心看待一切，认为通过自己的努力可以达成一切，而未来是光明的，未来就是为自己设定的，他乐观地估计一切，不会畏首畏尾。他自己生长起来，没有受到严格管束，也因此养成依靠自己之力解决问题的自我依靠的精神，同时也显得粗疏、简单、不够文雅内敛。他因为年轻而自信，相信自己是特殊的，肩负着特殊的使命，也必定能够干成特殊的事情，就像他的祖辈坚信能够建立“山巅之城”一样，他同样相信自己能够建立起一个为世人所赞叹效仿的模范社会，他认为所施行的制度是领先的，可以匡正其他民族的错误和落后。他建立这些制度和体制的目的便是为世人提供一个最好的范本，一个迄今为止人类最先进的社会模式。同时，他也坚信，自己的先进模式必为人所效仿，他有职责有义务去使他人改变他们原有的落后的东西。他们对世界负有责任，他们要为世界树立公理、楷模，要让世界都接受他们的公理。

美国的个人是与建立本土文化的自觉结合起来的。美国个人主义的建立，既有历史和文化的因素，也有时代的因素。这个时代的因素就是美国建国之后的国家文化需求。美国建立之后，虽然在国家主权上取得了独立，但仍要面临在一片空白上建立一个新生国家的任务。联邦制、立宪制为美国定下了国体、政体的基调，政党之争、治国理念之争以及政治家们的一系列举措都为这个新兴国家在政治上开辟了发展道路。在经济上，在南方大种植园基础上大力发展工商业，使美国从农业型社会转向工商型社会。在国家版图扩张、国土开发上，自开国之后的几届美国政府一直致力于国土扩张，实行了大规模的西进运动。此时，独立战争已经过去半个世纪，国家基本框架已经建立，文化建设的重要性日益凸显出来，进入人们的视野。一个独立的民族除了拥有自己的国体、政体外，还应该拥有自己的理念、核心价值、思想和文化内涵，一个民族应该拥有自己的文化特质、民族精神，它是属于本民族的东西，是本支撑一个民族在精神上独立的东西。

因此，美国在建国之后，不仅面临新生国家的建设、发展等，也面临这个国家的精神成长。如果说在独立战争时期和建国初期，独立和创建是当务之急，那么在其后的发展中，文化建设便越来越成为迫切的需要。

文化问题的日益凸显，终于在19世纪30年代酝酿出一场轰轰烈烈的文化运动，即超验主义运动。这是美国本土上发生的第一次大规模的文化运动，也是第一次建立在哲学基础上、有着真正哲学内涵并扩展至其他方面的文化运动。它在文化的多个重要方面为美国确立起属于美国自己的文化。而个人主义便是其中一个核心性的概念，也是最具有美国特色的文化内容之一。

在当时的人类历史上，从没有一个国家像美国这样把人的地位提升到如此至上的高度，把人的独立、权利、独一无二的价值看得如此之重，把人努力实现自我价值、追求成功、自我奋斗、积极向上看得如此重要。美国的个人主义不仅仅是对欧洲文化关于人的含义的继承，而且，美国的个人更是在此基础上将个人凸显放大，使人更多成为个体意义上的人。欧洲的个人是“人”这一基本概念下的衍生，他在具有“人”的天赋权利和自由之时，更带有自我自利的含义，因而并不是一个褒义词。但是，在美国，这个个人不仅具有欧洲的“人”的内涵，更成为个体的人，它更突出作为个体的人的权利、自由和价值，而不仅仅是普遍意义上的“人”。美国的个人主义是美国特殊的社会环境酝酿出的产物。正是这样一个个个人，组成了美国社会的民主模式。

对于新生国家的憧憬带动了人们的热情，不仅是那些开国元勋，普通人也都对这个国家寄予希望。在一个完全空白的纸张上书写一个国家的历史，这样的经验前无古人，他们可以按照自己的意愿构建一个国家，而这一切也不是没有可能。随着美国国家的建立，联邦制、民主制逐步确立、完善，随着国土的不断扩张，经济的发展，新生的美国越来越为世界所瞩目。短短半个世纪，美国开始变得强大，富有的美国人和象征工商业发达的美国人开始在全世界各地出现。老牌的欧洲一方面在它的迅速强大和富有面前再也高傲不起来，另一方面又带着最后的优越感鄙视地打量着这个在欧洲沙龙中缺乏教养的有钱人。英国人以及其他欧洲人带着颇为复杂的心情去看待这个迅速成长起来的年轻人，他似乎是他们遗落在新大陆上的一个孩子，但这个孩子现在已不再属于他们。他生机勃勃，充满野心，充满能量，生机中带着粗鄙却是强悍的生命力，他缺少教养，他的文化不精致，他的言行举止不够优雅。他们看不起他，却又无法把他踩在脚下。

新生的美国人在国家建立之初所怀有的那份憧憬是当时几乎所有美国人共同的心理状态，他们为自己的国家而自豪。对个人权利和自由的强调，使得美国人格外看重个人在社会中的地位、他与社会和群体之间的关系、他在社会中的行动、他对于自我价值的追求等。这些既体现在美国个人的生活中，也体现在国家理念和一系列政策中，成为国家精神和民族文化的特色。美国人对个人主义的大力强调和追求，不仅促进了美国个人主义的大力发展，也使这个国家充满个体自由精神，并影响到美国的民族特性，使这个国家呈现出活跃进取面貌，加之国家建立之初一切都在向上发展以及美国短暂的历史所带来的轻松经验，美国文化在总体上显现出一种年轻的态势，就像一个朝气蓬勃的年轻人，虽然缺乏深沉的智慧的积淀，缺少引以为豪的传统和背景，但富有生机、积极进取、雄心勃勃。这一切都使美国的个人主义表现为一种年轻的个人主义的特质。

这种特质不仅成为美国大众文化的特色，也成为美国国家精神的一种特质。在这种年轻的个人主义和自由主义的精神引领下，美国文化正在逐渐形成自己的特质。个人主义使美国文化呈现出一种前所未有的对自我的强调，以及对自我价值实现的追求。这形成了美国文化中独有的所谓“美国梦”的现象，人人都可以在此实现梦想，人人都可以获得成功、机会、财富，而这些在一个等级秩序严格的社会中往往难以实现。在这里，机会是均等的，人人有权获得自己的幸福，人人都可以享有追求成功的权利和自由，只要努力奋斗，人人都可以获得成功。这里是淘金者的乐园，这里是梦想家的天堂，这里是积极进取的年轻人的国度。这就是“美国梦”带给人们的。

第四章

年轻的美国人

一、亨利·詹姆斯的欧洲视野与文化反省

托克维尔在《论美国的民主》一书中谈到美国民主这种新鲜的事物时，从各个方面谈到民主的利弊。在写到美国的文学艺术时，托克维尔非常尖锐地指出民主制度不鼓励文艺发展。在《美国人以什么精神对待艺术》一章中，他写道："民主国家都有这种现象，所以它们首先要发展的，是使生活可以舒适的艺术，而不是用来点缀生活的艺术。它们在习惯上以实用为主，使美居于其次。它们希望美的东西同时也要是实用的。"❶他分析造成这一状况的原因是在民主制度下，"当每一种职业对所有的人都开放，人人都可以随时进入或离开某一行业，同一行业的成员彼此视为外人，互不关心和几乎都不相识的时候，行业的社会联系便不复存在，而全靠自己努力的每个从业者，便只追求以最少的费用赚取尽可能多的钱。……而消费者同时也会对他们采取相应的对策"❷。要想降低商品的价格，只有两种办法："第一种办法是找出最好、最快和最妙的生产方法。第二种办法是大量生产品质基本上一样但价格较低的制品。在民主国家，从业者的智力几乎全都用于这两个方面。"❸ 因此，托克维尔认为，"民主制度并没有只使人的精神专注于实用工艺，它还使手艺人们快速地大量地制造不够完美的制品，而消费者们也满足于这样的制品。"❹ 同样

❶ [法] 托克维尔．论美国的民主（下卷）[M]．董果良，译．北京：商务印书馆，2009：567.

❷ [法] 托克维尔．论美国的民主（下卷）[M]．董果良，译．北京：商务印书馆，2009：568.

❸ [法] 托克维尔．论美国的民主（下卷）[M]．董果良，译．北京：商务印书馆，2009：569.

❹ [法] 托克维尔．论美国的民主（下卷）[M]．董果良，译．北京：商务印书馆，2009：569.

是工艺制作，在贵族制社会中却不会发生类似情形，因为“在承认特权的时代，几乎所有的艺术都是其从业者的特权，而每一种职业也都是不准其他行业涉足的独立世界”。[1]“这样在一个实业阶级内部，每个手艺人并不只是为了赚钱而工作，而且要为保持自己的荣誉而努力。”[2] 因此，“在贵族制度时代，艺术追求的目标是尽量做出精美的制品，而不是加快制造速度，更不是降低造价”。[3] 托克维尔这番话不无道理。事实上，民主制给人们的一个突出影响是实用主义，对事物实用性而不是非实用性的重视是民主制下人们对待事物的一种普遍心理。而在普遍的自由与权力相对开放的情况下，人们更多会忙于追求个人实业上的成功，从而不可避免地减少对精神生活、美、心灵内在的隐秘乃至神秘思想的重视。普遍的、大量的、没有分别、缺少差异的氛围造成人们对精美绝伦、叹为观止的事物缺乏追求精神。而充斥于社会的商业主义、物质主义、功利主义倾向又加剧了这一匮乏。托克维尔认为美国缺乏文学艺术正是民主制的产物。他甚至说：“严格说来，美国的居民还没有文学。”[4] 他认为那些“称得上美国作家的，只有新闻记者而已”，[5]“至于其余的一切作家，我都把他们看成是外国人。”[6]

可见，当时的托克维尔并不认为美国真正拥有属于自己的文化。第一，诚如托克维尔所分析的那样，是由于民主制度下并不适宜产生精美的艺术品。民主制不鼓励人们在艺术制作上精益求精，追求完美。第二，广

---

[1] ［法］托克维尔．论美国的民主（下卷）［M］．董果良，译．北京：商务印书馆，2009：569.

[2] ［法］托克维尔．论美国的民主（下卷）［M］．董果良，译．北京：商务印书馆，2009：569.

[3] ［法］托克维尔．论美国的民主（下卷）［M］．董果良，译．北京：商务印书馆，2009：567-568.

[4] ［法］托克维尔．论美国的民主（下卷）［M］．董果良，译．北京：商务印书馆，2009：576.

[5] ［法］托克维尔．论美国的民主（下卷）［M］．董果良，译．北京：商务印书馆，2009：576.

[6] ［法］托克维尔．论美国的民主（下卷）［M］．董果良，译．北京：商务印书馆，2009：576.

泛存在于美国社会和文化生活中的商业主义和实用主义使得一切制造均以商品生产为标准，以商业利益为目的。这种商业主义潮流普遍影响到社会生活的许多方面，以非功利性为价值准则的艺术创造在此中受到的冲击更为明显。艺术品的商业化和流行化会阻碍人们去追求更加敏锐纤细的艺术感觉和创造性想象，艺术生产趋向于大众化审美和平庸化制作。第三，美国文化尚未建立起属于自身的比较成熟的形态和体系，这也是一个重要原因。美国从殖民地时期直至建国后一段时期，不过一百多年历史。其间，无论是为殖民地建设和巩固而进行生存奋斗的早期殖民拓荒时代，还是独立战争时期一切亟待建立的国家初期，还是爱默生时期年轻的国家日渐强大，走向崛起的时代，美国人所致力于解决的几乎一直是一国存亡的当务之急、重大事件以及诸多现实问题，文化建设无疑尚未能提到日程表前列，殖民地建立以及国家独立是压倒一切的重中之重、民族大计。这就使美国的文化建设、民族思想的出现乃至文学艺术的兴盛几乎不可能在这样面临国家独立的重要关头、在这样短暂的时期出现。这也难怪美国在殖民地时代直至独立战争期间几乎没有什么像样的文学。短暂的历史、迅速建成国家的现实，加之美国民族务实简单的风格、清教文化中注重实用勤俭的观念，已经为这个年轻的国家奠定了最初的基调、基本的风格。加之民主社会对普遍适用性的推崇，又为这一切增添了推动力，从而使美国的文学艺术以及美国文化都打上了简单、务实的基调，很难促进文化进一步向更为精细的方向发展。

托克维尔的这番话是在考察美国民主制度的基础上，从民主制与社会文化的关系角度来谈的。事实上，美国在文学艺术上的匮乏不仅仅是民主制度的影响，它从一开始即奠定了这样的基调，即生活中以实用、简单、严肃、守则为主调的生活准则。这是清教徒时代即开始并影响深远的一种倾向。这种态度使美国人从一开始即以一种崇尚简化、实用甚至清苦的精神来对待世间万物。这种精神看上去更注重精神世界，尤其强调精神世界的净化、灵魂的纯洁，但这种纯洁性是以放弃繁华、多样性、审美性、心灵和世界的复杂性为代价的。它虽然只是一种宗教精神，但清教徒在北美大陆上的实际影响，使这些倾向不仅在新英格兰地区被根深蒂固地保留下来，也影响到美国建国初期一段时间内的许多理念、精神，甚至那些最基本、最主要的价值观。在美国的文学艺术、日常生活中，是找不出《浮士德》这样的作品和浮士德这样复杂的人物形象的，也找不出浮士德式的对与本源性问题的升天入地的求索精神。对根本性问题的苦苦思索不是美国式的精神。即使有类似的作品、人物形象，也仍然带有美国式的实干精神和成功学色彩。同样，我们也很难在美国文化中找到《堂吉诃德》式的理想主义者。不错，理想主义者在美国社会文化和实际生活中比比皆是，他们通过个人努力，以顽强的超乎现实的努力将看似不可能之事变为现实，美国文化中充斥着这样成功的范例，充斥着这种顽强追求自我的平民英雄。但是，堂吉诃德的理想主义是以悲剧作为底色的，他身上体现出的是人向不可撼动的虚无宣战的精神，因而堂吉诃德式的骑士精神无法取得现实的成功。这种精神如果放在美国文化中，则会带上务实的长矛，使进取最终表现为成功的结果。这种务实作风体现在美国国家理念、政府管理、普通百姓的生活以及文化中的方方面面。

南北战争之后，这种缺乏文学艺术的局面又进一步被新的社会环境所加剧。北方对南方的胜利，也是工商业对农业的胜利，整个国家被进一步联结起来，政治上得到进一步稳固，经济上则借此快速发展，而这也更加助长了整个社会的商业之风和政治上的腐败气息。当初那个英姿勃勃幻想建立山巅之城的乐观的美利坚民族面临理想能否继续维持的困境。就连一向乐观豪迈的诗人惠特曼也流露出怀疑和悲观的情绪，他怀疑当初那个要建立世界上“最健全、最发达的自由国家”的梦想能否实现，而那个曾经拥有的“多方面的、无所不包的、充分自由的个性至上原则”的美国精神遗产正处在被背叛、被出卖的危险之中，整个国家现在剩下的只有一味的物质扩张。美国历史学家亨利·亚当斯在其自传《亨利·亚当斯的教育》一书中也忧虑地表示出当初开国元勋们所奉行的理性的价值观正在消失。事实上，美国社会中存在的物质主义、商业主义、功利主义精神早在内战爆发前即已存在，这种物质主义的风尚与美国从一开始即存在的务实风尚、成功进取的价值观是相互吻合的。个人成功的价值观很容易演变为对物质财富的追求，成功获取财富。追求商业利益以及在商业领域有所作为是整个社会评判个人成功的一个重要标准。这与美国清教徒时代对财富的态度有关，也与美国殖民地时代的整体风尚有关。面对广袤的土地，摆脱了权威的束缚，自由之风又为个人的奋斗提供了无限可能性，这使人们可以更容易地得到土地、财富等物质方面的巨大回馈。清教徒的教义中虽提倡精神上的纯洁与理性，但在财富问题上并不持苦行僧式的态度。清教徒崇尚依靠自己的辛勤劳动获取财富的生活方式，认为这是人对上帝恩赐的回馈。通过自己的辛勤劳动合理合法地赚取财富，不是什么不光彩的事，相反，它是正当的、高尚的。清教徒将自己所赚之钱大量用于慈善事业，回馈社会。这种对金钱财富的追求被保留在后来的美国人对待财富和成功的价值观中。

亨利·詹姆斯发表作品大致集中在19世纪六七十年代，正是美国发展上升之时。与许多美国人包括当时美国文化精英不同，亨利·詹姆斯有着得天独厚的欧洲文化背景，这种宽阔的文化视野使他在当时美国建国之后正欲努力以新的形象示人并致力于本土文化建设的年代显出高于一般美国人的见识。1843年4月，亨利·詹姆斯出生于美国一个富裕的知识分子家庭，父亲是哲学家、神学家老亨利·詹姆斯，哥哥则是美国实用主义哲学家、心理学家威廉·詹姆斯。这样精英辈出的家庭环境和良好的文化氛围使亨利·詹姆斯从一开始即站在一个超乎当时一般美国人的文化高度上。祖辈留下的丰厚遗产使亨利·詹姆斯和他的兄弟们能够从小便去欧洲各处游历，开阔眼界。亨利·詹姆斯对欧洲文明尤其是欧洲艺术的了解比同时代的人要高出许多，可以说，他是在欧洲文明的熏陶下长大的，这种对欧洲文化的领会和爱好使得亨利·詹姆斯对欧洲文化有着更深入的认识。同时，频繁来往于欧洲和美国之间的经历，使他在日后的创作中，不是像一般人那样，或从美国人的角度，或从欧洲的角度来认识美国，认识美国与欧洲之间的差异，而是可以站在一个较为客观的立场，从更高的视角对二者的状况和二者之间的差异作出更为清晰准确的认识和判断。而这些正是美国在建立本土文化过程中非常需要的重要认识。亨利·詹姆斯比一般美国人对欧洲、美国以及二者之间的关系有着更为清醒的认识。当他看欧洲时，他内心仍然保留着美国人的意识，而当他看美国时，他是把自己的国家放在与欧洲文化作为对比的范围内，因而他可以看到许多美国人看不到的差别。他既没有一味崇尚欧洲文化，也没有如当时许多美国人一样固守着愚蠢的狭隘和自大。对于欧洲人来说，他在自己的书中，在新生的美国和年轻的美国人身上发现了其独特的活力和价值；而对于美国人来说，他对自己国家的毫不留情的批评又使他成为世人攻击的靶子。他清醒地看到了美国的问题，美国文化的肤浅，美国人身上的故步自封、粗鄙可笑，他希望美国能够和欧洲一样有着优美的文化。在当时，亨利·詹姆斯所做的更多的是不讨好的事情，他所写出的美国人在美国人看来难以接受。谁也不愿意听到有人说自己文明的坏话，抨击自己的文化与古老的欧洲文化相比相形见绌，尤其是在当时美国国力上升、经济开始繁荣、人们的自信心高涨的年代。

亨利·詹姆斯的创作历程，可以用一句话来形容，就是和自己的祖国争辩。这种心情是矛盾的、复杂的，既需要客观公正之心，也需要面对实际的勇气。一个遵从内心良知的作家往往不愿意违背自己的良心。在亨利·詹姆斯身上，在他的作品中，人们可以看到更加国际化的美国人，他们被放置在欧洲文化和美国文化之中，有时他们是长期生活在欧洲的美国人，有时他们是初来乍到者，他们身上都体现出独特的美国气质、美国精神，表现出与欧洲人大相径庭的风格。在这里，美国文化在与欧洲文化或英国文化的相遇中，会出现相当戏剧性的现象。尽管美国文化脱胎于英国文化母体，自带有英国文化以及欧洲文化的种种传统因素和特征，但是，在美洲大陆上生存繁衍了一百多年以后的美国文化，已非当初漂洋过海来到美洲大陆上的殖民地文化了。如今的美国文化已经在新的土地上扎根繁衍，越来越形成自己的文化形态和文化特征。这些文化如今重又回到欧洲文化母体环境中时，会表现出怎样的面貌呢？它自身如何认识当初这个母体文化？母体文化又会如何看待这个在外野生野长的子文化呢？这些问题都是亨利·詹姆斯想要思考和表现的。这其中，文化间的冲突和矛盾无法回避，这种文化冲突构成了戏剧张力，它蕴含着许多表象之下更为复杂的问题。亨利·詹姆斯选择了这一问题作为他文学创作的主题。他从小游历欧洲，穿梭于两种文明之间的经历为他提供了大量素材，而他作为一个可以摆脱美国式功利精神，从文化视角去看待这一现象的作家，可以相对更加理性、客观、自由、开放地去看待这些现象，作出独立思考和判断。

亨利·詹姆斯的童年大部分时光都是在欧洲大城市度过的，巴黎的卢浮宫、古罗马大竞技场、散布在欧洲各地的博物馆、艺术馆等，是他和家人经常光顾的地方。由于家庭的地位和声望，他的父亲与当时一些文化名人多有往来，他也得以和家人经常出入欧洲的文化沙龙，结识欧洲文化名流，故而亨利·詹姆斯对欧洲的文化生活比同时期的其他美国同胞更为熟悉，使他有可能站在比一般美国人更高的视角去看待这些文化问题。亨利·詹姆斯从小并没有受过完备的教育，他经常跟随家人游历，也常常更换家庭教师，但是，这些从小便获得的多方面经历反而给他提供了天然的优势，他的视角是国际化的，他的知识是多文化多系统的，他的经验是多姿多彩的，这比单纯的知识储备更具优势。美国正处于一个成长壮大的过程，在此过程中，它需要一个自己的形象，一个美国的形象，一个属于自己的不雷同于欧洲的美国。它既要独立、独特，又要不失幼稚、羸弱。在欧洲传统文化面前，它是独立的而不是欧洲的产物；但它又是新生的、幼稚的、不强大的、不成熟的，在它的欧洲祖辈面前，这样的年轻没有任何优势，只会让自己自惭形秽。论起国力和经济，美国正在超过这些欧洲老牌帝国，而在文化面前，它缺乏底气，几乎没有任何资本。技术、经济、物质实力可以越新越好、越快越好，而历史和人文往往是越古老越好，古老悠久便是它不可剥夺的、时时可以炫耀的资本。而在这一资本上，美国人天生的资本积聚的能力却无法施展，因其无法靠勤奋务实和飞速发展获得，它来自一代又一代人精神上的不断积累、酝酿过程，必须经过生与死、血与火、和平与战争的洗礼、萃取，短时间的速成无法制造出真正的历史和人文经验。而这恰恰是日渐强大的美国所缺少的。

亨利·詹姆斯被欧洲文明吸引是自然而然的，这种熏陶来自从小的游历经验，也来自亨利·詹姆斯家庭开放的文化氛围。而这些恰恰是当时许多已经富裕起来的美国人所缺乏的。亨利·詹姆斯一家就像美国的文化贵族、精神贵族，其眼界和思维自然也与其他美国民众不同。从某种角度上说，他是美国文化的出离者，欧洲文化更早地在他心灵上留下了根基性的影响，他更倾心于欧洲文化，对美国文化中的许多现象看不惯，也常常在书中毫不留情地展现美国人的愚蠢和狂妄。他在欧洲各处游历的习惯一直保持着，他经常离开美国到欧洲各地旅行，1879 年则定居英国。以现在某些观点来看，亨利·詹姆斯是个典型的“崇洋媚外”之人，这在当时令美国人难以忍受。但也正是这种“崇洋媚外”的行为，为世人留下了真实的美国人和美国文化的历史，也留下了更深入、更有价值的文化思考。

亨利·詹姆斯和俄国作家屠格涅夫一样，都是“与祖国争吵的人”。他们都有长期旅居欧洲的经历，对于自己祖国的认识是在与欧洲文化进行参照对比中形成的。他们比他们的同胞们对自己祖国的文化和人民表现出更多的不满，这种举动也同样招致了同胞们对他们的不满。这是一个颇为深刻的文化现象。俄国也曾经有过向欧洲学习的历史，在近代以来通过向欧洲学习而使国家强大，文学艺术也取得辉煌成绩。对自己民族中的落后该不该进行表现，该不该以欧洲为榜样对自己国家的文化缺失和落后进行反省，是这些作家心中深深纠结的问题，他们通过自己的文学作品把这一主题淋漓尽致地表现出来。

亨利·詹姆斯把自己小说中的主人公放在欧洲文化的大背景中，他们通常是年轻单纯的美国人，在他们身上表现出的鲜明美国特色，因而格外引人注目，格外具有对比性。詹姆斯是想借此思考和说明很多令他困惑也同时令美国几代知识分子困惑的问题：我们是谁？美国是什么？美国在欧洲面前是什么？如何看待和吸收欧洲文化？在欧洲文化的影响下如何建立自己真正的美国特色文化？如何面对欧洲传统？美国文学艺术家和知识分子应该如何去做，才能为美国文化创造价值，使美国文化成为独立的形态？如何看待美国的个人主义、民主、自由这些独特的美国内容？这些独特的美国内容能为美国文化做些什么？什么才是美国文化的优势，什么又是它的缺失？

这些问题困扰着亨利·詹姆斯，也在一定程度上困扰着那一代美国知识分子的心灵。只是亨利·詹姆斯在面对这些问题时是以自己的方式来思考的，他给出了自己的答案。他清醒地看到美国文化的问题。一方面，这些美国人在古老的欧洲文明和精致的欧洲人面前，常常表现出典型的美国式的无知和粗俗，另一方面，他们又往往心性单纯，富有活力；一方面，美国缺少历史和文化，另一方面，这恰恰又是美国个人主义和自由主义得以盛行的优势；一方面，美国文化无法和欧洲古老灿烂的文化相抗衡，另一方面，美国作家又可以以更自由的态度来吸收各种文化，形成自己的文化内容，也可以以更自由的批判精神来看待问题，这正是美国文化的优势。

在亨利·詹姆斯身上，既然存在两种文化的抗衡和矛盾，也必然存在两种文化各自的优势对作家心灵的滋养。一方面，他对欧洲文化从小便特别迷恋和向往，这些欧洲文化的养分深深浸润着亨利·詹姆斯的精神和创作；另一方面，随着见识的开阔和人生阅历的增长，他也逐渐意识到现在的欧洲和古老的欧洲的区别，实际的欧洲与理想的欧洲的区别。而对美国，在认识到美国文化的欠缺之时，他也认识到美国民主和自由的独特意义，以及由此带来的不同于古老世界的活力。

像他那个时代的许多人一样，亨利·詹姆斯也表现出一种美国特有的乐观和自信。他在年轻时写给友人的关于法国文学的评论中曾经有过这样的表述：

我们年轻的美国人是属于未来的人。我觉得能让我成为批评家的唯一的机会就是让我尽可能地沐浴在西方文化的和风中。我们生来就是美国人——就应该承担起这个职责。我把这看作一件幸运的事。作为一个美国人，本身就可以接受不同文化，这是前提。作为一个民族，我们有优秀的品质。我觉得我们似乎已经站在了欧洲民族的前列，因为我们可以比任何一个民族都更能够宽松地对待不同于我们自己的文明形式，我们可以从中采撷、挑选并吸收。简单来说，不管在哪里发现了这一文化，我们都可将其收作自己的财产。没有民族标志虽然令人遗憾，也是一种落后，但我觉得美国作家反倒可以因此表明，世界上不同志趣和文化上的大融合完全是可能的。❶

可见，从一开始，亨利·詹姆斯即已认识到美国作家的优势和劣势。这段文字典型地体现出当时许多美国人的心态，一个新生民族正处在上升时期，它充满活力和自信，而这种活力和自信正是年轻人的心态。他尽管已经发觉自己的年轻在历史和经验上的欠缺，在文化和智慧上的不足，但仍然充满乐观和自信，相信自己从不会比别人缺少什么，即使真的缺少什么，这反而是一种优势。正因为自己的年轻和缺欠，才能够使自己反而没有成见地去接受不同文化。他相信这样的接受就已经站在了欧洲文明的前列。这种年轻、自信、乐观的心态又何止体现在亨利·詹姆斯的思想中，我们可以从爱默生的文字中、从惠特曼的诗歌中找出共同心声，这是美国人的普遍心态。美国文化精英也同样秉持这种心态，他们一方面为美国文化欠缺而痛心疾首，另一方面又充满自豪和自信。

美国的文化自信恰恰建立在它的文化不自信上，建立在它的文化欠缺上。这是一个奇怪的现象。大概也只有自信的美国人有这样的心态。而这种心态也恰恰是建立在时代背景上，建立在历史机遇上的。

自信与不自信、优势与欠缺，成为那一代美国知识分子共同的心理感受，岂止是亨利·詹姆斯，在爱默生身上，我们也可以同样看到这种特征，只是爱默生更加自信和乐观，更加相信美国式的未来，也更加秉持美国立场。1869 年，亨利·詹姆斯到佛罗伦萨旅行，在写给母亲的信中，他极为失望地表达了他作为一个美国人对自己同胞的看法，毫不隐晦地表

❶ Henry James. The Critical Heritage [M]. London: Routledge and Kegan Paul, 1868: 23-24.

达了对这些在欧洲旅游的美国人的鄙视，他这样形容他的美国同胞："对他们只有一个字——俗，俗，俗。他们很无知——对欧洲的一切东西都表现出一副十足的小家子气的派头、排斥和不愿接受——无论什么事情，他们总是要用某种他们身上特有的那种标准美国式的毫无顾忌地吹牛聊天的一套来衡量——于是，我们同胞身上那蹩脚而贫乏的谈吐、声音和表情——所有这些东西可怕地盯着你。"❶

在后来给《民族》(*Nation*) 杂志所撰写的文章中，亨利·詹姆斯表达了同样的失望和不满。1870 年，他从欧洲游历归来，周游了美国各地，但沿途所见的美国风景和人们只是加剧了他的这种失望情绪，这种对比是显而易见的，因而就格外让人痛心疾首。他这样形容他在萨拉托加 (Saratoga) 地区所见的风光："房屋的粗糙砖墙，被一圈刺眼的煤气灯照亮，构成了此地的自然背景。在这个背景之上，是一个由大杂烩形成的粗野、临时性的、不谐调的基调。"❷ 亨利·詹姆斯花费了大量笔墨描写美国的美人们，她们"在白天或夜晚的任何时间，你可以看到一百个美人穿着沙沙作响的衣裙，她们唯一的营生就是让她们的衣服沙沙作响"。❸ 他讥讽道："这许多华丽的人们，既不懂享受精致教育带来的益处，也不愿去增长对社会的见识。"❹ 对于流连于这个热闹地方的美国人，亨利·詹姆斯作了一个概括式的描述："当他们坐在那里，帽子标志性地前压，椅子标志性地后仰，两脚标志性地跷着二郎腿，他们的雪茄和牙签以各种线条形成各种角度时，我仿佛看到了他的脸上写着的新大陆的人们所共有的信息。他们显然易见是带有某种经历的人——某种程度上说肯定是一种狭隘和贫乏的经历，一种把他们的女人极尽所能要展示的钻石和蕾斯边当作底

❶ Percy Lubbock. Letters of Henry James, Vol. One [M]. Macmillan and Co., Limited, 1920: 22.

❷ Henry James. Collected Travel Writings: Great Britan and America [M]. N. Y.: The Library of America, 1993: 751.

❸ Henry James. Collected Travel Writings: Great Britan and America [M]. N. Y.: The Library of America, 1993: 752.

❹ Henry James. Collected Travel Writings [M]. N. Y.: The Library of America, 1993: 753.

气十足和所谓美的经验。”[1] 在这里，亨利·詹姆斯对自己同胞的讥讽可谓辛辣到家。他接着说：“他们不是由社会与传统和文化携手前进所培育出的成熟的果实，他们是些顽固的家伙，自生自长起来。当他们在一起交流时，我仿佛听到了贝壳碎裂的咔嚓声。”[2]

在1879年出版的《霍桑传》中，亨利·詹姆斯开出了那个时代文化缺乏的清单：“没有君主，没有宫廷，没有个人忠诚，没有贵族，没有教堂，没有牧师，没有军队，没有外交机构，没有乡绅，没有宫殿，没有城堡，也没有庄园，也没有古老的乡间宅邸，也没有牧师小屋，也没有茅舍和爬满常春藤的废墟，没有大教堂，也没有修道院，也没有小型的诺曼底式的教堂；没有著名的大学，也没有公立学校——没有牛津，也没有伊顿公学、哈罗公学，没有文学，没有小说，没有博物馆，没有图画，没有政治圈子，也没有体育阶层——没有阿普索姆的跑马场，也没有爱斯科特赛马场!”[3] 总之，没有欧洲！美国不是欧洲。这已经是一个极度失望的清单了，是一个对自己的国家文化完全失望甚至是绝望的控诉，它已近乎愤怒了。

同样，这种失望情绪也表现在霍桑的小说《玉石雕刻》（*The Marble Faun*，1860）中，在小说的前言中，霍桑为自己国家历史的短暂表达了深深的苦恼，他不无激愤地写到自己的祖国没有阴影，没有古迹，没有神秘，没有令人沉郁的邪恶，除了光天化日之下平凡而普通的繁荣之外，什么也没有！这种口气与亨利·詹姆斯对祖国的控诉几乎一模一样。这样的控诉表达了作为以写作为生的人对人文如此贫乏的写作环境的一种愤怒、一种绝望。历史的短暂和文化的欠缺对于国家政治体制和经济建设来说也许反倒是优势，是得天独厚的条件，它可以使人们在几乎没有任何束缚的

---

[1] Henry James. Collected Travel Writings [M]. N. Y.: The Library of America, 1993: 752-753.

[2] Henry James. Collected Travel Writings [M]. N. Y.: The Library of America, 1993: 753.

[3] Henry James. Literary Criticism, Vol. One [M]. N. Y.: The Library of America, 1984: 351-352.

情形下自由地按照自己的心愿去建立一切，但对于文化、历史、文学艺术等人文领域的建设来说，这种欠缺却是致命的。它无法靠努力发展而致富，更无法一夜暴富，在这种情形下，文化上的、人文领域的、精神上的贫穷却是真正的贫穷。这种贫穷无法在短时间内暴富。这使得美国人在此方面几乎永远无法真正有底气，无法真正傲视世界。

亨利·詹姆斯为霍桑周围缺乏深厚的文化氛围而惋惜，这也是美国当时许多作家面临的情况。美国自己的真正文学此时已经出现，它们当中有些已经开始获得世界声望。当然，它们会以一种美国独有的题材来表现，霍桑把注意力投向17世纪新英格兰地区的清教生活，麦尔维尔写大海上的传奇，库珀以印第安丛林为背景展开北美大陆的生活画卷，这些无一例外都是很美国式的。亨利·詹姆斯却把注意力放在美国与欧洲文化参照对比的格局上。这是一种很不美国的方式，但也是很美国的。

他几乎把欧洲搬来对照美国的生活，因而几乎在一切方面否定了很美国式的东西。这既需要眼界和睿智，也需要胆识和勇气。在美国国内几乎是一派信心满满的氛围中，亨利·詹姆斯的这种国民性批判显得很不合时宜，费力不讨好，很容易引起公众不满，他简直是在反其道而行，大声诋毁这个新生国家，这与当时美国公众中的乐观氛围全然不同。

1875年，当时还在巴黎的亨利·詹姆斯在给纽约的《论坛报》（*Tribune*）撰稿，但很快，他就发现，他无法用简洁明快的新闻体写作，当时的出版人怀特洛·里德认为，亨利·詹姆斯所写的东西“离大众的兴趣太远”，这种双方之间的不满在亨利·詹姆斯发表《霍桑传》之后达到顶点。1879年，亨利·詹姆斯在出版的《霍桑传》中为美国无法给像霍桑这样的作家提供一个深厚的文化氛围而感到可惜，他毫不留情地指出美国文明中的匮乏，并认为这些匮乏无法孕育出更多伟大的作家和作品。他认为，“艺术之花只有在肥沃的土壤上才能盛开，丰厚的历史才能孕育出一点文学，复杂的社会运行状况才可以使一位作家创作出作品”。[1]

---

[1] Henry James. Literary Criticism, Vol. One [M]. The Library of America, 1984: 351-352.

但是，亨利·詹姆斯的这些看法与当时的文学杂志和公众意见是矛盾的。《霍桑传》的出版在美国更是引起一片哗然。他对美国缺少高级文明以及美国作家视野狭窄等问题的尖锐观点把他推上了群起而攻之的风口浪尖，亨利·詹姆斯在书籍出版后收到很多辱骂性的信件，这使得本来就对美国文化感到失望的他更加看清了美国文化中的狭隘弊端。“崇洋媚外”的后果是可怕的，公众听不得对自己的国家弊端做如此深刻的揭示，公众的情绪常常是非理性的，谩骂和攻击是常用的手段。不仅是当时的公众，亨利·詹姆斯这些给美国国民性揭短的做法也引起了文化界一些名人的不满，他在文学上的知交和伯乐，美国现实主义文学的盟主豪威尔斯也对亨利·詹姆斯关于美国文化中缺少高级文明的说法很不以为然。针对他为美国文化欠缺所列的清单，他也列出了一份美国文化清单予以反驳，并把亨利·詹姆斯非常珍视的欧洲文化称为“破烂东西”，足见他对欧洲文化的排斥态度。这更坚定了亨利·詹姆斯对美国文化的看法。在美国，不仅缺少更为成熟的作家和作品，也缺少更为成熟的有着高雅审美情趣的读者，也缺少更为成熟的有着更高的理性判断和睿智的批评家和文化界，而这其实已经进一步证明了美国文化的整体匮乏和水平低下。不错，美国的确有着自己独特的生活的方方面面，这些无疑都可以为作家提供素材，但是，一个民族文学艺术水平的高低必须由它的历史和文化积淀来滋养，这一直是亨利·詹姆斯的主张。在这一问题上，他和他的同时代人的意见发生了分歧。显然，亨利·詹姆斯从美国的另一面来认识和思考他的国家，他犀利而深刻地看出了美国最欠缺的是什么，而这也恰恰是美国的短处，是使许多美国人气短的地方。这种揭短的行为无疑触怒了美国公众包括文化界的神经。一个是揭短，另一个是护短。亨利·詹姆斯没有像当时大多数美国人那样护短，没有像他们那样对自己的国家充满无底线的自豪和盲目的乐观。在亨利·詹姆斯看来，他的那些同胞太乐观了，以致将这种自信发展成为愚蠢的自大、缺乏见识的狭隘，故步自封，鄙陋俗气，没有进步。他对此深感痛心。

在那个时代，亨利·詹姆斯可能显得有些异类，有些反历史潮流而动，有些不合时宜，他与国人的争执表面上看是欧美之争，背后显示的是文化开放与狭隘之间的争执，是寻求建立自身独立品性的美国文化在吸收外来文化与故步自封之间的争执。

与亨利·詹姆斯形成一定程度对比的是那些在美国文化上乐观自信的美国人。如果可以称为不幸的话，那么不幸的是这些人代表了当时美国大多数人的心理。乐观自信是当时普遍的心态。像亨利·詹姆斯这样敢于对美国揭短的人只是少数。

所以，那些在欧洲的美国人表现出对于欧洲文化的排斥与漠然就不足为奇了。在欧洲游历的亨利·詹姆斯非常惊讶地发现，他的那些颇有教养的同胞们在欧洲竟会表现出如此令人惊讶的无知、偏见。他们在海外似乎也仍然活在美国殖民地的狭小圈子中，很少与当地人来往，对欧洲文化表现出令人吃惊的冷漠。

1872 年，当亨利·詹姆斯陪同爱默生一起参观巴黎卢浮宫时，这样说道："我对这样一个文雅、聪明的人却在艺术品旁边表现得这么反常无知感到惊讶。更准确地讲，他全然缺少某根琴弦；人生与文学的曲调只在剩下的琴弦上被弹奏出来。"❶ 即使连爱默生这样文雅的美国人在欧洲艺术品面前也表现出如此无知，这着实使亨利·詹姆斯感到惊讶。可见当时一般美国人对待欧洲文化的态度。他们不仅表现出无知，这种无知中带着偏见和排斥，在面对欧洲文学艺术时，连这些美国的文化精英都表现出如此冷漠排斥的态度，美国一般公众的态度也就可想而知。同样，霍桑在旅行欧洲回来后也写过一本游记，詹姆斯在评论这本游记时不满地写道："我们似乎看到他像最后一位纯洁的清教徒那样徜徉在教堂和画廊里——用他对黑色油画和冰冷的大理石的拘谨反应证明他对一种比较单纯、较少繁复的文明的忠诚。"❷ 面对自己的同胞对待欧洲文化的态度，亨利·詹姆斯感到痛心疾首，这并不是他理想中的美国人。

❶ Leon Edel. Henry James: A Life [M]. New York: Harper & Row, Publishers, 1985: 136.

❷ Leon Edel. Henry James: A Life [M]. New York: Harper & Row, Publishers, 1985: 121

亨利·詹姆斯理想中的美国人在他的一些作品中有所表现，如《一位女士的画像》中的伊莎贝尔·阿切尔，《使节》中的斯特瑞塞，《金碗》中的梅吉等人。他们身上都有一些共同的东西，如在精神上更加开放，不会恪守某种传统或既定准则；能够灵活接受新的经验，根据情况去调整自己的角度看待问题，使自己不断有所变化，有所成长；既能够坚守自己的道德准则，又能够根据变化调整思维，使自己逐渐走向成熟和智慧。他们最初来到欧洲时，大都带着爱默生式的个人主义理想，因而难免碰壁，但是他们并没有囿于自己文化的圈子，没有固守自己文化的传统，而是能够及时调整自己，努力吸纳其他文化中的有益成分。在他们身上，同时保留了美国文化中的自由精神和新鲜活力以及欧洲文化中的人文智慧和思想经验，这使得他们身上既体现出美国式的活力和积极，又体现出欧洲文化中的智识和教养。他们是亨利·詹姆斯心目中真正的年轻的美国人的代表。

二、文化碰撞中的沦落与固守

在亨利·詹姆斯的小说中，我们可以找到这些或完美或不完美的例子，来进一步说明詹姆斯小说的主旨。在他的早期小说《罗德里克·哈德逊》中，作者塑造了一个个人主义的典型。罗德里克·哈德逊生长在19世纪中叶一个新英格兰小镇，这是一个典型的清教风格的小镇，其沉闷闭塞令主人公难以忍受。小说中这样形容主人公对小镇的感受："他跟小镇居民没什么来往，他说他们很'粗鄙'。他忍受不了他妈妈的那些朋友，他们都是些老妇人、政府官员或茶会上的人，他们无聊透顶，简直要把他烦死。"❶ 这是一个典型的亨利·詹姆斯眼中的美国环境。这里的人们不懂艺术，不懂美，尽管主人公哈德逊对艺术抱有热情，但不得不听从

❶ Henry James. Novels 1871-1880 [M]. N. Y.: The Library of America, 1983: 186.

母亲的建议，去从事更加实用的律师职业，过着没有任何热情与创造的生活。从欧洲旅行归来的一个文艺爱好者罗兰·马里特在哈德逊的表姐家看到哈德逊制作的一尊雕像后，认为哈德逊富有艺术天分，竭力主张他去欧洲学习艺术并愿意资助他。像当时的一些美国人一样，年轻的哈德逊对欧洲文化无比向往，当得知自己有机会去欧洲深造时，兴奋的他毅然同过去断绝了关系，他砸碎了他为他们家的老朋友斯特里克先生创作的半身塑像。在美国与欧洲之间，他毫不犹豫地选择了欧洲，并认为这二者之间根本无法调和。初到欧洲的哈德逊，迫不及待地想要从里到外改变自己，小说中写到他刚到英国的土地上还不到半个小时，就已经觉得自己的穿戴简直像个乡巴佬，并决定要用最体面的装着来打扮自己。他从一开始就喜欢自己的住处，觉得自己在这里只待了一个小时，却比自己在原来的家乡北安普顿住了二十年所得到的灵感还多。他甚至愿意终生都生活在圣彼得教堂的阴影里，哪怕再也呼吸不到美国的空气也毫不在意。刚到欧洲的哈德逊即已生出再也不想回到家乡美国的想法，他认为自己生来就应该在欧洲这样的地方。在哈德逊眼里，美国和欧洲简直是两个截然不同、势不两立的地方，让二者协调起来几乎是不可能的。而他再也不想回到美国那个地方了，家乡已经成了让他感到耻辱的地方，他要彻底忘掉美国。亨利·詹姆斯在这里为我们塑造了一个美国文化的否定者和背叛者的形象。出国之前，哈德逊也曾相信“美国对他来说够好了。并且也认为作为一个忠诚的公民，始终站在自己祖国一边并致力于帮助它是应尽的义务”。❶ 但是，哈德逊很快迷失在对欧洲文化的迷恋中。他虽有良好的艺术天赋，却不愿为此付出努力和牺牲，他无所事事，被动地等待灵感的来临而不愿为创造灵感而努力。当他发现自己创作不出作品时便要求到外面的世界里寻找自由。在德国的一个旅游景点，他迷恋上了赌博，输了一笔钱。他非但不知悔改，反而又向自己的监护人借钱继续赌博。他迷恋上一个英国的女子——美丽的赖特小姐，在遭到拒绝后仍不可自拔，为此甘愿放弃自己的

❶ Henry James. Novels 1871-1880 [M]. N. Y.: The Library of America, 1983: 187.

天赋、艺术生涯、母亲、未婚妻、监护人等，沦落到失去理智的地步。哈德逊在欧洲的经历不得不以失败而告终。

年轻的哈德逊在欧洲的惨败经历是颇有象征意义的。对于哈德逊而言，欧洲就如同一个五光十色的梦想，从美国一个小镇上出来的哈德逊一头扎进这个美丽的梦想中，就像当时许多美国人那样，对欧洲文化的无比向往正映衬着他们对美国文化贫瘠的极度不满。他们把欧洲文化的这个美丽的梦与美国文化的贫瘠对立起来，一方面是对欧洲文化的如饥似渴的倾慕和不假思索、不加选择的吸收，另一方面是对美国文化的极度反感和不假思索、不加选择的抛弃。但是，可惜的是，哈德逊在选择放弃美国的文化贫瘠、落后和狭隘时，也放弃了美国精神那些固有的优秀而有价值的特质。亨利·詹姆斯在这里同样塑造了一个追求个人成功、寻找个人梦想的美国人，但是，在他身上所体现出的美国个人主义是不完美的个人主义，他丢掉了美国个人主义原则中那些优秀的特质，即对自我、他人、社会负有责任，并敢于为责任而努力，以及清教徒身上所特有的刻苦耐劳、勤勉守纪、自我克制的精神。遗憾的是，这些美国文化中特有的品质，在哈德逊把美国一股脑抛掉之后，也随之被抛弃了。在欧洲，作者借罗兰之口一针见血地指出他就是一个“完美的利己主义者”，罗兰不无激愤地说：“你很自私……你只考虑自己也只相信自己。你把别人当作你手掌中的玩物……如果别人相信了你，就像我这样，他会为此付出代价。”❶

初来乍到的哈德逊就像一个乡下人初次来到花花绿绿的大城市，他渴望自己能融入这个梦想之地，为自己从穷乡僻壤来到这里的身份、为自己那偏僻落后的家乡而感到困窘。这样的心态决定了他急于要否定过去的一切，摆脱掉过去的一切。在这里，亨利·詹姆斯为我们塑造了一个颇有象征意义的角色，年轻的哈德逊不是不热爱欧洲文化，而是急于要否定和丢弃自己的美国文化。亨利·詹姆斯是沐浴在超验主义思想中成长起来的，他深谙爱默生的个人主义思想，对于美国个人主义思想的积极主旨不可谓

❶ Henry James. Novels 1871-1880 [M]. N. Y.: The Library of America, 1983: 499.

不熟悉。爱默生在《自我信赖》一文中，除了强调个人的无上权力和价值外，也一再强调个人的职责。在爱默生看来，一个真正意义上的独立的强大的人，不仅只是拥有独立自主的人格、不依赖他人而生存的能力、努力追求自我价值的进取心，同时也是一个敢于对自己负责的人，他能够为自己的选择负责，为自己的行为负责，既不会畏惧权威和危险，也不会苟且偷生。只有这样的人才是真正配得起独立个人称号的人，才是一个真正依赖自我而不是外界的人。但是，哈德逊显然不是这样的人，尽管他也为追求自我意愿和价值，摆脱了美国社会、家庭、环境强加给他的束缚，但是，他止步于此。他看到了美国文化中的贫弱和这种贫弱对他的不利影响，也想走出去吸收欧洲文化，然而，他的吸收和抛弃都是缺少理性思考的。他盲目崇拜和吸取欧洲文化，同时又全盘否定和批判美国文化。他在热诚地拥抱欧洲文化的同时，却没有善加利用这种开阔心胸、充实自身的机会，而是使自身迷失在五光十色的欧洲文化中，成为离家出走却迷途在外的浪子。他对欧洲文化爱得很热烈，却爱得不聪明。他已经走出美国，走入欧洲文化的大门，却由于自身的原因始终没有真正进入欧洲文化的世界。

哈德逊失败的原因是：他虽有着良好天赋，但不愿为之付出努力，美国清教徒身上那种努力进取、追求成功、务实自律的特点在他身上荡然无存。他一次次陷入自我失控、道德失衡的麻烦中。他对美丽的赖特小姐的追求便是其中之一。赖特小姐的角色是一个具有象征意义的形象。她是造物主创造出来的美丽尤物，但是在她身上，美丽和邪恶并存，她是危险和腐朽的化身，也是堕落和利己的化身。她喜欢奢华，喜欢大型社交，喜欢被人注视，她承认自己是不道德的，她自己堕落，也使人堕落。她正像那个欧洲。亨利·詹姆斯在这里塑造的赖特小姐正是欧洲文明的化身，美丽，吸引人，却又充满腐化堕落的气息，外表的华美与内在的腐朽结合在一起。对于初到欧洲、年轻莽撞的美国人来说，她的美让人着迷，不可自拔，就像欧洲文化之于美国人一样。但是，这样的诱惑是危险的、致命的，一个没有成熟的经验和智慧、缺少见识和强大内心的年轻人很容易便深陷其中，被这一致命的诱惑所毁灭。哈德逊虽然对赖特小姐神魂颠倒，但并不真正懂得赖特小姐究竟是怎样的人，不明白这个堕落和美丽的结合体究竟是怎么回事，因而自己在她身上投入的执迷都是不明智的、盲目的，这就如同美国人对欧洲文化的盲目痴迷一样。哈德逊为赖特小姐而最终放弃自我前程和梦想，放弃自己的天赋，甚至放弃家人和幸福，也正如同他放弃美国文化的根基一样，都是一种蒙昧、盲目。亨利·詹姆斯在哈德逊身上所编织的故事，正反映了当时美国人在对待自身文化和欧洲文化上的错误。对于许多美国人来说，欧洲文化恰如赖特小姐一样令人着迷、充满诱惑力，但把自己投到这样一个腐朽和危险的事物上，不可避免会导致毁灭。赖特小姐对哈德逊的拒绝也正反映出欧洲文化对于一个失去自我身份、失去文化根基也失去民族自尊的美国人的拒绝。

假如一个人只学会了追求自我权利和自由，却没有学会驾驭这些权利和自由，没有学会自我负责，将个人权利和责任统一起来，那么，这个个人就不是真正意义上的自我信赖的个人，他只是一个不完全的个人，一个只知自由不知自律的个人，这样的个人最终无法真正强大起来，到头来只会沦为失败者，正如哈德逊最后自我毁灭的结局一样。

亨利·詹姆斯在这里讲述的是一个怀抱欧洲梦想来到欧洲又在此惨遭碰壁，一败涂地的美国人的故事，用文学为我们揭示了两种文化之间的碰撞。这不仅是对美国当时的时代的一种讲述，对其他民族也是一种很好的经验。许多民族都经历过文化之间的遭遇、碰撞所产生的种种或惨痛或辉煌或有益或有害的经验。不同民族之间的外部争端往往缘于不同文明之间的遭遇。美国并没有经历过这些民族所经历的亡国之痛、被殖民之痛，独立战争几乎是在比较“平静”的战争中取得胜利，战争后一直致力于按照自己的理念建设国家，文化建设随之兴起，与国家政治和经济建设一道构成美国建国历程。文化建设永远都是一个重大课题，美国在建国之后的经历也证明了这一点。即使一个没有经历过亡国之痛的民族也会面临文化上的自我身份问题，即使美国文化脱胎于英国和欧洲的文化，并不存在根本性的差异，美国在建国之后的自我文化建设历程仍然充满了挫败和教训。哈德逊最后的结局也充满了象征意味，他象征着年轻而不成熟、不完善的美国文化与古老、充满致命吸引力和腐朽气息的欧洲文化遭遇时的惨败。亨利·詹姆斯一直认为自己是与祖国争执的人，这种争执就是在面对两种不同文化之时所发生的心理错位。是以开放和热诚的心态去积极吸收、借鉴不同文化，还是以狭隘、盲目、固执的心态去拒绝和敌视不同文化，如何学习和吸收，如何看待自己的文化，什么是应该保留的，什么又是应该丢弃的，这些都是人们在面对两种不同文化时必然会面临的问题。

亨利·詹姆斯的另一部小说《美国人》则表现了美国文化在与欧洲文化相遇、碰撞之时产生的另一种反应，表现了美国人在对待欧洲文化时的另一种态度和结局。如果说《罗德里克·哈德逊》表现了一个对欧洲文化充满盲目崇拜，以致完全抛弃自身文化立场和优势，最终迷失在欧洲文化的繁华中的美国人，那么《美国人》则讲述了一个具有典型美国特征的美国人在面对欧洲古老的贵族文化时所遭遇的打击和失败，因其身上所体现出的典型的美国特征所带来的劣势和缺陷，主人公始终无法真正理解和走入欧洲文化。这两部小说可以说各自从不同的方面探讨了美国人在面对欧洲文化时所遇到的沉痛失败，美国文化在与欧洲文化相遇时显露出的种种问题，以及这两种文化之间的根本性差异。

正如美国人对待欧洲文化的态度显露出种种矛盾、困惑和隔阂一样，欧洲人对待美国人的态度也颇为复杂。这一次，亨利·詹姆斯直接以《美国人》作为小说标题，其用意已十分明显，究竟什么是美国人？亨利·詹姆斯仍然把美国人放在欧美文化冲突之中进行考察。小说中的主人公克里斯托弗·纽曼是一个颇为典型的美国人。从他的名字就可以看出，这是一个新的人（Newman）。他的名字颇耐人寻味，可见作者意图。主人公与克里斯托弗·哥伦布同名，巧合也好，故意也好，哥伦布当年从欧洲乘船来到新大陆，而现在主人公则是溯流而上，从新大陆前往欧洲。他的姓氏纽曼则寓意着“新的人”——美国人。对于欧洲来说，纽曼正是一个来自新大陆的新人，这个新人雄心勃勃地启程前往欧洲，他会在欧洲遭遇到什么呢？

作者赋予纽曼以典型的美国特征，从里到外，从精神到外表，都是美国式的。作者描写纽曼有着棕色的直发，古铜色的脸孔，五官分明，眼神冷峻、清澈，下颌宽平，脖子肌肉发达，这种相貌是一个典型的体魄健康、意志坚定、精明务实、吃过苦受过累、依靠自己奋斗取得成功的人。事实上，纽曼先生正是通过自己白手起家获得实业成功的一个典型的美国商人。这种外貌特征不同于欧洲贵族的那种精致文雅，小说中也说到有眼力的人会很容易辨认出纽曼身上的民族特征。不仅外貌如此，纽曼的个人经历也是一个典型的美国式成功的范例。他出身贫寒，不得不早早辍学，进入社会谋生，小小年纪就不得不面对生活的艰辛，独自闯荡。后来他参加了美国内战，并在战后及时抓住商机，依靠自己的勤奋努力迅速致富。纽曼的个人经历是典型性的，许多美国个人成功的实例与此大同小异。他们成功的因素一般会有这么几个关键词：出身草根，白手起家，实干加上头脑机敏和一些机遇，终于取得成功。美国社会是可以为普通人提供成功和致富的机会的，这与欧洲的贵族社会体制不同，是民主社会为人提供的最大益处。人们相信在美国可以凭借自身努力获取成功，而不必担心自己的出身。没有壁垒森严的等级制度，不必冲破权威体制和不公平的压制，人人都可以为自己争取到一份成功的希望。在这种社会中生长出来的人一旦来到欧洲氛围中，必定会表现出诸多困惑、不解、不适。纽曼带着自身的种种美国特征来到巴黎。除身世和经历外，纽曼身上其他典型的美国特征还有无处不在的商业意识，这一意识根深蒂固，已经融入人的所有观念、思维、行动中，以致他会不自觉地以此来衡量和处理一切事物，这种渗透一切之中的商业意识、利益准则和务实精神正是典型的美国特征。小说一开始就用一种素描的笔法描绘了纽曼在巴黎卢浮宫参观时的样子：“……提到的这位先生在软凳的最柔软部分占据了一个安静舒适的位置，他的头向后仰着，两腿摊开，正以一种他自己的姿态煞有介事、饶有兴趣地盯着穆里罗的美丽的清净受胎的圣母观瞧。他脱下帽子，将红色的导游小册子和观剧望远镜丢在一边。”❶ 他已经按照参观指南上所标出的带星号的展品参观路线，看完了所有这些展品，现在“他的注意力已经被耗尽，两眼发花，带着审美的头痛坐在那里”。❷“比起原作，他更热衷于观看在他前后周围走动的仿制品”，❸ 即姑娘们。他本是精明能干的小伙子，“事实上，他经常整夜坐在那里审阅他那雄厚的账簿，直到鸡叫也不会打一个哈欠。但是拉斐尔、提香、鲁本斯是一种全新的审美，他们让我们的朋友意识到，他人生中第一次，生出一种模糊的不自信”。❹ 这是一个初涉欧洲文化的年轻的美国人在欧洲艺术品面前所感到的力不从心。亨利·詹姆斯以漫画般的笔触勾勒出纽曼作为一个典型的美国人的种种特征，他那不得体的举止、懒散而随便的美国人做派，除了按照参观指南认真地走了个过场外，他几乎完全不懂艺术，在艺术面前毫无感知。亨利·詹姆斯毫不掩饰地揭示出美国人在欧洲文化艺术面前是多么无知、粗俗、缺乏教养，总之就是没文化。而更令人无奈的是，他们对自己的无知完全无知，完全意识不到自己的无知、粗鄙、缺乏教养，也不知道欧洲人如何带着内心的鄙视和冷漠看待自己。在某种程度上，纽曼先生身上带点堂吉诃德式的天真和无畏，他不了解他所处的环境和人事，不知道自己与周遭有多么格格不入，对周围环境中的敌意和危险视而不见，只一味带着自己的想法去行动，直来直去，终于招致碰壁。

当侨居法国的美国人特里斯特拉姆夫人想要给他介绍一门法国婚姻时，头脑简单的纽曼一口应承下来，这是他一直期望之事。赚了钱的纽曼到欧洲旅行，没有什么特别目的，一是为了补上欧洲文化艺术的一课，这是许多美国人在有钱之后迫切想要弥补的，二是在欧洲寻到一位结婚对象。因此当特里斯特拉姆夫人一提及此事，他便立刻表示，一旦介绍了一位符合要求的女人，他明天就可以同她结婚。对纽曼来说，婚姻就是一桩

❶ Henry James. Novels 1871-1880 [M]. N. Y.: Library of America, 1983: 515.
❷ Henry James. Novels 1871-1880 [M]. N. Y.: Library of America, 1983: 515.
❸ Henry James. Novels 1871-1880 [M]. N. Y.: Library of America, 1983: 515.
❹ Henry James. Novels 1871-1880 [M]. N. Y.: Library of America, 1983: 515.

大买卖，他要结婚是因为他需要婚姻，他年龄已经不小了，且单身生活孤单沉闷。他会睁大眼睛来做这桩买卖："我不仅不想犯错，而且还要做得漂亮。我要自己挑选，我的妻子必须是最棒的女人。"❶ 而这个最棒的女人的标准是使自己愉悦，如果能达到这一标准，他自然也会足够爱她。他这么多年辛苦赚钱的目的不就是为了这个吗？"我已经成功了，现在我拿我的成功做什么？为了让这个成功圆满，就像我设想的，这个成功上一定要坐着一个美丽的女人，就像纪念碑上要有一尊雕像。"❷ 这是一个典型的商人思维，婚姻对他来说就是一桩合算的生意，正如纽曼自己所说："我想拥有，一句话，市场上最好的物品。"❸ 冷静的特里斯特拉姆夫人显然对他的理由不以为然，她不无反感地说："我可没让你这么冷血和精于计算。"❹ 但还是为他介绍了一位美丽高贵的贵族小姐，孀居的辛特里夫人。纽曼在苦苦追求了六个月后，小姐家庭终于允诺了这门婚事。心满意足的纽曼像中了头彩一样到处宣扬，高高兴兴地准备着与小姐的定亲仪式。但是，在故事的结尾，一切都化为一场空欢喜。小姐的贵族家庭在这门婚姻上一直犹豫不决，最后之所以允诺小姐与纽曼先生结婚，背后的真正原因是这个贵族家庭的破落，他们急需用钱来支撑起这个行将腐朽的家族，纽曼先生的钱这个时候派上了用场。他们难道真的会看上纽曼先生本人吗？不错，纽曼先生的确富有，但没有家世、门第、贵族头衔，在他们眼中，他只不过是一个没有贵族身份的暴发户，一个出身低微、靠工作赚钱的商人。就像小说中纽曼在与辛特里夫人的哥哥的一段对话中表现出来的那样，辛特里的哥哥认为纽曼不高贵，这使纽曼非常吃惊，他不知道何以自己不够高贵，也不知道那些贵族头衔意味着什么，在他看来，自己靠劳动赚钱，并没有什么丢脸的。但是，正如辛特里夫人的哥哥毫不客气地指出的那样，正因为纽曼做过活儿，靠自己的劳动赚钱，所以他不够高

---

❶ Henry James. Novels 1871-1880 [M]. N. Y.: Library of America, 1983: 548.

❷ Henry James. Novels 1871-1880 [M]. N. Y.: Library of America, 1983: 548.

❸ Henry James. Novels 1871-1880 [M]. N. Y.: Library of America, 1983: 549.

❹ Henry James. Novels 1871-1880 [M]. N. Y.: Library of America, 1983: 548.

贵。这种价值观的差异正是欧美两种文化的差异。在美国人看来，靠自己的劳动赚钱、取得成功最为光荣，而在欧洲贵族眼里，这恰恰是最丢脸的事情。在美国这样一个民主社会中，没有贵族制度，没有等级之分，人人都可以凭借自己的勤劳和才能赚钱，民主社会本来就是要为人们提供这样的平等机会的，这也正是民主社会的精髓所在。所以，一直以“劳动最光荣”为价值观的纽曼无法理解辛特里夫人的哥哥那番声称自己不够高贵的话的含义。而在辛特里夫人的哥哥看来，靠双手劳动谋生是劳动者的事而不是贵族的生活。纽曼无论如何辩解、质疑，如何对自己的认知充满自信，也改变不了他人的看法，改变不了自己在这些贵族眼中不够高贵的事实。更令人忧虑的是，纽曼并不完全清楚自己在别人眼中不够高贵，他并不完全清楚这些贵族对他是鄙夷不屑的。他带着一厢情愿的想法去接近这些欧洲贵族，不能将自己放在一个正确的位置上进行估计，因而也无法预料自己即将面临的失败。

事实上，纽曼先生之所以在欧洲遭遇失败，除了他在欧洲文化和欧洲人面前表现得如此头脑简单，单纯率直，不够敏锐，缺乏对欧洲文化的了解，缺乏社交经验和人情世故的练达——总而言之，即缺乏足够的文化教养外，也是因为他身上根深蒂固的美国观念和美国思维，这些都深深浸透在他的生活中。当这些美国式特点遭遇欧洲文化时，便出现了种种文化冲突。还有一个原因是，纽曼先生始终不肯放弃自己身上的这些美国式特点，不愿敞开胸怀去接纳不同文化、观念，不愿放弃自身陋习、既定思维，不愿在新环境中主动改变自己，从不反省自身。更令人慨叹的是，纽曼顽固地坚守着美国优越论。同爱默生一样，纽曼身上也表现出对美国的极度自信，相信美国人是天定人选，担负着拯救世界的使命。这种盲目自信和乐观在纽曼身上表现得十分突出，演变成可笑的自负和优越感。纽曼身上所表现出的恰与哈德逊相反，哈德逊一心想要放弃自己的美国文化根基，不加分辨地投入欧洲文化中，而纽曼却始终抱持着美国理念，不肯试着去理解欧洲文化，不肯改变自身。前者终于迷失在欧洲文化的纷乱表象中，丧失了自我，而后者则被欧洲文化拒之门外，成为无法变通的美国人。他们二人也都在欧洲女子那里栽了跟头，经历了对欧洲美丽女子求而不得，终被拒绝的伤心事。这些美丽的欧洲女子就如同神秘美丽的欧洲，她们美丽然而腐败，高贵然而冷酷，虽然哈德逊和纽曼都算不上高尚智慧，但美丽的欧洲比他们更加堕落。

三、个人主义的成长

那么，什么样的人才算得上是真正的美国人，同时又去除了那些美国人身上固有的弱点，既能够保持自身的优秀品质，又能够在与欧洲文化接触中持有开放心态，使两种不同文化能够在自身融合，充分吸取其中的优势呢？亨利·詹姆斯在其杰出的小说《一位女士的画像》（*The Portrait of a Lady*，1881）中刻画了一个他理想中的美国人形象。

这部小说一出版便得到了评论界的肯定，英国评论家利维斯认为它是一部伟大的小说，是亨利·詹姆斯当时创作的巅峰之作，他把这部小说与《波士顿人》看作詹姆斯小说创作的两部出色作品，直言《一位女士的画像》是亨利·詹姆斯作品中最杰出的一部，也是最伟大的英语小说之一。小说的主人公伊莎贝尔·阿切尔生活在新英格兰地区的奥尔巴尼，也是亨利·詹姆斯的故乡。伊莎贝尔身上充满了一切美好的素质，她就像一道清泉流过人间，清澈、纯净、快乐、美丽、高贵，在她身上，人性似乎从没有被污染过，仍然保持着纯洁美妙。父母双亡后她来到姨妈所在的英国的“花园山庄”。这里景色宜人，姨妈一家待她很好，姨父更如慈父一般，她的表兄拉尔夫也对她爱护备至，甚至要求把自己遗产的一半赠送给伊莎贝尔。她的表兄拉尔夫是一个特别懂得她的美好，能够欣赏她的人，在拉尔夫眼里，伊莎贝尔宛如一件大自然的杰作，比那些人为的伟大艺术品更为宝贵，更为美好。年轻的女孩在这个如天堂般的地方获得了家庭温暖，也得到了两位优秀男士的追求。一位是英国勋爵沃顿先生，他对伊莎贝尔一见钟情，欣赏她的美好，苦苦追求多年。沃顿勋爵是一个典型的英国绅士，也是女性心目中的理想丈夫，他有着崇高的责任、无限的财富、显赫的权利，受到人们普遍尊敬。另一个是来自美国的成功实业家卡斯帕·戈德伍德。他们两人在同一天向伊莎贝尔求婚。女主人公的生活看起来真是无可挑剔，一切幸福和好运都围绕着她。她就像是童话中的公主，住在美丽的大房子中，四周都是喜爱她、保护她的人们，命运之神还没有出现来打击她，改变她的人生，还有比这更美满、更幸福的人生吗？一切如果就这样继续下去，伊莎贝尔的命运注定是一帆风顺的。

但是，有着强烈独立和自由意识，同时又有着复杂性格和丰富内心世界的伊莎贝尔渴望着另外的东西。她渴望成长，渴望丰富的人生体验，渴望生活的变化而不是一成不变，渴望获得新的知识、增长见识而不仅仅是一辈子生活在幸福的小圈子中。亨利·詹姆斯塑造的这个形象是一个勇敢者的形象。她是一个美国人，具有美国人身上所有不顾一切追求个人自由和权利的特征，同时，她又不是亨利·詹姆斯在《罗德里克·哈德逊》或《美国人》中所塑造的那些有缺陷的美国人形象。和她的那些美国同胞一样，她也同样强烈地要求个人独立和自由，同样不愿受约束，不愿待在新英格兰阴郁、落后、刻板的狭小天地中，渴望来到欧洲，接受欧洲文明的熏陶。和她的美国同胞一样，她也有着单纯率真的性格，每当遇到不解之事，便直言不讳地说出自己的想法，在欧洲那些富有教养的人们面前，她也常常会简单地理解问题，不明白言辞背后隐藏的含义，不明白人性背后掩藏和矫饰的一面。同样，她也和她的同胞一样，在欧洲文化面前，在欧洲人面前，必然经历碰壁、被骗、受挫的人生体验。但是，与前两个美国人不同的是，伊莎贝尔除了具有典型的美国人特征以外，更有着执着的追求自我价值和独立的信念，面对不同文化境域的接纳心态，敏感聪明的心性、勇气和高贵的品质。亨利·詹姆斯塑造了一个优秀的年轻的美国人，她不仅有着美国人身上那些优秀的品性，更敢于在欧洲文化面前坚持自我，既渴望学习成长又保持对他人的关心和尊重，即自我尊重和尊重他者。这是一个集中了个人主义观念美好特征的美国人形象。

同样，亨利·詹姆斯也把他的主人公放置在欧洲这个大背景下来展开故事，检验他的主人公，磨炼他的主人公。生活在满满幸福中的伊莎贝尔出人意料地同时拒绝了两位优秀求婚者。她的理由听上去完全不同于一般姑娘对于爱情和婚姻的认识。

伊莎贝尔对姑娘们心中理想婚姻同时也是理想生活的拒绝表现出女主人公真正高贵的品质和聪明的头脑，同时也开启了她不同于童话的人生。这是女主人公的自我选择，也是她自愿地把自己从无忧无虑的乐园中放逐到复杂的人间，因此也必然要经受世间的磨难。这正是女主人公身上不同凡响的高贵之处。亨利·詹姆斯似乎是在借此说明，一个真正优秀的美国人也必然要把自己放逐到世界文化中去，才能完成自身成长、成熟、蜕变的历程，才能真正成为一个美国人，成为一个胸怀广大、眼界开阔、富有文化教养、真正睿智而又勇敢无畏的人，一个爱默生意义上的真正“顶天立地”的人。这是爱默生理想中的个人，也是亨利·詹姆斯心目中的理想的美国人形象。一个理想的美国人，应是摆脱了文化偏见和自身局限，能够以更加宽广的心胸去看待其他文化，接纳其他文化，并保持了美国文化中宝贵的自由精神和道德活力的人，他应是一个国际化的而不是小家子气的、狭隘的人，一个有勇气面对未来并敢于承担责任的个人。在伊莎贝尔身上，似乎时机已经成熟，可以塑造出这么一个完善的美国人形象了。不过在真正成熟起来之前，作者还让他的主人公经历一番世事风雨，见识过人性的丑恶和复杂。

有着复杂性格的伊莎贝尔渴望外面的世界，渴望走出去体验不同的生活。虽然作为一个少女，她的人生阅历并不丰富，也缺乏实际生活经验，但她富有理想，对周围事物有着敏锐的感知力，品格宽厚又高尚。在她身上，一些美好的品德与一些性格中的缺点并存，比如她也有着不切实际的幻想，常带着天真之心去对待周围的一切，感情热烈却又缺乏必要的常识，有着理想主义的热情却又常常自负，这些都为她的人生埋下挫折的伏笔。但是，对于一个正在成长中的年轻人来说，尽管这些性格上的特点和人生阅历上的缺乏可能会给她带来伤害，但是，一个人如果足够坚忍顽强，又具有美好品德，便能够克服困难和打击，不断成长，逐渐强大。

伊莎贝尔的身上体现了美国的个人主义精神，这一个人主义精神不仅是爱默生思想的集中体现，更因为伊莎贝尔自身的成长经历使得这一个人主义精神得到了完善。亨利·詹姆斯通过刻画伊莎贝尔的形象不仅为爱默生个人主义作出很好的诠释，更加入了詹姆斯对于个人主义的理解，使之成为亨利·詹姆斯理解的美国个人主义的典范。

首先，伊莎贝尔身上体现出强烈的个人自由意识。这些对个人权利和自由的强烈要求不仅是伊莎贝尔身上的鲜明特色，也在亨利·詹姆斯其他小说主人公身上不同程度地有所体现，只是在伊莎贝尔身上，这种对个人自由、尊严、价值的强调显得更加勇敢，毫不妥协。这些鲜明的个人主义特色可以说是一种鲜明的民族精神。詹姆斯小说中的人物尽管千差万别，性格各异，命运不同，但这些鲜明的美国特色使得他们在人群中，尤其在欧洲文化范围内能够被人一眼认出。

作者写到伊莎贝尔的一个个人准则就是："伊莎贝尔·阿切尔的人生理论之一就是做一个十足独立的人，这既是她的幸运，与此同时，她也应该善加利用她的独立。"❶ 这一对自我的执着要求表现在她与姨妈的第一次接触中。在欧洲的姨妈在伊莎贝尔双亲去世，孤身一人时，来到她的身边，决定将她带到欧洲见见世面。这本该是让所有像伊莎贝尔这个年纪的美国年轻人欣喜若狂的事。不过，当性格冷漠自私的姨妈对伊莎贝尔说出"你只要表现好，一切照我说的去做，我就会带你去"❷ 这番话时，伊莎贝尔立刻不顺服地说："一切照你说的话去做吗？我不能保证做到。"❸ 当她的表兄拉尔夫开玩笑地对她说她是自己母亲的收留人时，伊莎贝尔立刻严肃地说："收留了我？哦，不，她没有收留我，我也不是等人来收留的

---

❶ Henry James. Novels 1881-1886 [M]. N. Y., The Library of America, 1985: 242.

❷ Henry James. Novels 1881-1886 [M]. N. Y., The Library of America, 1985: 218.

❸ Henry James. Novels 1881-1886 [M]. N. Y., The Library of America, 1985: 218.

候选人。”[1] 对于伊莎贝尔来说，没有什么比个人的尊严、自由更重要，她绝不会容忍个人意志被剥夺。她对个人自由的表现在方方面面，她对她的朋友梅尔夫人所说的一番话也鲜明地表达了这种态度：“我不知道我能不能很好地表达我自己，但我知道，其他没有什么能够表达我。属于我的任何东西都不能衡量我，相反，那是一种限制，一种障碍，一种完全的武断。……我选择穿什么，它们绝不能代表我，没人可以这样做！”[2] 这样的思想，这样的口气，几乎与她的美国思想领袖爱默生在大声表达自我时所说的如出一辙。爱默生也曾经这样毫无妥协地宣布：“我必须要做的是与我有关的事，而不是人们所想的事”，“那就让一个人认清自己的价值，把万物踩在自己的脚下。”他们都几乎是毫不客气、不容置疑地宣布了要依赖自己，个人的自由和尊严高于一切，只要自己不被外物所限，自己就是自己的主人，没有什么人、什么外物能够夺去这份自由。她拒绝了对于大多数女孩子而言梦寐以求的美满婚姻，其理由也是如此。当美国人戈德伍德向她求婚时，她的回答就像是一篇个人主义宣言，那种激烈的口吻如同一个勇敢捍卫个人自由的战士。小说这样描写她回答求婚者时的情景：

“我非常喜爱我的自由。如果这个世界上还有什么东西让我喜欢的话”，她接着说，刚才那庄严的口气又隐隐出现了，“那就是我个人的独立。”[3]

她又接着说：“我能做我选择去做的事，我属于那种非常独立的一类人。我无父无母，没有钱，我天性严肃，也不漂亮。因此，我不必害怕什么，也不必随波逐流。事实上，我也无法享受得起舒适的生活。此外，我试图自己做判断，我想，哪怕我的判断错了，也比不去自己判断强，我不要做羊群中的一只绵羊，我想自己去选择自己的命运，了解人生各种事

[1] Henry James. Novels 1881-1886 [M]. N. Y. , The Library of America, 1985: 209.

[2] Henry James. Novels 1881-1886 [M]. N. Y. , The Library of America, 1985: 398.

[3] Henry James. Novels 1881-1886 [M]. N. Y. , The Library of America, 1985: 356.

情，而不是局限于别人认为我可以知道的那些。”❶

当她拒绝了戈德伍德的求婚后，小说里这样描写她的感受：“她终于摆脱了他，就好像付清了一笔长期积压在心头的债务，拿到了盖了章的收据。她感到轻松愉快……她的激动不安实际来自两个方面：一部分是由于她跟戈德伍德先生作了长时间的争论，但其余的恐怕只是她由此发现了自己的力量，她为此感到兴奋”。❷

当伊莎贝尔的表兄拉尔夫询问他拒绝沃顿勋爵的理由时，她进一步说出了自己的想法：“我拒绝他就是因为他过于十全十美。我不是一个十全十美的人，我配不上他。而且，他的完美令我相形见绌。”❸ 拉尔夫能够理解他的表妹，他对她说：“如果你嫁给我们的朋友，你仍然会有你的未来——一个高贵而光明的未来。但是相对来说就有点平淡了。是那种事先都明确规定好了的，不会出现意外的。”❹ 伊莎贝尔断然说：“我看不出这有什么坏处，如果我不愿用婚姻来束缚自己，我不希望从婚姻来开始我的生活。一个女人还有别的事可做。”❺

作者描写在拒绝了两位优秀的求婚者之后的伊莎贝尔的心情：“她感到有些沾沾自喜，因为就在两个星期之内，她拒绝了两个热情的求婚者。她对卡斯帕·戈德伍德勇敢地表达了自己，她那爱好自由的精神，至今还几乎只停留在理论上，还没有机会去广泛地运用它。但是现在，她觉得她似乎已经做了什么，她品尝到了喜悦，哪怕这算不上什么战斗，至少也是一种胜利；她做了她选择去做的事。”❻

渴望生活、渴望自由的伊莎贝尔希望按照自己的想法来安排自身的命运，她自己的命运应该掌握在自己的手中，即使那将是错误的，即使可能

❶ Henry James. Novels 1881-1886［M］. N. Y.，The Library of America，1985：356.
❷ Henry James. Novels 1881-1886［M］. N. Y.，The Library of America，1985：359.
❸ Henry James. Novels 1881-1886［M］. N. Y.，The Library of America，1985：343.
❹ Henry James. Novels 1881-1886［M］. N. Y.，The Library of America，1985：344.
❺ Henry James. Novels 1881-1886［M］. N. Y.，The Library of America，1985：345.
❻ Henry James. Novels 1881-1886［M］. N. Y.，The Library of America，1985：359.

是一场灾难，但那是她自己的决定、自己的生活。正如亨利·詹姆斯笔下其他年轻的美国人一样，伊莎贝尔即使在一开始顺风顺水，一切美好的未来都展现在她眼前，她仍要经受她自己的命运。同她的其他同胞一样，作家仍然会把她置于欧洲文化中来展开她的命运。

亨利·詹姆斯笔下的每一个年轻的美国主人公到了欧洲以后，似乎都没有什么好命运。在欧洲这个与美国有着不同文化的地方，年轻的美国人身上所具有的美国特质无一不在欧洲文化中经受着考验。即使勇敢无畏、高尚聪敏如伊莎贝尔，也没有逃脱被打击的命运。伊莎贝尔身边一个年长的女性——梅尔夫人，在伊莎贝尔走出伊甸园之际，担当了她的人生导师的角色，但是，年轻的伊莎贝尔虽然有着出色的人品和聪敏的心性，缺乏的却是实实在在的人生经验，她虽有勇往直前追求自由的热情和决心，也不乏坚定果决，却缺少岁月积累的心智和冷静。她热切地向她的人生导师梅尔夫人学习各种人生经验和处世智慧，却没有料到万事绝非自己双眼所看到的那样。她年轻的心还不能想到在这些表象之下可能是丑恶和阴谋，她那单纯热情的美国人的天性使她还不能分辨更多复杂的善恶。

就像在伊甸园中被蛇诱惑偷吃了智慧果的夏娃一样，伊莎贝尔进入了现实生活的复杂和功利层面。当伊莎贝尔渴望从生活中获得更多知识时，她的姨夫老杜歇曾经对她说过，一个人知道得越多就越不愉快。人类克制不住好奇之心，渴望得到智慧，但得到智慧的代价是失去了乐园。人类从乐园中被逐出，失去了天真快乐，就要忍受漫漫无尽的磨难、痛苦。梅尔夫人把天真的伊莎贝尔引入实际生活中，她代表着实际的经验和社会的人生，伊莎贝尔一开始便为梅尔夫人身上成熟的气质所吸引，不由自主地为其折服，暗下决心要学习梅尔夫人身上的这种成熟。但是，伊莎贝尔很快便意识到，梅尔夫人是那样成熟老到，她已经变得太柔顺圆滑，也太纯熟、太高雅了。她是完美的社会动物，是一般男女所向往的典范。在她身上，那种健康的野性已经荡然无存。

作者安排女主人公意识到这些是有其深意的，聪明敏感的女主人公意识到梅尔夫人身上的成熟并非一种真正的人生经验和智慧的结晶，而是一种老于世故的圆滑和处心积虑的心机。亨利·詹姆斯在其小说中会不时写到这种世故型的人物。在他的主人公——一个年轻的、初涉欧洲社会的美国人来到这个变幻莫测、五光十色的生活场景中时，总会有那么一些人，他们横跨欧美之间，对两种文化都了如指掌，他们身上可能已经没有了美国本土的土气、笨拙、眼界狭小等特征，多出了一份在欧洲文化熏陶之下的高雅和从容。他们亦欧亦美，比起他们的同胞来，他们在欧洲多年的生活经历使得他们在异国文化中游刃有余。他们了解自己同胞身上的弱点，有时他们是这些从蛮荒之地来到文明之地的同胞的引路人，有时又打着亦正亦邪的气质将主人公的命运引向歧路。即使在《波士顿人》这部纯粹发生在美国本土的故事中，也会有如钱塞勒小姐那样老于世故、周旋于各色人等之间、像商人一样精明的社交达人，在这部小说中，钱塞勒小姐所扮演的是天真纯洁的维里纳的引路人角色。在亨利·詹姆斯的小说中，无论是写到欧美文化差异的主题，还是写到美国民族性的主题，无一例外都会触及一个更为根本也更为宽泛的主题：天真与经验。在他的小说中，主人公往往是一个年轻的、天真的、未见过世面的美国人，而他或她所要面对的往往是一个老于世故、成熟、更加社会化的人或一个古老、充满历史经验、拥有更高文明因而看来也更强大的势力，比如欧洲。这些年轻人在这些更成熟老到的人或事物面前几乎注定要遭遇挫败：或被骗，或被欺。相形之下，他们在这些更富有经验和智慧的人或事物面前常常显出特别的天真、幼稚，那些成熟老到、富有经验和智慧的人或事物可以将他们轻易地玩弄于股掌之中。从亨利·詹姆斯的小说中，我们可以感受到他在这些人物身上倾注的复杂心情，他对这些人物从内心发出的怜悯的叹息。这个主题，即詹姆斯所一再写到的美国文化与欧洲文化碰撞的主题，常常表现为美国人的天真的弱势和欧洲的成熟的强势。但是，尽管美国人在欧洲文化面前一再表现出简单幼稚，从另一方面来讲，简单幼稚同时意味着年轻、活力、旺盛、未来，正如伊莎贝尔在评价梅尔夫人时说的那样，虽然梅尔夫人成熟高雅，精于世故，但缺少了健康的野性。这种健康的野性不仅是女主人公伊莎贝尔身上所具备的，其实也正是亨利·詹姆斯笔下许多年轻的美国人所具备的。相比于欧洲文化的精致和高雅，美国文化以及美国人身上体现出的恰是与之相对的粗糙和鄙俗，不过，短暂的历史虽然在文化上表现出粗俗浅薄的特点，却也同时为文化发展提供了潜在的可能性，虽然简单粗糙，却又有着尚未开发的野性和活力，这是美国文化不同于欧洲文化的优势。亨利·詹姆斯在小说中一方面写到这些美国人身上强烈的个人主义特征，另一方面这些特征又与欧洲文化中的腐败和没落形成对比。

在亨利·詹姆斯看来，一个真正的美国人应该是既以开放的心胸吸收欧洲文化精华，努力建设自身文化，提升文化修养，又能够保持自身独有的自由精神和生命活力，这样的美国人才是他心目中理想的美国人。

老于计算的梅尔夫人在得知伊莎贝尔将得到一大笔遗产之后，将自己的老情人奥斯蒙德介绍给她，希图以伊莎贝尔的遗产为他们的私生女帕茜带来一笔丰厚的嫁妆。奥斯蒙德不过是一个浪荡艺术家，一无所有，与前两名求婚者相比，条件相差甚远，然而，不幸的是，正是这样一个毫无长处的半吊子艺术家却赢得了伊莎贝尔的好感。看起来似乎不可思议，但是，对于伊莎贝尔这样一个不愿将自己随便托付给任何有钱有势的人，不想以自己的自由和独立为代价去换取一个任何姑娘都乐意拥有的所谓理想婚姻的姑娘，通常的方式可能打动不了她的芳心，相反，一个看似潦倒的艺术家的一番假惺惺的做派却很容易引起一个有着高尚情操、怜悯之心、决心要以自己的力量去帮助别人的姑娘的同情之心。伊莎贝尔那时觉得自己身上充满了一种随时为别人奉献爱心的力量和幸福感。只可惜，这样一种高尚的爱心却没有落在值得的人身上。尽管伊莎贝尔作为一名纯洁、高贵、坚强、聪明的女性，有着诸多优点，这些优点足以使她过上幸福的生活，为自己赢得好的人生，但是，作为一个年轻的美国人，她那不谙世事、单纯直率的民族特征再一次显露出在这个人情复杂、精于世故的社会中的劣势。在一定程度上，伊莎贝尔和她的美国同胞一样，身上都多少带有堂吉诃德式的特点，在面对复杂人世时，常常从自己的意愿和理解出发，去判断人世间的一切，而他们那单纯率真的特性又常常使他们看不到自己这样做会招致什么样的后果。伊莎贝尔无论多么聪明敏锐，却终究囿于自己的这一近乎是标签性的民族特点。

我们还应该注意到，亨利·詹姆斯是在爱默生的超验主义思想影响下形成自己的思想的，他笔下的许多人物都带有爱默生式的个人主义烙印，时时让人想起爱默生的超验主义理想和超验主义的巨人特征。从伊莎贝尔声明自己的独立开始，伊莎贝尔身上的那种爱默生的个人主义特征就从未消失过，它们不时出现在各种场景中。事实上，伊莎贝尔正是一个典型的爱默生思想影响下的个人主义形象，她在拒绝两位求婚者时，背后的动机仍是爱默生式的个人主义。她之所以拒绝戈德伍德，是因为戈德伍德身上那种不容置疑的权威感，那种不顾别人想法的命令式的方式令伊莎贝尔无法接受，她不想由别人安排自己的生活，不想在婚姻中只被动地听从别人的指挥。而她之所以拒绝完美的绅士沃顿勋爵，是因为不想在婚姻中丧失自我。沃顿勋爵太十全十美，这种过于完美的生活一定会束缚她那狂野的渴望自由的心。伊莎贝尔意识到了这一点，不同于其他温顺的姑娘，她不想把自己捆绑在任何一种形式的束缚中，她要自由自在地按照自己的意愿生活。这里爱默生式的毫不妥协的个人主义原则一再出现在女主人公的行为中，决定着她的生活。可惜，像伊莎贝尔这样独立自强的女性却轻易地将爱心奉献给了一个伪君子。这里我们似乎再次感受到爱默生式的个人主义的理想主义色彩：在爱默生满怀激情地颂扬个体独立及其价值时，似乎过于乐观了。个人的独立、自由、权利、价值等这些高尚的东西都被夸大和美化了。爱默生式的个人主义是一个激情四射的理性的个人主义，这样的个人主义在理论上充满积极的能量和鼓舞人心的意义，但是一旦处于现实中，又会怎样呢？聪明而又富有美德的女主人公伊莎贝尔却没能看出故作姿态的奥斯蒙德背后的无情、虚伪和梅尔夫人老练、优雅背后的冷酷、自私。她在拒绝了真正的绅士沃顿勋爵和优秀的青年戈德伍德后，却把奥斯蒙德视作一个完美无缺的男人，她在宣布自己不能从婚姻开始自己的人生之后，却用高尚的道德感和奉献精神把自己绑缚在了一桩错误的婚姻上。

这样一个近于完美的女主人公在摒除了哈德逊的迷乱、纽曼的鲁钝之后，仍然跌进了欧洲这个复杂社会的陷阱中，再一次成为一个在欧洲文化中遭遇挫折的美国人。伊莎贝尔很快发现自己婚姻的错误，在残酷的现实面前，她那爱默生式的理想的个人主义信念经受了最严峻的打击，婚姻之前的那种不顾一切的个人自由理念，以及追求崇高理想却看不到现实的丑恶、人性复杂的理想主义，在现实面前轻而易举地碰壁了。伊莎贝尔在对梅尔夫人谈到自己的个人主义思想时，老练的梅尔夫人曾经意味深长地说："那是你还太不懂事。要是你经历过我这么长的生活，你就会明白，每个人都有他的外壳，你必须把这个外壳也考虑在内。所谓外壳，我指的就是他整个的生活环境。世界上没有孤立的男人或女人，没有。我们人都是由一些附属物构成的。我们所谓一个人的'本身'是什么？它从哪里开始，又在哪里结束？它注入了属于我们的一切，然后又流回来。"❶ 老于世故的梅尔夫人的这番话说得不错，对于伊莎贝尔来说，这的确是针对个人主义思想的一番告诫。

但是，故事并没有到此结束，否则伊莎贝尔就会和她的其他美国同胞一样，再次成为异国文化的战利品。与其他美国人不同，意识到自己婚姻失败的伊莎贝尔开始认真反省自己，她把自己的过去、现在和将来进行一番认认真真的思考。在人生的失败面前，在自己的错误面前，她没有怨天尤人，没有像哈德逊那样失去理性，自暴自弃，也没有向纽曼那样气得发疯，而是对自身进行反省，也对周围社会进行重新认识。这样的一次错误，在有些人身上可能是致命的、无法释怀的，而在伊莎贝尔身上，反而促使她从天真的少女成长起来。这样的不幸对于一个勇于面对生活、承担责任的勇敢者来说，反而是一次成熟和强大的契机。伊莎贝尔从头审视了自己、生活、人性之后，终于明白，现实中的人性是复杂的，绝不像表面看去那么美好，鲜花中可能藏有毒蛇，一个真正高贵的人是心灵的高贵和自由，表面上的温文尔雅绝不代表心灵的修养，她痛感自己和奥斯蒙德这

❶ Henry James. Novels 1881-1886 [M]. N. Y., The Library of America, 1985: 397.

类人是多么格格不入。这门不幸的婚姻给伊莎贝尔上了一堂人生现实的课，使她认识到人性的复杂、伪善，而这些在她以前是不愿看到的。她在自己婚姻的失败中认识了生活，认识了自己，这成为她人生成长中的一次重要经历。她曾经说过，想要通过自己去认识生活，经历生活中的痛苦，现在她经历了，虽然这代价有点大，但是，对于像伊莎贝尔这样勇敢的女主人公来说，她反而因此成熟起来。

当爱默生式的理想的个人主义在现实中遭遇挫败后，作者并没有让他的人物止于此，个人主义的真正精髓不仅是个人不可侵犯的自由、权利和尊严，还有个人不懈的努力、进取、奋斗，个人的责任。在爱默生这里，这个个人是坚强的、进取的、勇敢的、不妥协的，爱默生用他的理想主义和乐观精神为我们描绘了一个强者形象，一个真正的强大的个人。因此，这个个人才有可能摆脱一切外在束缚，做一个"顶天立地"的人。爱默生在强调个人绝对自由的同时，也指出了个人不向任何外界妥协的可贵品质。如果伊莎贝尔要做一个真正具有个人主义精神的人，就一定不能只强调个人自由却又忍受不了任何失败。哈德逊就是这样的人，而无论哈德逊还是纽曼，都不能从自身反省错误，只一味怨天尤人。伊莎贝尔认识到，"她坚定不移地相信，世界是光明的，人在其中可以自由发展，行为可以不受限制。"❶ 而现在，她终于明白一个人的自由不是无限制的，而是非常有限的。亨利·詹姆斯在谈到爱默生对人性的乐观态度时曾经说过这样的话："他对坏的事物缺乏一种敏感性，对注重道德的人而言，他的感觉实在是非常有限，他缺乏对黑暗、龌龊、卑劣的感知。"❷ 里昂·艾德尔也曾经说过："生活从来没有使得爱默生朝向灵魂之外的东西望去。"❸ 钱满素在《爱默生和中国》中这样说："过于信任人性的善良经常暴露出人的认识与现实之间的差距。爱默生对人性的极端乐观也曾受到许多美国作

---

❶ Henry James. Novels 1881-1886 [M]. N. Y., The Library of America, 1985: 241.

❷ Milton R. Konitz, Stephen E. Whicher. Emerson: A Collection of Critical Essays [M]. New Jersey: Prentice Hall, Englewood Cliffs, 1962: 47.

❸ Leon Edel. Henry James: A Life [M]. New York: Harper & Row, Publishers, 1985: 121.

家的质疑。”[1] 亨利·詹姆斯是在将爱默生的超验主义理想放在现实中，尤其是放在欧洲文化的现实中去考察，去看它的意义和缺陷、它的理论和实际效果。事实上，亨利·詹姆斯对爱默生的理论是有所怀疑的。伊莎贝尔在现实中的惨痛经历既是一个天真的美国人在老练的欧洲文化背景中遭遇的挫败，又是爱默生式的个人主义理想在现实世界中遭受的打击。与其说爱默生的个人主义是乐观的，不如说是理想的，爱默生以满腔热情呼唤人类灵魂中高尚精神，把灵魂看作世间最根本、最重要之事。他并非认识不到灵魂之外的事，认识不到现实与人性中的丑恶复杂，而更多是不愿把这些丑陋浅薄放在他的思考范围之内，他把自己的哲学建立在理想基础上，也就把个人主义、自由、尊严、勇气等这些品质放置在一个理想层面上，以致人们在看到这些闪闪发光的品质时，会情不自禁地将它们作为美好、高尚、激动人心的事物与信仰。

但是，爱默生的个人主义在这里是否已经被证明是失败的呢？什么才是真正的美国个人主义、真正的美国人和美国精神呢？事实上，亨利·詹姆斯在把他的主人公置于小说环境中加以考察，又把这些问题和思考呈现在读者面前后，也在思考这些问题。在婚姻中遭遇不幸的伊莎贝尔经过思考，在返回花园山庄陪伴表兄走过人生最后时光后，不顾朋友们的激烈反对，重又回到她那种已经死亡的婚姻中。这种结局看似不可理解，当时许多读者在读到最后时都纷纷表示了不满与不解，认为作者这样做是对人物形象不负责，还有读者认为伊莎贝尔是一个冷酷自私的人，她这样做只是为了满足她对世界的单方面的想象。但是，也有一些评论家为小说人物性格的刻画叫好。曾经那样酷爱自由、不能容忍任何束缚的伊莎贝尔，在思考之后重又回到婚姻中，不是她在婚姻中妥协了，而是她对奥斯蒙德的私生女帕茜产生了无法断然离开的关爱。在这里，伊莎贝尔坚定的责任意识与奉献精神再一次体现出来。如何理解这种责任感与奉献精神呢？难道这种自我约束和牺牲不是与个人自由和叛逆精神背道而驰的吗？经历了人生

---

[1] 钱满素．爱默生和中国［M］．北京：读书·生活·新知三联书店，1996：176.

痛苦和失败的伊莎贝尔在认识了自由与现实之间的关系，认识了人性表象与本质之间的关系后，选择了牺牲自我利益和承担责任。她自然是不会再爱奥斯蒙德，再对他有什么幻想了，在婚姻已经死亡的情况下，她选择了蔑视，而不是离开。在与奥斯蒙德的关系中，她已经越来越摆脱掉对他的幻想、依附，在没有爱情的婚姻中，她重又变成了独立的不可被主宰的人，她把自己的爱给了一个比她自己更为可怜、更为不幸的女孩——奥斯蒙德的女儿帕茜。帕茜只是他父亲的摇钱树，他只想让她嫁进豪门，以满足自己虚荣的野心。帕茜与伊莎贝尔建立了深切的感情，她把伊莎贝尔当作自己唯一的希望。这种感情依赖再次唤起了伊莎贝尔的爱心和责任感。小说到了这里，我们似乎看到了一个爱默生式理想的个人主义者正在走向一个绝对个人自由的反面，一个为责任、爱心、公正而牺牲自己自由的人，一个为他人利益而牺牲自己利益的人。这样的人还是当初那个意气风发、高声宣布没有任何人能够剥夺她的权利，她绝不会为任何人、任何事而出卖自己自由的那个年轻的美国个人主义者吗？

这部小说刻画了伊莎贝尔这样一个年轻的美国人如何从天真热情、追求绝对个人自由主义直至走向成熟的过程。与小说开头形成对比，在小说结尾，伊莎贝尔从一个不顾一切追求个人自由，不愿受到任何外界约束的年轻人变成一个以责任为重，努力践行诺言，为他人而甘愿牺牲自己的自由，具有奉献精神，约束自我的人。这样一种前后变化，其反差之大，令许多读者不解，也禁不住为伊莎贝尔的未来感叹。亨利·詹姆斯在这部小说中将一个年轻的奉行个人主义的美国人的精神成长和蜕变过程刻画了出来，这部小说成为亨利·詹姆斯早期欧美题材小说中的顶峰之作。作者也成功地刻画了一个理想的年轻的美国人形象。像对待他的其他主人公一样，他也把女主人公放置在欧洲环境中展现她的性格、精神发展历程、命运以及美国气质。这样做可以达到三种目的：一是继续探讨他一直以来思索的欧美文化碰撞问题；二是只有在将美国文化与欧洲文化放在一起，才能更准确、深入地考察美国文化、欧美文化之间的差异以及冲突；三是将主人公置于文化差异中显示他们的性格、思想和命运，从而在冲突和对抗中推进情节，激发主人公身上的性格特质，以此进一步揭示欧美文化冲突的深刻含义。

在将主人公放到欧洲文化环境中时，随着情节的展开、主人公命运的变化，他（她）身上的性格特征以及这些特征中的美国元素才会随之展现出来，这些主人公无一例外在欧洲文化环境中遭遇了惨痛的挫败，或被欺骗，或被拒绝，他们就像他们自己身份所代表的那个国家一样，在欧洲文化面前总是得出力不从心，天真单纯到傻乎乎的程度，被人欺骗却不自知。在老牌欧洲文化面前，在它的历史和文化的智慧和世故面前，他们完全是一副年轻人不谙世事、缺乏经验、易被哄骗的样子，却又颇为自信甚至自负，这些年轻人身上几乎都程度不同地带有这些特点。与欧洲人不同，他们天生就相信人人平等，人可以凭借自己的力量去获取一切，包括用金钱去获得，这在《美国人》中的纽曼身上极其明显地表现出来。他们都不愿受到约束，强调个人自由和权利，从来不相信所谓差别，在老于世故的欧洲人眼里就像一个不懂人情世故的小孩子。他们要成长，须得从欧洲这里获得经验，包括失败的经验，欧洲就是他们成长和受挫的一个最好的地方。因为如果他们一直生活在美国，他们就会一直是他们原来的样子，一直保持着美国人的特征和观念，只有让这种美国化的特征和观念来到一个陌生的文化中，他们才会在不同文化的对比、碰撞、较量、交流中分辨差异，学会从不同视角、以不同思维去看问题，从而发现自身问题，看到美国文化中的缺陷与不足，进而增长智慧，修正自己，从文化单一状态中走出来，完成自我成长的蜕变。当然，这个过程不是所有人都能够正确经历的，有人在挫败中依然无法修正自己，仍然故步自封地做一个乡巴佬式的美国人，有人无法承受失败，也有人通过失败而反思自身，重新看待世界，并能够以真正美国人对自我独立、自由、价值、尊严的理解完成自身的蜕变，就像伊莎贝尔这样。

第五章

个人主义的流变

一、天真与成长

不仅是亨利·詹姆斯在小说中表现了美国人的精神成长历程，这一主题也同时出现在当时许多作家作品中，当时，美国那些最为出色的作家都曾以各自的方式和思索过这一主题。这种带有民族性的主题的出现不是偶然的，而是带有当时历史时期的文化特征，在当时的美国，一切都是新生的，新生的国家，新生的政府，正在形成中的社会和各种组织结构，文化的建立更是摆在大家面前的紧迫之事。这是一个从头到脚都是新的、正在形成之中的国家，在人类历史上凭空建立一个国家，在没有前人经验的基础上建设一个新的政体，在脱离欧洲母体之时形成自己的文化、理念和民族教养，这一切都是摆在一个新生国家面前的重要事情。在这样一种情形下，一种完全崭新的体验和一种没有经验可资借鉴的茫然无措同时存在于美国国家形成和上升时期。美国人独立自主、追求自由创造的精神以及清教徒那种努力奋斗、积聚财富、渴望成功的特点，加之美国成功建立其民主政体，在建国直至崛起的这段时期内一直不断推行的领土扩张政策等，使得美国在短时间内迅速崛起，成为世界强国。此时美国的经济飞速发展，老牌的欧洲却已开始走下坡路。这使得美国人得以在短时间内迅速建立起强大的自信心甚至是盲目的乐观，这一点在商人纽曼身上体现得很明显。经济上的迅速崛起比较轻易地弥补了美国在文化上的天然弱势，使美国人在欧洲人面前不会显得那么缺乏底气。但是，文化上的缺欠毕竟是美国人最大的问题，也是他们最大的心病，在这种情形下，美国人在对待欧洲文化时才会出现各种不同态度，表现出各种不同的行为。他们就像是一个正在成长中的年轻人，年轻，富有活力，身上蕴藏着巨大潜力，渴望成功，一直以来无拘无束，极度重视个人自由和权利，但是，也正因为年轻，也就简单，天真，鲁莽，缺乏经验，缺少人生累积的智慧，对自身和周围都表现出缺乏深入理解的迟钝。而这个年轻人又通过自己的力量摆脱了曾经的控制，又凭借自己的力量建立起了自己的国家，并迅速在力量上超越曾经控制他的作为家长似的权威者，这不能不令他在懵懂无知之时又无所畏惧，在习惯了自我依赖的自由之时不免与曾经的家长发生冲突，在为自己的年轻感到自卑之时又为自己正在成长中的能力而沾沾自喜。总而言之，这个民族正像一个成长中的年轻人。他所具有的最大优势和劣势便是这种年轻，这也正是欧洲人身上已经丧失了的所谓野性的力量。

美国人到欧洲就像一个年轻人初入社会，他必然要经历一个年轻人进入社会时将会经历的种种，而挫败、碰壁、被欺等就是这其中非常重要的人生课。亨利·詹姆斯笔下的这些年轻的美国人无一例外都遭遇了这些挫败的经历，往往是撞得头破血流，付出了惨痛的代价。从天真到成熟的过程，作为年轻人，人人都要经历，人人都会遭遇各种不同的经历。这是一个人在年轻时必然要走的路，必然要经历的过程，必然要习得的人生课程。在此过程中，他的认知逐渐变得宽广、深刻、敏锐，他不断积累自己的心智，弥补自己的缺失，修正自己的错误，磨炼自己的心性，从而一步步走向成熟。作为个人，谁都知道一个年轻人是如何在社会这个复杂的环境中成长起来的，他一定要不断经历各种挫败和磨炼。对于一个民族来说，这个道理依然适用。世界上大多数民族都是在自然环境中，顺应自然条件而逐渐成长起来的。但我们都知道美国是个例外。这是在世界民族发展历史上绝无仅有的例子。越是时至今日，我们越是更多看到、关注着美国作为一个世界霸权国家所发生的各种领域的问题，其实，我们也应该看到并关注这个民族在发展之初曾经发生的种种事情。就像一个年轻人必然要经历各种事情才能懂事长大一样，美国在建国之后一段历史时期所经历的事情以及种种表现正是美国在崛起为世界强国并膨胀为世界霸权国家的过程。这个过程值得发掘和深思，但可惜的是，我们往往关注的是这个国家如何强大起来的那些外在表现，更多看到的是那些物质层面的东西，对美国的政治、经济、军事、外交、法律、科技等进行了许多探讨和研究，但是对美国文化和精神层面的研究相对较少，或在研究过程中往往只在某一学科领域进行，缺少较为整体性的认识和综合研究。任何一个民族都有一个诞生、成长、演变的历程，而美国这个特殊的国家在其诞生和成长之时所出现的各种现象，表明美国在其成长过程中的最优势之处和最缺失之处究竟是什么。

事实上，美国在经历了两百多年的发展历程之后，直到今天，我们依然可以发现，美国在今天最缺失的依然还是文化。这倒并不是说美国没有文化或美国文化不够文明、不够高级，这里所说的缺失依然是指美国在历史缺失的情况下所面临的文化单薄。不错，美国文化在今天已经在全球范围内得到最大化的普及，也创造了一些世界性的奇迹，当今世界上几乎没有哪个国家能够像美国一样，其文化被如此撒满世界，弥漫到世界各个偏僻的角落，其中的一些文化理念和价值观被如此普及，以致它们几乎已不被当作美国制造，而是被当作普遍的真理接受下来，一些理念和价值观如此深入人们的思想，以致当今世界上谁不知道自由、民主、人权这些概念呢？个人主义也是其中之一，人们即使不知道个人主义这个词汇的真正含义，却一定会知道所谓个人自由、个人价值、独立这些字眼。

个人主义是当今世界上最为普及的概念之一，已广为人知。但是，个人主义作为一个概念如何在美国这块土地上生根发芽，不断成长，以致成为包含许多美国独有的理念的具有典型美国特色的思想，也是经历一段发展历程的。个人主义的发展历程正像是美国国家的发展历程一样，它不仅与美国国家建立前后的历史发展保持同步，而且，因其所具有的内涵代表了典型的美国理念，故而其发展历程也可以典型地反映出美国思想发展的历程，从某种程度上说，美国个人主义发展的历史就是美国思想、价值观、文化建立和发展的历史。这样说并不为过。美国个人主义中所蕴含的基本理念和精神正是典型地说明了美国文化中的基本理念、价值观和民族精神。

随着美国国际地位和国际影响力攀升到顶点，美国文化也迅速传遍世界各地。美国文化成为最具有世界影响力、普及最为广泛的文化之一。美国的自由主义、个人主义、实用主义哲学、后现代主义、多元文化、娱乐和消费文化、科技影响力等已被世界各国广泛接受。这种情况不能不说明美国文化影响力之强大。不错，从这些方面看，美国如何没有文化呢？美国不仅不是没有文化，而且有着相当具有穿透力的文化，它可以把自己的影响力辐射到世界各个角落。但是，美国文化仍然表现为缺失，这种缺失主要是指美国文化在一种历史缺失的状态下所导致的文化快熟化、文化大众化、文化实用化、文化商业化、文化零散化、文化浅显化、文化娱乐化。当然，这种当今社会中出现的文化现象不仅出现于美国，在世界各地也同样发生，整个世界都在向这一方向变化。不过，这些现象并非美国独有，也不能说肇始于美国。但是，美国作为当今世界上的头号强国，其国际影响力也足以将它的文化迅速传播开去。同时，美国因其普遍实行的民主政体，为这种文化的形成提供了天然的土壤，使这种文化可以生成壮大。

美国文化因缺乏历史而带有先天性的薄弱，这是美国文化先天性的问题。并不是说一个民族历史短暂就一定会文化薄弱，而是说历史在一个民族文化生成过程中所起到的作用非常重要。一个民族文化的生成、成长、演进是一个渐进性的过程，也是一个漫长、复杂的过程，其生成、成长、变化的历程与其民族成长、演进的历程同步。一个民族经历了什么样的发展演进过程，其文化就经历了一个怎样的发展、演进过程。如果以人的成长过程作比，那么一个民族的成长过程就如同一个人的成长发育过程一样，也会经历诞生、童年、青年、成年、成熟的过程，就像一个人必经的生命过程一样。当个体生命经历人生必须经历的成长过程而逐渐走向成熟时，其精神世界、经验和智慧也随之提升，进入真正成熟的阶段。这是人生必经的过程，也是一个民族成长必经的过程，自然也是其文化需要经历的过程。我们之所以说美国因其历史短暂而缺少文化，指的就是这种情况。虽然历史短暂实属自然情况，非人为所能达到，但是，没有经历过长时间自然成长过程的美国文化注定在一些必要的方面有所缺失。上文提到过爱默生以及亨利·詹姆斯时代的美国民族正像一个正在成长中的年轻人，他因为尚未经历过成长过程中必经的一些阶段而只能停留在年轻人的状态中。一个民族成长的历史为什么对会对一个民族产生如此重要的影响？难道一个民族不可以在前人经验和智慧的基础上迅速成长起来，成熟起来吗？难道一个民族必须要经历漫长的时间过程才能走向成熟的年长的智慧吗？我们说过，美国民族得天独厚的条件是没有过往历史，而它的自然缺陷也正在于此。在没有过往历史的情况下，一个国家可以在一张白纸上书写自己的奇迹，可以按照自己的意愿去设计、建立一个理想中的国家，而不必经历打破传统甚至革命流血的艰难和残酷，也不必经历在一种传统束缚下长期停滞不前、不得创新的停顿，它完全可以按照自己的意愿来行事，它是自由的、不受束缚的，它比较轻易就获得了它想要的东西，获得了某种成功。另一个非常利好的是，它可以站在其他民族多文化的肩膀上来建立国家，直接从其他民族文化思想中汲取养分为我所用，而不必自己亲身经历各种惨痛的教训，走过漫长曲折的弯路。因此它的成功可以比较容易，也可以比较快捷。这是美国这样一个缺乏历史的民族在建立国家时所拥有的得天独厚的历史条件，从这一点上说，美国是幸运的，是历史机遇的产物。

然而，历史短暂、欠缺对于文化而言却是不利的，甚至是严重的缺陷。正如前面所说，历史是一个民族所经历的成长演进过程，正如同人的成长过程一样，过于短暂的历史意味着尚未达到一定成熟，尚未取得与这种成熟相匹配的经验与智慧。这个过程和人的成长过程是一样的。正如人的经验和智慧需要在时间中累积、在时间中磨炼、在时间中沉淀一样，一个民族的文化也需要如此。缺少这个过程，就一定会出现累积不足的现象。智慧和经验是不能够速成的，这也是为什么文化无法速成一样。速成的经验和智慧一定是不实的、空乏单薄的，速成的文化也一定会出现这种情况。在亨利·詹姆斯的小说中，这种情况常常成为欧洲人看不起美国人的原因，也是美国人来到欧洲感到缺乏底气的原因。就像一个初出茅庐的年轻人在一个经历过世事的长者面前会感到局促一样，尽管他与那个甚至在某些方面已经开始出现老化和衰退迹象的长者相比是那样强壮有力、充满原始的生命力。但是，正在开始老去的欧洲对美国人而言，是充满思想和权威的。这在从不愿服从权威的美国人那里是那样令人不自在。欧洲与美国，一方所欠缺的，恰恰就是对方所拥有的，而一方所拥有的，又恰恰是另一方所缺少的。美国人在欧洲文化面前那种既自卑又自大、缺少教养却又简单天真、不受约束却又向往自由的心态，正是这种文化矛盾相互对立、碰撞在个人心理上的反映。这些心理在亨利·詹姆斯的小说中已经得到深刻而准确的刻画。

二、个人主义的流变

个人主义是美国文化的核心价值和美国民族精神的基本特征。这个来自欧洲、曾被作为贬义使用的概念随着北美早期殖民者来到这片新大陆，在长期开疆拓土的实践中，在建立一个理想国家的憧憬中，逐渐被赋予了新的积极的含义，并成为被普遍接受的价值观。爱默生作为美国文化形成时期居功至伟的文化巨人，则从哲学和理论上明确宣示了美国个人主义的诞生。如今，个人主义已随着美国成为世界强国而在全世界传播开来，这其中的渊源、演变及其功过值得人们深思。

19 世纪上半叶，当欧洲徘徊着一个“共产主义的幽灵”，东方古国的大门开始在鸦片和坚船利炮的双重入侵中被摇摇欲倾地打开的时候，在大洋彼岸的美洲大陆，一个新兴国家正在以一种人类历史上从未有过的方式迅速崛起。

这个名为美国“America”的国家里的每一个人都深信这样的理念，即美国的理念是全世界的希望和理想，“无论是从个人还是整体的角度来看，美国所包含的希望是对人的内在属性以及人所能达到的精神境界的向往。正是通过这种精神向往，美国对人类的物质生活和社会生活的承诺才能像一把火炬、一盏明灯和一声召唤那样，吸引世界上每个国家境内的男女老少。美国曾经一度是一个伟大的理想，正是这个理想推动了整个世界，为人类的生活开辟了新的可能性。”❶

这种充满青年人般乐观自信的美国式理想从一开始便深深植入包括开国元勋和普通百姓在内的每一个美国人的内心，并伴随着美国的建国历程一路发展至今。从某种角度上说，美国发展的历史就如同一个青年成长的历史，新生、年轻、富有朝气，充满进取精神，而美国的雄心、野心和自信心也如同一个人强烈的自我意识的释放，我们把这种自我意识的释放称为个人主义。个人主义是美国文化的核心价值的民族精神的特质，如果没有这种个人主义，便没有今天的美国和美国文化。如果说这种个人主义是存在于普通美国人心中的信念，那么，那种通过国家形象而表现出来的个人主义的精神，也许我们可以姑且称为“国家个人主义”。

这种乐观我们也可以从爱默生的个人主义思想中看出：人与宇宙关系上的浪漫主义色彩，个人之于宇宙中心地位的巨人形象，对自我的高度肯定，理想主义，乐观进取精神，富有力量以及热情的青春气息。爱默生的个人主义是一种理想主义的、年轻态的、生机勃勃的、乐观向上的个人主义，宛如一个正在成长中的青年，他的生命力满溢而不可遏制，他感到整个宇宙充盈心间，自己的心与宇宙之心连接为一，他满怀拥抱世界的热情，自主自信的精神，他是富有豪情和勇气的，这个正在成长中的青年充满对未来的期盼和意欲征服世界来证明自己的热望。这一形象正好迎合了年轻的美国在上升时期的热情和野心，对所有正面的积极形象的期望。

随着历史发展，这种年轻的乐观的个人主义逐渐显露出它过于乐观和自信的问题。爱默生的个人主义建立在这样一种前提下：人性是可以至臻完善的，个人可以通过努力和修养来实现自我生命的提升。问题是：人的本性是否一定是善的？这种善的本性是为所有人具有，还是只是部分人具

---

❶ ［美］雅各布·尼德曼．美国理想：一部文明的历史［M］．王聪，译．北京：华夏出版社，2010：3.

有？人性中的善是否一定会朝着完美的方向发展？人性中的善是孤立和纯粹的还是总是与社会和历史联系在一起的？人性中的善是绝对的还是在不同情境下有其相对性和可转换性？

现实状况和美国其后的历史一方面在不断诠释着爱默生的思想，另一方面也不断暴露出个人主义在演化历程中的问题。

第一，当个人主义与美国民主制度结合起来时，一方面，它会成为支撑民主政治最基本最有力的元素，无数这些元素连接起来时，便构成民主制度存在的基础。民主制度的生成只有在个体相对自由独立的条件下才能实现，个人主义和平等思想是民主政治的温床，而这种美国式的个人主义又为美国式的民主提供了先决条件，离开个体的支撑，民主制度无法成立。有什么样的人民，就有什么样的政府。个人主义在美国的兴盛以及美国文化中对个人主义有意识的强调和确立，使得美国建立起人类现代历史上的民主制国家。托克维尔说："个人主义是民主主义的产物，并随着身份平等的扩大而发展。"❶ 其实也可以反过来说，民主主义也是个人主义的产物，民主制度反过来也促进个人的发展。

另一方面，民主制度下的个人主义似乎很容易流变为利己主义、个人英雄主义，出现个体利益高于集体利益的现象。如果不能对个人主义加以约束和引导，这种个人主义很容易演变为个人的膨胀，进而演变为一种以集体和国家面目出现的"个人主义"。

托克维尔在《论美国的民主》中谈到民主制下的个人主义，对在美国方兴未艾的个人主义表现出一种忧虑和警惕。在《关于民主国家中的个人主义》一章中，托克维尔首先对个人主义和利己主义做了区分，但是区分之后，托克维尔发现这两者其实相差不远。他说："利己主义来自一种盲目的本能，而个人主义与其说来自不良的感情，不如说来自错误的

---

❶ ［法］托克维尔．论美国的民主（下卷）［M］．董果良，译．北京：商务印书馆，2009：626.

判断。”[1]“利己主义可以使一切美德的幼芽枯死，而个人主义首先会使公德的源泉干涸。但是，久而久之，个人主义也会打击和破坏其他一切美德，最后沦为利己主义。”[2]接着他又比较了贵族制国家与民主制国家的情况，敏锐地指出“个人主义是民主主义的产物”。[3]

本来，个人主义与利己主义之间往往只有一步之差。托克维尔这样分析个人的出现：“随着身份日趋平等，大量的个人便出现了。这些人的财富和权利虽然不足以对其同胞的命运发生重大影响，但他们拥有或保有知识和财力，却可以满足自己的需要。这些人无所负于人，也可以说无所求于人。他们习惯于独立思考，认为自己的整个命运只操于自己手里。”[4]这种个人对自我的信任和依赖导致“人与人之间的爱护情谊虽然广泛了，但却稀薄了”[5]，它使“每个人忘记了祖先，而且使每个人不顾后代，并与同时代人疏远”[6]。

但在现代美国社会中，自由主义、平等的概念、实用主义哲学、法制体系的逐步建立，尤其是社团的大量出现对个人主义都形成制约，个人主义和利己主义之间转化的危险可能并非美国社会中最大的问题和危险。而民主制下的个人主义，或者说美国个人主义流变的危险来自个人主义的膨胀，以及个人主义膨胀后形成的个人强权意识，进一步则有可能出现个人强权与群体、集团之间的矛盾，个人意愿与政府之间的矛盾，意愿的参差不统一，意愿在符合人民利益与符合国家发展之间的矛盾，以及个人力量

---

[1] ［法］托克维尔．论美国的民主（下卷）［M］．董果良，译．北京：商务印书馆，2009：626.

[2] ［法］托克维尔．论美国的民主（下卷）［M］．董果良，译．北京：商务印书馆，2009：625.

[3] ［法］托克维尔．论美国的民主（下卷）［M］．董果良，译．北京：商务印书馆，2009：626.

[4] ［法］托克维尔．论美国的民主（下卷）［M］．董果良，译．北京：商务印书馆，2009：627.

[5] ［法］托克维尔．论美国的民主（下卷）［M］．董果良，译．北京：商务印书馆，2009：626.

[6] ［法］托克维尔．论美国的民主（下卷）［M］．董果良，译．北京：商务印书馆，2009：627.

突显后形成的“多数的暴政”，这些问题和矛盾也是美国建国之初即显现出来的。建国后民主制一直在与共和制的较量中曲折生长，而民主制的最大问题也日益显露，即多数人专制对个人的压迫。这是个人与民主之间永远的矛盾。

爱默生提倡个人主义在一定程度上制约了民主制的专制。爱默生认为，作为宇宙超灵的一部分，每个人都可以声称自己的神圣。在一个人的内心，那“最深处的便是神圣的”。❶ 而神圣的个人是不允许受到任何人的侵犯的，哪怕是他的家庭成员：“我不会出卖我的自由和力量去顾及他们的情感。”❷ 这是一种相当强有力的也是一种典型的美国化的个人宣言。美国个人主义对个体的强调超过任何一种个体与群体关系的观念，这是美国社会独有的价值观念。这也可以解释为什么美国文学和影视作品中会不厌其烦地制造出那么多个人英雄，他们不仅超出众人，甚至超出政府的能力之上成为拯救社会和人类的孤胆英雄。而在解决个体和群体纷争之时，个人权利往往高于群体和国家利益，这在梭罗的个人行为和他的《论公民的不服从权利》中表现得非常典型。而梭罗也同时是一个顽强地保持自我，绝不与社会妥协的个人主义者。为了抗议大多数人通过的美国侵略墨西哥的决议，他拒绝缴纳人头税，自愿去坐牢。他提出了一个至今看起来仍然十分重要且具有前瞻性的命题：个人比国家更重要。

爱默生是坚决反对领袖和超人的，同时，爱默生又把每一个个人看成神圣的、独一无二的，这种突出个体的思想看似是对个人崇拜、独裁专制的反对，然而当每一个个体都追求神圣并通过进取获得力量和成功可以成为神圣时，又该如何划分这种个人英雄与领袖、超人、独裁者、专政者之间的界限呢？

这种个人主义的膨胀还会出现另一种情况：在形成一个民族的群体特征时，这种个人主义可能以一种“国家的个人主义”的形式表现出来，

---

❶ Emerson. Essays & Lectures [M]. N. Y.: The Library of America, 1983: 274.

❷ Emerson. Essays & Lectures [M]. N. Y.: The Library of America, 1983: 274.

表现为一种美式的唯我独尊和霸权，为谋求自身利益而在全球推行霸权政策，干涉其他国家和民族的事务，对异质文化拒绝理解等。美国以国家形象出现的“个人主义”看起来就像是对个人主义的一种恶性放大。

第二，当个人主义与美国民族文化确立和身份确立结合起来时，最初无疑产生了积极的意义。在这个一切都是崭新的土地上建立一个国家，这样的历史从一开始就最大限度地为个人发展提供了可能。人们可以按照自己的意愿设计这个国家的体系，决定这个国家的走向。个人主义在这块新大陆上获得了长足发展的空间，而爱默生对个人主义在理论文化上的总结和提倡，又使个人获得了特殊重要的地位。在美国文化建立、形成和本土化过程中，文化底蕴浅、历史短暂的缺陷，又成全了美国的文化和历史。较少传统可供参照，较少条条框框的束缚，较少政府干预，没有既定模式，这种情况也为许多事物的发展提供了契机。美国文化是一种不愿接受既定范式约束，相对来说也不情愿接受异质文化影响的文化形态。尽管多民族多种族融合的现实使美国文化从一开始就呈现出多元化的杂糅景观，但这是由美国历史决定的，并不意味着美国人对异质文化有太多理解的兴趣，我们常常可以在许多方面看到美国文化的排他性。这里美国文化中的实用倾向一再占了上风。而美国的个人主义精神使美国人宁愿独立于他者，自我依靠，自我选择地决定事物。所以，尽管许多人会认为美国文化过于简单粗糙，但其行动能力和可操作性是很强的。

个人意识的凸显在文化塑造过程中一方面有助于文化独立，加速本土文化的自觉，另一方面，个人意识的凸显极易滑向个人意识的膨胀，盲目乐观地信赖自我，骄傲转化为自我封闭，进而导致个人意识的褊狭，看不到其他文化中的优秀之处，不愿去接触和学习其他文化。这在美国文化形成时期表现得尤为明显。亨利·詹姆斯的小说中对此有过相当深刻的描写。亨利·詹姆斯的小说中刻画的美国人反映了他那个时代（19 世纪中期以后）美国上层知识阶层的风貌。在他的书中，即使是当时的美国精英阶层亦有一种对欧洲文化的盲视，如同门外汉一般，对欧洲文化无法真正欣赏、理解，甚至不同程度地带有盲目排斥和拒绝。这在詹姆斯看来典型地反映了美国人的无知和保守。

亨利·詹姆斯有一次写到在巴黎陪伴爱默生参观卢浮宫时的情景，也曾提到过这一点。他惊讶于像爱默生这样一位文雅、聪明的人却在艺术品旁边表现得很无知，甚至认为他缺少某种对欧洲艺术这样高级文化的感知力。如果连爱默生都尚且如此，美国的知识分子与精英阶层对欧洲文化的拒斥和无知便可想而知。而这就是当时他的美国同胞的普遍表现。如果美国人对自己的母体文化——欧洲文化尚且拒斥，那么对其他异域文化的排斥更可想而知，印第安文化、黑非洲文化等作为被征服文化以及其他弱势文化是不会受到尊重的。

爱默生的这种在亨利·詹姆斯看来是“缺少某些琴弦”的状况在当时许多美国知识分子中普遍存在。对欧洲文化的拒斥和缺乏理解可能缘于两种状况：一是这个新兴国家急于摆脱欧洲文化母体，寻求民族文化独立。在摆脱英国统治获得国家主权之后，文化问题就成为接下来应该清算的内容。在这种背景和心理下，排斥欧洲文明是一种自我防御机制的本能启动。二是美国文化发育时间短的先天缺陷，加之个人主义的盲目乐观和自信，使大多数美国人对欧洲文化带有一种盲视和偏见，缺乏深刻的喜爱和理解。

爱默生思想主要有这样几个来源：古希腊柏拉图哲学、德国古典哲学、欧洲浪漫主义等；在文学上，他对歌德、莎士比亚推崇备至，与英国浪漫主义诗人华兹华斯、柯勒律治结为知己，英国诗人布莱克也是他的挚友。除此之外，爱默生对东方文化，尤其是印度和中国哲学一直非常喜爱，他与一些超验主义者是当时美国最早对东方文化进行关注的知识精英。爱默生本人三次游历欧洲，从欧洲文化中汲取了大量养分，这在爱默生的思想中也有所表现。超验主义糅合了德国古典哲学、康德哲学、欧洲浪漫主义，将德国古典哲学中的灵性与英国浪漫主义诗人对生命的直觉体验结合起来。尽管如此，爱默生却始终对欧洲文化尤其是英国文化保持一定距离的审视和反省的态度。建立民族独立文化的使命感压倒了对欧洲文化进行无保留的吸收的尝试。在《美国学者》一文中，爱默生大声疾呼要建立美国自己的文化："我们依傍他人的日子，我们长久以来师从他国学艺的学徒期已经到头了。在我们周围，百万民众正在奔涌向生活的洪流，他们不能永远依靠从国外收获的那些残羹败食来供养自己的心灵。"❶ 这种民族文化使命感使他不可能与欧洲文化保持一种不加防范的亲密，而是始终保持适当的疏离。"响彻于这一时期的文学中的国家主义高音调，要算最为密切地符合这个时代的强烈要求了。……这个时代的所有美国作家都意识到了这个音调的现实意义和它的号召力——甚至那些企图把欧洲文化工具应用于他们的文化活动的作家也不例外。"❷ 而对一种文化如果不能融入其间是无法真正领会其精髓的，这也是亨利·詹姆斯惊诧于何以爱默生对欧洲文化似乎"缺少某些琴弦"的原因。爱默生谴责那些迷信外国文化的美国人："正是由于急于弥补自我修养的缺失，人们便盲目迷信旅游，把意大利、英国、埃及奉若神明，所有受过教育的美国人始终对此保持着狂热。"❸ 这种状况是当时许多美国人的写照，反映出新兴的美国对民族文化的不自信和急于寻求自我的盲目和困顿。亨利·詹姆斯的意义在于以欧洲文化映照出美国文化的差异，包括它的浅薄和贫乏，作为当时的美国人，亨利·詹姆斯更加客观和冷静，也因此受到同胞的误解。相较于亨利·詹姆斯，爱默生对欧洲文化的了解不会如此贫乏不堪，也许他不如亨利·詹姆斯对欧洲文化有着更深厚的体验、不带偏颇的喜好和更优雅的趣味，而爱默生的疏离和以青年式的热忱来建造美国文化，无论是否流于褊狭，无疑符合当时的历史需求。"我寻找梵蒂冈和那些宫殿的遗迹。我假装沉醉在景色和遐想中，但我并没有真的沉醉。无论我走到哪儿，我的巨人都陪伴着我。"❹ 这段话似乎是对亨利·詹姆斯的质疑的一种回应。这个巨人是谁呢？就是自我，而这个自我

---

❶ Emerson. Essays & Lectures [M]. N. Y.: The Library of America, 1983: 53.

❷ [美] 查尔斯·A. 比尔德，玛丽·R. 比尔德. 美国文明的兴起（上卷）[M]. 许亚芬，译. 北京：商务印书馆，2010: 801-802.

❸ Emerson. Essays & Lectures [M]. N. Y.: The Library of America, 1983: 277.

❹ Emerson. Essays & Lectures [M]. N. Y.: The Library of America, 1983: 278.

的背后是美利坚民族。

爱默生对人的自我的发现与一个民族对自我的发现是同步的，当爱默生的个人要求自我的独特性和价值，相信自我可以通过自助获得成功之时，一个新兴国家也同样在努力强调这个国家的独特价值、它的成长、它的生命力，它要自觉地摆脱英国殖民痕迹和欧洲文化母体，就如同一个正在成长中的青年，努力寻求自我、印证自我、实现自我。而爱默生那些“如密西西比河水”般滔滔涌出的思想正是在合适的历史时期为美国文化和民族精神奠定了基调。

对欧洲文化的排斥所带来的后果可以想见，在塑造民族文化时由于缺少更为厚实的历史文化养分，美国文化无论在形成之初还是今天，都带有明显的简单性和速成性的倾向。这种先天的营养不足在今天所暴露出的问题显而易见。这表现在：其一，文化简化。文化简化的倾向源于美国人在开拓美洲大陆时的现实状况。他们需要面对具体问题，在与严酷的自然环境和印第安人的抗争中，更多的时候需要的是直接而有成效的行动。行为明确，思想简洁，无须复杂精密的概念和演绎，无须无谓的伤感，生存法则占据了绝对重要的位置，简单明了的规则和观念更适合这种生存状态。其后的美国观念和文化也基本延续了这种富于行动和简单明确的风格。其二，实用倾向。美国文化的实用倾向与个人主义一起构成美国文化的另一特征。实用倾向同样来源于美国殖民拓荒时代的生存需求，面对严酷的自然法则，面对生存所必须解决的问题和付出的代价，美洲大陆初期的殖民者们必须懂得，只有采取最行之有效的方式才能生存下去。这也可以解释美国文化何以始终保持简单化状态而没有向精细复杂化发展的原因。约翰·亚当斯 1780 年在给家人的信中非常典型地表达了美国人的普遍心态：“我可以连篇累牍地描写那些寺庙、宫殿、绘画、雕塑、挂毯和瓷器……如果我有时间的话。但是我不能因此而遗忘了我自己的使命……我必须研究政治和战争的事物，这样我的儿子们才能有学习数学、哲学、地理、自然历史、造船工艺、潜航、商业和农业的自由，这样我的孙子们才能有权利学习绘画、诗歌、音乐、建筑、雕刻、织工和烧瓷。”❶ 实用技能和知识的学习是压倒一切的当务之急，艺术学习和欣赏甚至已推延至孙辈。作为当时美国精英阶层的约翰·亚当斯的这种想法是有代表性的。亚当斯曾说，美国的艺术“就像美国的语言和教育一样”，“尽可能清心寡欲”。❷ 时至今日，美国文化已经发生许多变化，而这一传统至今仍在美国社会普遍存在。其三，文化形成同时具有生长迅速和速成并存的特点。美国文化的发育和发展不是按照文化生长的自然法则培养起来的，美国的出现是在人类文明达到一定水平后，在这些文明基础上建立起来的国家，因此从一开始美国文化就可以直接站在一个人类文明较高阶段的平台上，可以从一开始就吸收人类已有的数千年文明成果，避免那些在人类社会曾经犯过的错误，并在短时间内走完人类文明几千年所走过的道路。并且，由于是在一个完全崭新的大陆上建立国家，美国人可以按照自己的构想来设计和规划国家，按照自己的需要对文化进行取舍性的吸收，从中迅速建立起一套为我所用的制度设计和价值体系。“美国人所占的最大便宜，在于他们是没有经历民主革命而建立民主制度，以及他们是生下来就平等而不是后来才变成平等的。”❸ 在某种程度上，美国是一个人为建立起来的国家，而不是在较长时间里生长发育起来的国家。这就决定了美国文化生长的迅速，而生长的迅速也同时带有速成性和发育上的先天不足。其四，美国文化的杂糅性和包容性并存，而包容性和排他性也奇异地并存。杂糅性和包容性源于美国民族组成的复杂和多样，而包容性和排他性并存是一种奇怪的现象，这种既包容又排他的状况使美国既可以成为全世界人们向往的新大陆，成为一个多民族多种族多文化的大熔炉，又同时是一个西进扩张、灭绝印第安文化、蓄奴、种族隔离、三 K 党等并存的国家。除去一系列

❶ ［美］卢瑟·S. 路德克. 构建美国：美国的社会与文化［M］. 王波，王一多，等译. 南京：江苏人民出版社，2006：155.

❷ ［美］卢瑟·S. 路德克. 构建美国：美国的社会与文化［M］. 王波，王一多，等译. 南京：江苏人民出版社，2006：158.

❸ ［法］托克维尔. 论美国的民主（下卷）［M］. 董果良，译. 北京：商务印书馆，2009：629.

内政外交上的举措，也是由于美国文化中的实用性、简单化和速成所带来的先天性的缺陷，使得美国文化常常难以对其他文化真正实现以平等和尊重为基础的理解。

第三，当个人主义与美国国家的建立和发展结合起来时，个人主义无疑在美国建国之初起到了积极的作用。民主制度的建立需要以个人的相对自由和独立为基本前提，而美国个人主义的发展，个人地位的重要性为国家建立提供了拥有广泛民意基础和广泛个体行动能力的民主制。爱默生的个人主义所倡导的个体自助原则在极大程度上激发了个体意志和力量，对个人力量的高度重视，对个体生命的尊重，对个人进取、奋斗、成功的追求，对个人英雄主义的提倡，认为个人可以通过努力实现"美国梦"，宣扬个人可以对抗集体、政府、权力、不公，等等。这种个体能量的释放在美国建国之初使得这个国家充满新生力量、进取之心和强有力的特质。美国个人主义在某种程度上建立起了趋于对生命力量更为推崇的生命价值观，这种价值观与美洲早期殖民者开疆拓土的冒险精神和实干精神结合起来，形成了一种以个体生命的自主和进取为核心的个人主义价值理念。而这种个体生命价值观在当时对于一个新生民族来说无疑是一针强心剂。

个人主义在从欧洲移植到美国的过程中，完成了从否定到肯定、从消极到积极、从初始到成熟、从理论到实践的转化。它在美国的成功完全由于美国特殊的历史发展和社会环境。美国从未经历过其他民族和文化所经历过的一些社会形态，这给个人主义安家落户和充分发展提供了得天独厚的历史条件。因此，当马克思试图通过阶级斗争为欧洲寻找出路时，美国人只对财富和成功感兴趣。对美国普通人来说，没有什么比通过个人奋斗取得财富更值得羡慕的事了。当欧洲资本主义发展进入帝国主义时代，酝酿着不可调和的阶级对立时，美国正在轰轰烈烈地进行着财富积累、西部扩张、淘金、机器大工业化进程。这其中，美国社会的矛盾也许更多的是个人和联邦政府之间的矛盾，南方奴隶主与北方工商业者之间关于分裂或联合的争议，甚至西进运动中印第安人的血泪，南方大种植园黑人奴隶的反抗，加利福尼亚有色人种劳工的苦难都不能算作美国社会的主要矛盾。

个人几乎从未消失在尖锐的阶级对立中。美国上升时期的繁荣是一场个人主义的狂欢。也许，这就是为什么当欧洲徘徊着一个“共产主义的幽灵”时，美国却在财富积聚的成功中摇身一变而成为世界强国。

然而，这种个人主义逐渐开始走向膨胀，并趋向相反方向，这种急剧膨胀的个人主义当与国家发展结合起来时，便通过国家的主体方式以一种国家面目表现为国家的强权意识。

如果说美国个人主义在某些方面带有强者色彩和张扬的特质，那么这种强者色彩便体现在进取精神上。进取是许多美国人的人生观，它在本质上是对生命意志的肯定。自信和自助与进取和自我实现是相互联系的，是一体的。这是美国式个人主义的重要特点。在个人自我实现这一点上，美国个人主义较欧洲文艺复兴和资产阶级革命时代对人性解放的吁求，更加注重个性彰显和个人成功。由于较少受神权束缚和封建束缚，美国个人主义无须投入更多精力在人性如何对抗神性获得解放上，而直接进入个性追求和个人价值的实现环节。爱默生说：“一个人只有放下了一切外部援助，独自挺立于世，我才会看到他的强大和成功。”❶ 强者和成功是建立在自主自立基础上的：“当一个人知道人的力量是与生俱来的，他之所以软弱，是因为他从自身之外和其他地方寻求善，当人一旦意识到这一点，他便会毫不犹豫地依靠自己的思想，立刻改正自己，挺身而立，驾驭自己的躯体，去创造奇迹，正如一个用双脚站立的人比一个用头倒立的人更强大一样。”❷

这种以国家面目出现的个体意识的盲目乐观的膨胀即使不是由爱默生肇始，其中所蕴含的元素也是最初由爱默生所提出和表现出来的。爱默生的观念典型而集中地体现出当时美国社会从精英到大众阶层的普遍心态。例如，爱默生在《年轻的美国人》一文中这样写道：

---

❶ Emerson. Essays & Lectures [M]. N. Y.: The Library of America, 1983: 281.

❷ Emerson. Essays & Lectures [M]. N. Y.: The Library of America, 1983: 282.

在这个世界上，任何时代都有一个领袖民族——这个民族较之其他民族更宽宏大度，他们中的优秀公民愿意对普遍的公理与人道表示支持，甚至甘愿被时人称为狂妄分子。除了我们这个国家，有哪一个民族能够担当起领袖的角色？除了新英格兰，谁能领导这场运动？除了年轻的美国人，谁又能指引领袖的步伐？[1]

很难想象，这是那个在黎明时穿过广场，为自然造物的神奇所震惊，想象自己化作一只透明的眼球的诗人爱默生所说的话，这是那个认为每一个人都是超灵所产生的独特的生命，分享着宇宙灵魂的和谐大美的哲人爱默生所说的话。爱默生目睹美利坚民族的崛起，同所有美国人一样深信这种“天定命运”说，也曾满怀激情地号召人们向西部进军。爱默生的这段话正是当今美国形象的写照，极为准确地描摹出美国人从一开始即存在的全球领袖意识和天生我才的优越感。这样一种表述不论在当时美国作为新大陆建国和上升时期还是现在美国作为世界超级大国的现状而言，都是相当自负的。事实上，美国民族内心深处的这种全球领袖意识是从一开始就萌发并伴随着美国成长的。在一个完全崭新的大陆上去按照人类自己的意愿建立一个全新的国度，这个国度可以作为人类现存国家制度的典范，避免了人类历史上一切曾经存在过的制度的缺陷，趋于完善，这是当初几乎存在于每一位美国开国元勋内心的理想，也是美国许多普通公民所深信的。他们带有对自我的高度乐观的肯定，相信自己可以成为世人的楷模，甚至可以做到尽善尽美。美国强行向全世界推行美国的民主和价值体系，推行美国文化，其背后的心理动机即是这种全球领袖意识。

这种理想的个人与美国国家形象合起来形成了美国文明中特有的亦是个人亦是民族的宏大形象。他代表着正义，具有超人的能力，生来为了拯救世界，他以超人、变形金刚、蝙蝠侠、蜘蛛侠、钢铁侠、美国队长、西部牛仔的个体形象出现，同时也是美国国家形象的一种象征。

---

[1] Emerson. Essays & Lectures [M]. N. Y.: The Library of America, 1983: 226.

令人困惑的是，爱默生个人主义思想所包含的这种年轻乐观甚至自负的心态与美国文化初始时期在美国深入人心的加尔文教派思想是相左的。加尔文教派相信人性是恶的，并且不会改变，而爱默生的思想是建立在对人性的充分赞美和肯定基础上的，他相信人性可以不断向善臻于美好。有时我们常常可以在美国文化中辨别出这种忽而加尔文忽而爱默生的味道。热情的、扩张的、进取的、自信的是爱默生式的，而冷静的、严厉的、规则性的、务实的是加尔文教或清教的。但是，当这两种相反的色彩在国家这一形象中出现的时候，往往有着同一的目标。相信“天定命运”而推行对外扩张的美国和抱持怀疑态度来审视世界因而“选择法律严谨、刑罚严明的政体”以及“对国外势力也持怀疑态度，倾向于建设一支强大的国防队伍来阻止侵略，保卫国家的自由和安全”❶ 的美国形象完全吻合。

一个人年轻时的乐观、自信和自足并不意味着人生的常态，同样，一个民族在上升时期的这种自信并不意味着这种民族心理可以永远通用，这种自信在未来的发展中极易趋于危险和极端，年轻的充满活力的自信如果没有自我的理性考量，也不会趋向成熟睿智。真正成熟的自信绝不等同于盲目自信甚至自大、自傲、自负。这种盲目自信如果不加以理性、成熟、审慎的节制，便很容易发展为从自信到自负再到狂妄的三级跳，而一个民族的狂妄极易导致两种结果：一是从狂妄到井底之蛙的浅薄，除了自己的世界，常常看不到井底之外的存在，也就常常有意或无意地忽视周遭世界和不同文化，进一步发展到唯我独尊；二是从狂妄发展到霸权，再从霸权发展到欺人。

从爱默生所提倡的充满自信的年轻的富有活力的个人自我依赖到美国当今在全球的霸权行径，看似相隔甚远，而其实这中间的发展路程却是遥遥相通。国家行为与国家文化和民族精神之间有着深刻的内在联系。一种

❶ ［美］约翰·艾兹摩尔．美国宪法的基督教背景：开国先父的信仰和选择［M］．李婉玲，等译．北京：中央编译出版社，2011：6.

不能从自我内部加以节制或缺乏外力节制的个人主义的膨胀无疑与当初美好的积极的意义渐行渐远。

三、从个人主义到利己主义

让我们再次回到亨利·詹姆斯笔下的美国个人主义形象上来。如果说在亨利·詹姆斯笔下，哈德逊代表的是个人主义中一味强调自由、权利和自我，却缺乏责任、自制和进取精神的个人，纽曼代表的是在自由经济和商业主义中积极进取、终获成功，但因缺乏自我反省和学习精神而迷失在欧洲文化中的个人，那么在《波士顿人》这部小说中，亨利·詹姆斯则大规模地塑造了一批唯利是图、不择手段、不顾他人的利己主义者的群像，分析了个人主义如何堕落为利己主义者的过程。

这部小说以19世纪70年代的新英格兰地区为背景，当时南北战争已经结束，但北方以工商主义为代表的既得利益者与南方以农业经营为代表的失去利益者之间的利益争夺并未就此停止。此时，整个社会弥漫着一股利益至上的气息，当年爱默生那个时代所开创的积极向上的个人主义精神已经不复存在，取而代之的是社会上形形色色为追求金钱名利而不择手段的政客、商人及至新闻出版界、法律界等社会各色人物。此时，社会上贪污腐败、投机诈骗、暴敛财富之事盛行，商界与政界、法律界以及新闻界往往联起手来，贪污诈骗事件频发，而且牵涉面极广，甚至上至参众两院以至副总统、总统等。同时，民主党、共和党之间的党派纷争也越来越激烈，女权运动一时兴起，却带出了更多的利益纠纷和明争暗斗。此时却被媒体虚假地吹捧为美国的“黄金时代”。媒体大力鼓吹这种表面的繁荣景象，使不明真相的公众相信这些表面看来的热闹景象就是美国繁荣的象征，仍然笃信只要人人努力都可获得成功的神话。在这部小说中，美国初期的那种珍贵的自由精神、道德约束和个人活力已经被这一片虚假的繁荣和价值观混乱的景象所代替了。

小说讲述了一群人争夺一个名叫维里纳·塔兰特的姑娘的故事。维里纳·塔兰塔是一个富有演说才能的姑娘，在当时女权主义盛行的年代，塔兰特的才能被一个名叫奥利夫·钱塞勒的女权主义者看中，她试图用金钱收买这个姑娘，为女权主义事业服务。而塔兰特的父母则把她当作摇钱树，想通过她赚钱、出名。纽约上流社会的伯雷奇母子则看准了这个姑娘能使他们名利双收的机会，希望把她纳入自己家族中，使之成为他们家庭中的一员，从而为他们的上流社会生活锦上添花。而南方庄园主巴兹尔·兰塞姆作为南方失去利益者的代表，仇视北方既得利益者和女权运动的代表钱塞勒，想通过把塔兰特规训成为厨房中的女性而达到报复北方和女权主义的目的。这些形形色色的利己主义者各怀鬼胎，他们对塔兰特的行为没有任何利他目的，谁都不是为了这个姑娘自身的利益着想。这些人打着“爱”与“关心”的幌子，对这个姑娘展开了有如野兽追逐猎物般的疯狂的角逐和竞赛，其背后就是赤裸裸的商业利益驱动。

亨利·詹姆斯在这些人物身上痛心地感到，当年爱默生所提倡的自强不息、独立负责的个人主义精神已不复存在，这些人身上所表现出的是明显的功利之心，所使用的更是赤裸裸的商业竞争手段。他敏锐地感觉到爱默生时代那种积极向上的个人主义正在消失。这里除了单纯、善良的维里纳外，其他几乎所有人都是一副利欲熏心的丑恶嘴脸。当初那些为了建成公理社会而不惜远渡重洋来到荒蛮陌生之地，又凭一己之力建设家园的清教徒式的个人已经荡然无存。在这里，亨利·詹姆斯深刻地批判了金钱至上的价值观，刻画了一组唯利是图、已完全沦为个人利己主义者的群像。亨利·詹姆斯仿佛在意指，个人主义在商业社会中必将演变成为这种唯利是图、不择手段的利己主义者。

《波士顿人》一书的名称也颇耐人寻味。波士顿一地在美国历史上具有举足轻重的地位，是美国历史文化最重要的地方之一。我们可以为波士顿排列出这样一份名单：新英格兰地区的中心，美国清教徒发源之地，美国独立战争的策源地，美国建国后许多开国元勋的故里，超验主义的诞生地和超验主义者的居住地，美国社会名流和文化名流的聚居地，哈佛大学所在地，美国精英文化的中心，也是美国自由精神的发源地，等等。在美国历史上，波士顿可以当之无愧地被称为美国文化的起源地，更被认为美国历史从此开始演进。在美国，就有“先有波士顿，后有美国历史”的说法，可见波士顿一地在美国历史和文化上的重要地位。亨利·詹姆斯以此地作为小说展开的背景，仿佛在告诉人们，美国文化中那些在早期生成的最重要、最宝贵的东西，那些可作为美国文化精髓的部分，到今天已演变成如此模样。当初那些不畏艰难来到此地寻求自由梦想的祖先们，那些为建立独立国家而贡献出聪明智慧的先贤们，那些曾经站在时代前列大声疾呼美国要建立自己的文化的哲人们所倡导的精神，如今在商业社会的大潮中，已蜕变为赤裸裸的功利主义、商业主义。

在爱默生时代，超验主义者除了在文化上大力提倡新的文化精神外，也在行动中身体力行地践行着社会改革，“新英格兰改革精神”指的就是爱默生那一代人的社会改革精神。他们的改革理想中没有功利成分，他们不计报偿、不计利益地去做事，其目的是将理想付诸实际，为社会进步服务。他们既是一群理想主义者，也是一群敢于实践的人。因此，在他们身上，我们可以看到爱默生所提倡的那种积极进取、敢于担当、独立勇敢的个人主义精神。但是，时隔三四十年后，美国社会已发生许多重大变化，产生积极的个人主义精神的社会土壤已不复存在。在亨利·詹姆斯的这部小说中，女权主义者钱塞勒小姐就是新时代的社会改革者，但是，在这个新兴的社会改革者身上，我们已看不到当初波士顿地区那些看似热情洋溢，带有理想主义幻想，即使在现实面前撞得头破血流也在所不惜的社会改革者形象了。钱塞勒小姐同样对社会现实不满，致力于改变社会现状，对几千年来女性所遭受的压迫和不公感到愤慨，然而，与另一位老式的社会改革家伯宰小姐不同的是，钱塞勒小姐并不是真正喜欢做这些事，对与她打交道的那些人也并不真正理解和同情。这样做只是因为她认为从理论上讲她应该这样做，她自认为对改变人类苦难肩负不可推卸的责任。但是，她从没有真正喜欢过现实中的人们，也并不真正同情现实中的底层女性。对于钱塞勒来说，社会改革与其说是她为之奋斗的理想和事业，倒不如说是一种工作，而这个工作被认为是高尚的、有道德的，她把它作为一种经营。她懂得如何利用自己的智识和能力来为自己谋得更好的生活，因为自己的这种社会改革活动，她可以住着漂亮的大房子，用收藏的许多书籍和风雅的摆设来装点住宅。她周旋于各色人等之间，俨然一个精于此道的社交老手；她熟练地开着支票，就好像她一贯可以这样从容一样。对于维里纳，她同样并不是出于喜爱和关心，而是把她作为一种经营。她看准了她的特殊才能，千方百计想要占有这个才能，为我所用。她不仅想要控制维里纳的生活，更想要从精神上对她实行管控，甚至用自己病态的敏感和嫉妒使这个单纯的女孩乖乖就范。她不是社会改革家，而是一个经纪人、一个文化掮客，也是利用社会改革为自己捞取政治资本和物质利益的私利者，这样的社会改革者一旦掌握权力，不可避免地会带来独裁和腐败。这样的社会改革者相比当初爱默生那一代社会改革者来说，已全然没有那种理想主义精神和实干精神。时至今日，这样的社会改革者不可能再担当什么社会改革的大任。

与之形成对比的是老式社会改革者的代表伯宰小姐。然而，亨利·詹姆斯在描写伯宰小姐时并没有手下留情。伯宰小姐也是一个职业社会改革家，但与钱塞勒小姐不同的是，伯宰小姐对她所投入的改革运动充满真诚的热忱。内战之前，她奔走于南北各地，向黑人传道；内战之后，她又投身于妇女权益运动。她对于她所从事的事业充满无私的奉献精神，但是，她的热情又是盲目的。可以看出，亨利·詹姆斯在刻画这一形象时的心情是复杂的，一方面，他对伯宰小姐这样无私的利他主义者充满敬意和同情，另一方面，他内心对这种社会改革家似乎并不认同。在这里，亨利·詹姆斯与其说是在讽刺伯宰小姐的混沌的理想主义热情和盲目的社会改革活动，不如说是在反思和惋叹新英格兰那个曾经充满理想和激情、智慧和创新、没有被功利主义和商业主义所污染的道德高尚的时代以及那个时代中积极向上、勇于进取、富有行动活力的个人，他们都已经在今天的这个混乱的社会中没落了、衰退了。当初新英格兰地区以超验主义者为代表的那群文化精英身上所体现出的理想与社会改革实践，时至今日，已失去其朴素和真诚的初心，只能像伯宰小姐一样成为可笑的样本。在小说中所描写的那个时代，尽管距离爱默生和超验主义兴盛的时代只相差了三四十年，然而已经发生了许多变化。爱默生那个时代所体现出的将整个宇宙纳入个人胸怀的哲学高度、热情真诚的生活态度、积极乐观的进取精神、对个人自由和价值的极力追求，都与现在这个功利主义和商业主义充斥的时代大相径庭，当时的那批理想主义者如果放在这个时代，也注定会表现出如伯宰小姐般的盲目可笑。

爱默生的个人主义是建立在充分乐观积极基础上的思想，他以饱满的热情讴歌人性中的巨大能量，希望能够将人性中的这种力量与宇宙万物的灵魂结合在一起，使人类灵魂中的至善至美能够与宇宙万物的至善至美融汇在一起，从而使人的生命成为他所能拥有的最完善的生命。这样的想法无疑是对生命至善至美的讴歌，但是，他看到的只是生命中那些最完美的部分，他所向往的是人性中那些积极正面的元素如何被最大限度地发挥出来。而事实上，人类社会生活的复杂和人性的复杂在爱默生这里并没有被包括在内，或者说被忽视了，甚至是有意视而不见。人类灵魂中那些丑陋、阴暗的因素，在爱默生这里被忽略掉了，它们只作为人性完美强大的对立面而出现，用以证明人性完善。爱默生以无比的热情和豪迈推崇人性的至善至美，这样的理想主义精神无疑有着巨大的能量。但是，人性中的丑与恶在人类的生活中处处可见。即使我们可以做到爱默生所提倡的理想高度，却无法回避现实与人性中的丑与恶。

事实上，个人主义在发展过程中，在一定条件下很有可能向利己主义、过度自由主义、无政府主义甚至虚无主义方向发展。对个人权利和自由的追求、个人主义思想为民主制度的实行提供了现实基础，而民主和自由又为个人主义的产生和发展提供了温床。但如果个人自由缺乏强有力的法律法规、政策、道德以及其他社会条件的约束，便极易滑向利己主义、无政府主义。如果在自由经济环境下，在商业主义、物质主义、功利主义价值观成为主流的社会中，对个人价值、个人成功和财富的追求，又极易导向唯利是图、不择手段、金钱至上的功利主义，引起普遍的社会道德滑坡。如果在民主制社会中，作为民主基础的个人不能很好地限制个人权利和自由，又极易出现群氓运动，导致社会动荡。个人主义的发展不仅依赖于对个体自由和权利的获得，同时也依赖于更多的约束、限制、责任、道德等因素，以及更深层次的人的精神层面的涵养和提升。当初托克维尔对美国个人主义的忧虑后来被证明不无道理。个人主义的产生和发展总是与自由主义思想、民主政治和自由市场经济相联系，由此不可避免地要引发个人主义中固有的问题，即个人主义的边界在哪里？个人主义所持有的个人权利、个人活动自由如何界定？以什么来限制和管理个人自由和权利？政府和社会在其中发挥什么作用？个人和政府、社会组织之间的关系如何协调？如何使个人在社会中既能够充分保持和发挥个体权利和自由，同时又能够通过个体行为维护社会的和谐运行？而政府如何既能够在个体意愿和权利的基础上建立社会规范，保证社会运行，又能够通过政府管理最大限度地为社会中的每一个体提供生命保护、生存权利和获得幸福的机会？这些关于个人自由与权利的内涵和外延，关于个人与社会、个人与政府之间关系的一系列问题直接关系到个人主义思想的性质，个人主义思想的发展及社会影响，以此为基础所建立的政府是什么性质的政府等一系列问题。而这些具有根本性质的问题被如何理解、如何解决则直接关系到个人能否在社会中获得权益和稳定幸福的生活，获得权益的多少以及个人与社会、政府之间如何达成和谐运作的关系。

美国经济的繁荣、自由市场机制和商业社会的兴起，为美国个人主义提供了迅速发展的条件，个人主义发展不可避免地要出现上述种种问题。个人主义这个来自欧洲的新兴思想在美国这个催生个人主义思想的温床上也将不可避免地发生种种流变。不管怎样，这是一个新兴的人类观念，它和美国国家一样是新出现的事物，同时也随着美国国力的崛起而发生普遍的影响，需要人们去更多认识和关注它的进展。

第六章

爱默生与美国文化主流

一、国家个人主义

个人主义在美国不是简单地以个人中心这样的意义发展起来的，而是被赋予了个体独立、个体尊严以及将个体价值发扬光大等积极意义。美国个人主义的含义包括个人权利和自由、个人的独特性、个人发展、个人价值、自我实现、自我依靠、自利与利他的平衡、人人平等、公平竞争、个人自由与社会利益和政府管理之间的平衡等内容。对于美国人来说，没有什么比追求个人的自由、价值更重要的事了。在个人主义形成的初始阶段，在美国历史诞生、民族形成和国家上升时期，这种个人主义发挥了深远的影响和更多积极的意义。可以说，没有个人主义，便没有美国社会，也没有美国文化，美国精神的特征将是另外一副样子。

美国的个人主义源自欧洲个人主义思想，被欧洲殖民者带入美洲。在二百多年时间中，个人主义随着这块土地的历史变迁而不断变化，被赋予了新的也具有更多积极意义的内容，逐渐形成具有美国本土特色的个人主义思想。个人主义在从欧洲移植到美国的过程中，完成了从否定到肯定、从消极到积极、从初始到成熟、从理论到实践的转化。清教教义为个人主义加入了宗教信仰上的个人自由和民主自治的元素；一系列开疆拓土的殖民活动进一步催生出个人奋斗、个体独立的典型和地方自治模式的形成；独立战争、美国宪法及一系列修正法案的确立、杰斐逊民主启蒙时期、杰克逊大众实践等则从政治、法律和社会实践上确立了个人权利、个人自由的理念和民主体制；到爱默生这里，将个人主义提炼为一种理论，上升到民族文化已是水到渠成。

美国个人主义思想的形成和正式提出虽不是自爱默生肇始，但作为美国文化价值的核心内容和民族精神的基本特性，个人主义以思想和文化的形式形成并被提出和总结，进而发扬光大，却应归功于爱默生。虽然爱默生提出的个人主义思想并未以“个人主义”正式命名，但在内涵上无疑是具有鲜明美国特色甚至可称为纯正的美国式的个人主义思想。

爱默生的个人主义思想远非一种个人现象，非倾一人之力、一人之功所能成就，甚至也并非简单地是一种观念的表达，而是无数大小历史事件在时间中共同作用的结果，只是在适当的时期，以个人思想的方式道说出来。应该说，美国独特的历史、民族性格、时代机缘和文化共同孕育了爱默生，而爱默生的思想则体现了美国民族的精神。许多重要的美国文学家在其作品中总是或多或少、或隐或显地接受爱默生的影响，从那时至今的一百多年里，美国民族精神和文化一直在以他的个人主义思想为基础发展着。

这也说明爱默生所传达的思想和观念实际上是一种美国民族的思想和观念。它是美国民族形成和国家建立后二百多年来所积淀下来的观念，是在美洲大陆新的地理、历史和人文条件下形成的独特的美国文化，它携带着美国民族精神的基本特质，构成美国价值观念的基本内容。

如果分析美国个人主义思想的构成成分，则可看出美国个人主义思想的一些独特性质。第一，美国个人主义思想来自欧洲，包含欧洲母体文化元素。古希腊文化在关于个人、理性、公民社会、民主制等方面的观念和实践已经构成对个体生命的最初认识和尊重、对人与群体以及社会关系的思考。至文艺复兴时期，人性挣脱神权束缚，获得前所未有的大解放，市民阶层蓬勃兴起，极大促进了个人主义的发展。宗教改革则为个人在宗教上摆脱教会控制和独立思考开辟了可能，教会的绝对权威被否定了，宗教信仰中也出现了个人权利和意志的萌芽。18 世纪的一系列资产阶级革命使对神圣权威的挑战进一步从宗教转向世俗。英国的光荣革命以宪法的方式限制了王权；美国独立战争建立起人类历史上第一个共和制国家，而它所依据的正是在《独立宣言》中被明确下来的“人人生而平等”的思想；法国大革命是对君主制和贵族制的颠覆，它所产生的余波久久回荡在欧洲近代以来的历史中。如果说文艺复兴是从人性的角度、在人的整体上将人的地位大大提升，那么随着资本主义的发展，个人从整体中逐渐凸显出来，人的权力、尊严不是与神权相比较而生成，而进一步归结为个人的权力、尊严、价值和利益。以个人权利为标准形成的新的价值体系构成现代资本主义社会价值观的基础，它既与现代资本主义社会打破封建等级制，为个人提供更为平等的机会有关，也与资本运作、工商业发展、文化科技教育的进步等一整套社会机制的发展密切相连。个人主义是西方文化所孕育出的产物，其出现与资本主义和现代市民社会息息相关，是资本主义发展过程中出现的思想观念和文化现象。西方个人主义经历了一个人从自然中分离、从神权中分离以及从群体中分离的过程，这种“大写的人”的观念、对人性和人的力量的讴歌为日后美国个人主义的形成和发展提供了最初的思想基础。

第二，宗教在美国个人主义思想发展中有着举足轻重的意义。清教教义及清教徒远赴美洲大陆寻求和建立一个宗教信仰自由、宗教管理自治的社会的一系列历史事件对美国个人主义思想形成和发展有着深远影响。欧洲殖民拓荒者进入美洲后，欧洲宗教改革和文化也随之被带入这片新大陆。但西方个人主义思想在美洲大陆的形成，更主要归因于清教徒的到来。这无论对美国个人主义思想的形成，还是对美国建国乃至建立美国本土文化，都是具有重大历史意义的事件。宗教是美国个人主义形成的最初动因。欧洲宗教改革及后来的宗教迫害导致清教徒远渡重洋来到美洲，从而促成了个人主义在美国的生成。不仅是个人主义，美国民族和国家的缔造以及美国价值观念，都可追根溯源到这场宗教改革。今天的美国是由美洲大陆上最早的两个欧洲清教徒移民建立起来的殖民地发展而来的。在早期美洲大陆的英国移民中，清教徒构成了移民的主体，也是当时美国国家缔造的重要群体。

在美国，对清教徒的研究一直受到关注，“因为许多人认为清教徒们建立了一些日后成为美国社会基石的理念和结构——虽然这种观点备受争议——所以学者们都对研究 17 世纪的新英格兰很感兴趣，而且对那段文化的理解经常会对美国的政治和意识形态方面产生深刻的影响”。[1]人们争论的焦点是：“清教徒是激进的思想家，是美国现有一切问题的制造者？还是温和但迫切地想建立一个乌托邦的宗教理想主义者？尽管这个乌托邦梦想从美国的现状来看越来越遥不可及了。”[2]但无论是前者还是后者，清教徒所抱持的宗教信念对美国国家的建立和文化的形成都有着深刻的意义。

英国清教徒的出现源于欧洲宗教改革，但这并不是一个顺利平和的宗教进程，而是一段充满血腥迫害的历史。1524 年，英王亨利八世宣布英国国教自治，以对抗罗马教皇的管辖。但亨利八世的女儿玛丽则是个忠实的天主教信徒，她继位后，开始对新教徒大举迫害，由此得名“血腥玛丽”的称呼。1558 年，伊丽莎白一世继位，重新将英国国教作为官方宗教。但是，伊丽莎白一世并不是一个彻底的激进的新教徒，她在支持新教改革的同时，也保留了许多天主教的教规和形式。而那些激进地反对天主教的信徒们则不满于这种妥协，他们被称为“清教徒”（Puritan），意为要使基督教回归“纯粹”的状态。

虽然普利茅斯清教徒与马萨诸塞清教徒有所区别，但在逃避宗教迫害以及希冀在新大陆建立一个自由信教的模范的公理社会方面是一致的。这些清教徒移民，在英国国内大都受过良好教育，他们来到美洲大陆，不同于那些淘金的冒险家，也并非迫不得已躲避刑罚，“他们甘愿尝尽流亡生活的种种苦难，去使一种理想获致胜利”。[3]在许多早期殖民地记载和研究文献中，都不约而同地提到这样一种宗教理想和信念，这种理想和信念驱使清教徒相信并身体力行地去实践一个不仅在信教上自由，而且在政权管理方式上也能够自由地行使民主自治的国度。这样的信念宛然具有《圣

[1] ［美］萨克文·伯科维奇．剑桥美国文学史（第二卷）［M］．史志康，等译．北京：中央编译出版社，2008：173.

[2] ［美］萨克文·伯科维奇．剑桥美国文学史（第二卷）［M］．史志康，等译．北京：中央编译出版社，2008：173.

[3] ［法］托克维尔．论美国的民主（上卷）［M］．董果良，译．北京：商务印书馆，2010：36.

经》的神圣天启的意味。“清教徒的强烈愿望使得他们在还未到达目的地新英格兰前就开始创作预言式的文学。”[1] 1630 年，当“阿贝拉”号尚在航行中时，温斯罗普就创作了题为《基督教慈善的典范》的布道文。在文中，他认为清教徒是上帝亲自选定的子民，而清教徒团体所开创的社会将会是模范社会，“以色列之神……挑选了我们这个民族，我们就像坐落在山顶上的城市，全世界的目光都在注视着我们”。[2]事实上，早期清教移民经常使用圣经阐释学中的表征论来解释和对应现实事件，以此对应，他们之远渡重洋来到美洲便宛若现实版的《出埃及记》，而在一个全新的土地上开拓建立一个崭新的理想世界则使这块地方具有了圣地耶路撒冷和世界中心的暗示。早期清教移民文学和文献都深深打上了这种神圣天启的烙印，它使最初的清教移民和后来者都相信，他们是“被上帝亲自撒在一片预定的大地上的伟大民族的种子”。[3]

清教徒继承了新教反教会权威和注重个体意识的传统，同时，由于新大陆上没有更高的教会组织，因此，他们从一开始便拥有了相对自由的权利去处理宗教事务，也得以将个人在宗教上的自主性逐渐发挥开来。尽管清教从一开始并没有鼓励个人自由和个性解放，更没有现代意义上的个人主义观念，在组织上也仍然保留着政教合一的制度，但是，清教教义中对个人的注重、在面对一片陌生广袤的土地时不得不应付许多现实问题以及在新大陆发展初始阶段较少上级教会干扰等因素使清教在美洲大陆上以一种较欧洲更为自由和简化的形式存在，更强调个体生命对宗教的自主追求和皈依，更强调生命与上帝直接交流的体验。宗教去神化和个体意识的彰显使清教这种源自欧洲大陆的基督教改革教派在美洲大陆得到了相较于欧洲本土更多的自由，而清教徒自省自律、勤勉耐劳的精神也逐渐塑造出务

[1] ［美］萨克文·伯科维奇．剑桥美国文学史（第一卷）［M］．蔡坚，主译．康学坤，朱士兰，吴莎，译．北京：中央编译出版社，2008：182.

[2] ［美］萨克文·伯科维奇．剑桥美国文学史（第一卷）［M］．蔡坚，主译．康学坤，朱士兰，吴莎，译．北京：中央编译出版社，2008：183.

[3] ［法］托克维尔．论美国的民主（上卷）［M］．董果良，译．北京：商务印书馆，2010：36.

实进取的美国性格。

托克维尔曾这样形容清教徒聚居的新英格兰地区对美国文化的影响："在人们通称为新英格兰的诸州，产生了成为今天的美国社会学说的基础的几个主要思想。"❶"新英格兰的文明，像高地燃起的大火，除烤暖了周围地区之外，还用它的光辉了照亮了遥远的天边。"❷这些话也同样适用于后来爱默生等人所组织的超验主义运动。清教徒的许多思想都为日后美国国家思想埋下了伏笔，其中自治和个人自由的观念是清教最为"激进"之处，也正是这些"激进"之处，构成了日后美国观念、立国宗旨和民主政体的基础。

其后的基督教在美国则沿着这一基本方向发展下去。宗教对个人的宽容和鼓励极大促进了个人主义思想在美国的蓬勃发展，它对人性的释放在更大意义上是对人性完善的鼓励，"上帝不再怂恿人们依赖他那不可测知的意志，而是鼓励人们追求完美，这些都是精神史上的进步，标志着基督教已经脱离了迷信的范畴"。❸宗教改革在美国得到了比在英国和其他欧洲国家更充分的发展，也为个人主义和民主制提供了赖以生存的条件。

第三，殖民拓荒时代形成的边疆个人主义则体现了个人主义本土化和美国化的特征。美洲大陆独特的社会形态和自然状况为个人主义的生长提供了充足的天然条件。由于从来没有经历过其他民族的一些发展阶段，君权神授、等级制度、封建主义等从未在这片土地上出现，广袤的土地、俯拾即是的机会、远离政府权力和管辖等，这一切都为个人生存提供了巨大空间。早期殖民者必须白手起家，面对各种自然和社会状况，必须依靠自己的力量解决生存问题。在这当中，个人生存能力、独立自主精神以及个人力量是否足够强悍等就成为个人生存发展中特别重要的品质，也发展出美国式的个人奋斗的价值观，他们相信通过个人努力就可以实现梦想和个

---

❶ ［法］托克维尔．论美国的民主（上卷）［M］．董果良，译．北京：商务印书馆，2010：35.

❷ ［法］托克维尔．论美国的民主（上卷）［M］．董果良，译．北京：商务印书馆，2010：35.

❸ ［美］萨克文·伯科维奇．剑桥美国文学史（第二卷）［M］．史志康，等译．北京：中央编译出版社，2008：173.

人价值。同时，他们也在自助和助人中逐渐形成一套相互协助的规则和机制，而这又为民众自治、小政府大社会模式以及民主政治奠定了基础。美国的个人主义发展使美国出现了以社团为基础的个人联盟。如果说清教通过提升自我意识为个人主义在精神上提供了支持，那么，边疆个人主义则在实践中促成了个人主义的发展，并确立起务实肯干、讲求实效、简洁明了的美国风格。《美国人》一书中这样描写他们务实风格的形成："《圣经》正统观念的特点养成了他们讲求实际和不尚空想的心理。正是由于《圣经》已提供了天国的图景，他们的政治思想才没有转向勾画理想社会。……也许因为基本理论问题已经解决，清教徒才能把精力集中于认识的实际问题。"因此，认为清教徒的"乌托邦主义顶多是一种习惯法的乌托邦主义，它在于情势的类似，而不在于教条、原则和抽象观念"。[1]这也可用于解说美国理论和思辨哲学空缺的现象。在这之后，个人主义从欧洲转向北美大陆，开始在美国进入了新的发展阶段。

第四，民主制的建立不仅为个人发展进一步开辟了空间，也为个人发展提供了保障。这就为美国民主制的建立和个人主义的发展提供了比其他国家便利得多的机遇和广阔天地，而这个民族对民主制的抉择又为个人主义充分发展开辟了更多可能。从因果条件上看，民主制和个人主义是相辅相成的。没有充分发展起来的个人也便不会有民主制的建立，反之，民主制的建立又为现代社会个人的出现提供了前提和发展的可能。

第五，超验主义为美国个人主义思想提供了哲学和文化养分。始于1836年的超验主义持续了大约十年之久，引发了新英格兰文艺复兴运动，这是美国本土上第一场重要的文化运动。超验主义者大都聚居在波士顿附近，在当时美国建国之后、民族文化酝酿和形成之时，他们的出现，在美国文学史和文化史上构成了先驱性的群体。他们怀着对先进思想的渴望和

[1] ［美］丹尼尔·J. 布尔斯廷. 美国人——殖民地历程［M］. 时殷弘，等译. 上海：上海译文出版社，2009：31.

改造社会的热情，探讨哲学，发表社会改造言论；他们尝试创作诗歌、散文，探讨文学问题；他们创办布鲁克农场进行乌托邦式的社会实践，他们兴办教育，进行教育改革，他们还大力倡导废奴主义，反对政府以任何强权形式干涉公民自由。尽管这一运动并未以成功收尾，影响所至却波及一个民族的历史。这样形容并不为过。他们的形象在许多方面与当时年轻的美国的发展轨迹相吻合。他们身上所体现出的热情、所致力的乌托邦改革，他们的鲁莽、迷惑以及对个人意志的执拗的坚持等，无一不是正在成长中的年轻美国的写照。这种热情与传统新英格兰人的冷淡、自持、平和形成对比，预示着一种有别于传统特别是有别于欧洲传统的新的精神的形成，这一精神特别执着地在自我与社会之间、自我与宗教之间以及以个人为中心的唯心主义哲学视角与经验主义视角之间寻找身份定位。《美国哲学史》这样评价超验主义："从社会政治方面看，可以把先验论（即超验主义——作者注）说成是一种个人主义的和民主的哲学，因为他强调个人的地位和作用，强调个人的民主权利。"❶

第六，爱默生个人思想成分及其人格魅力、个性等也体现在其关于个人的思想中。超验主义是在美国本土文化建立之时应运而生的一场文化运动，它兼具欧洲文艺复兴文化繁荣的气象和启蒙时代对社会和民众的精神引导作用。在当时，超验主义者所能借鉴的更多的还是欧洲文化，他们试图用舶来的欧洲文化指导自己的思想。"当时的超验主义者自信是输送欧洲革命思想的管道，他们所输送的革命思想将打破褊狭文化的最后几块浮冰，他们自信还是精神生活的革新者。这种激越的感染力在爱默生的小书中最为突出……"❷

作家 E. E. 黑尔（Edward Everett Hale，1822～1909）在回顾 19 世纪 20 年代哈佛大学神学院的气氛时这样描述到：

❶ 涂纪亮．美国哲学史（上）［M］．武汉：武汉大学出版社，2007：236.

❷ ［美］萨克文·伯科维奇．剑桥美国文学史（第二卷）［M］．史志康，等译．北京：中央编译出版社，2008：378.

> 一种热切的热望，在当时加快了所有曾在较为自由的宗教学校中受过训练的新英格兰年轻人的生活步伐。……英国掀起了广受欢迎的传播有用知识的浪潮，并开始了被称作“知识进军”的运动。德语学习是一门全新的学科，德国的大作家们用他们崭新的力量和伴随一种发现的独特的诱惑力影响着我们年轻学生的思想。而对于那些不阅读德语作品的学生，则有柯勒律治为他们打开更为广阔的哲学之门。❶

这段描写不仅是对当时文化氛围的写照，也是对当时美国建国之初、正处于上升时期、亟待建立本土文化的年轻的美国国家的写照。爱默生早年即大量阅读欧洲哲学著作，对柏拉图、康德等人的著作十分迷恋。他三次游历欧洲，与英国浪漫主义诗人柯勒律治、卡莱尔等人结下友情，尤其与卡莱尔保持了长期的通信往来。当时，卡莱尔的充满激情与机智的散文在波士顿报纸上广受好评。不仅如此，爱默生还是当时为数不多的对东方哲学颇有兴趣的人，在爱默生关于人与宇宙自然的关系的思考中，我们可以看到东方思维和东方文化的色彩。

在爱默生思想中，德国古典哲学、英国浪漫主义、清教和东方哲学构成了滋养、塑造他的思想的几个主要部分，这也是他的“超验主义”哲学形成的几个主要思想来源。

爱默生提出的“超验”一词源于康德在其《纯粹理性批判》中提出的“先验”概念。康德用“先验的”一词来指那些非人类感觉经验的东西，先验的尽管超于经验的，却可以作用于经验所触及的思想认识。康德所代表的德国古典哲学思想在辗转流入美国时，又经过了英国哲学和浪漫主义的浸染。爱默生和超验主义者对康德的接受在很大程度上都经过了浪漫派诗人的洗礼。英国浪漫派诗人华兹华斯、柯勒律治等人，都曾深受康德或谢林的影响。柯勒律治的《反思指南》一书于1829年在美国出版，

❶ ［美］萨克文·伯科维奇．剑桥美国文学史（第二卷）［M］．史志康，等译．北京：中央编译出版社，2008：350.

对超验主义思想的形成影响很大。欧洲浪漫主义者几乎无一例外秉持“返回自然”的观点，同时主张将科学认知与感性直觉区分开来。这些无不对爱默生产生了深刻影响。与康德的“超验”略有不同的是，康德以“超验”来说明人类经验认知的局限，而超验主义者则更倾向于超越经验世界向心灵的直觉、宇宙自然的神秘和宗教情愫靠拢。

除此之外，宗教中关于人与上帝相联结的观念无疑也构成了爱默生的宇宙观。清教徒相信，宇宙是一个和谐有序的链条，这一链条将所有生灵串联在一起，而在链条的最上端就是上帝。我们可以在爱默生的超验主义思想中找到这种上帝与生灵相联结的痕迹。在爱默生的思想中，超灵即宇宙大的灵魂，上帝之爱与力量是串联起整个宇宙秩序和万物生灵的链条，在上帝的慈爱力量中，人与世界万物和谐相处，共同融入上帝无边的爱中。

而人与世界的和谐观和顿悟式的直觉体验则是东方哲学的基本要义。爱默生对东方文化一直非常关注。超验主义者中有许多人爱好东方文化。他们不仅致力于传播欧洲思想，也译介东方文献，如中国的《四书》，印度的《吠陀》等，其中一些作品是第一次被介绍给美国读者。

超验之提出，思考的是人的来源和存在、人在宇宙中的地位、人与宇宙的关系等哲学中带有根本性的问题。从爱默生所汲取的思想养分来看，这些思想无一不强调对经验世界的超越和心灵的直觉，主张人与宇宙、心与物的融合而不是人与宇宙、心与物的对立。而思想的唯心主义倾向与浪漫主义、理想主义，与宗教乃至东方哲学无不有着内在的相通。这就使得这场美国本土上第一次文学和思想运动带有浓郁的浪漫主义和理想主义色彩，有着与美国后来的文化发展大不相同的特质。在“最不注重哲学”（托克维尔语）或者说注重实用主义哲学的美国，超验主义的这些特质显得是那么与众不同，那么浪漫多姿，那么不美国化。这种着力强调唯心主义立场的态度，有着当时的文化原因：首先，超验主义者大都有神学出身的背景，他们中有些人当过牧师，爱默生自己的经历就很典型。清教于美国文化尤其是美国早期文化的影响深刻而持久，几乎成为许多美国人身上天然的烙印。其次，在美国发展上升时期出现的物质主义、商业主义，早已引起超验主义者的不满。美国文化中务实简单的特征，似乎更需要一种灵动的因素去调和。爱默生试图以欧洲文化养分来滋养和促进美国民族文化的生成，这在一定程度上是对美国哲学中的实用主义倾向和思想构成格局的单一性、统一性的打破、补偿和平衡。

当爱默生在1833年旅行欧洲期间参观巴黎植物园时，他领悟到人与自然之间存在的奇妙的“对应”关系。这种对应充满了奇异，令人着迷。在《自然》（1844）一文中，他谈到自然万物之间息息相关的同一性使人与万物可以融合为一：“事物总是如此紧密地相互关联，以致根据眼睛目视的技能，从任何一种物体中，我们都可以预言另一种物体的成分或性质。……这种同一性使所有一切合而为一，把我们在通常意义上的巨大差距化为乌有。”[1]在《论自然》（1836）中那段著名的“透明的眼球”文字中，爱默生这样写道：“站在空旷的土地上——我的头沐浴在欢快的空气中，并向着无限的空间上升—— 一切卑琐的自我都消失逃遁了。我变成了一只透明的眼球，我什么都不是，却又洞悉一切，那生生不息的宇宙存在之流通过我流动往复，我成为上帝的一部分或一分子。”[2]这段文字宛若出自一个初生于世的新人打量世界的目光，他对宇宙自然充满惊奇，对作为个体的自我身处其中充满无限欣喜。

然而在《散文集》第二辑的《自然》（1844）一文中，他又这样写道：“由于我们愚蠢和自私的过错，我们仰慕自然；但当我们从中恢复健康和纯洁之后，自然仰慕我们。”[3]尽管爱默生一直承认自然的伟大，也没有回避人在自然面前的谦卑，但是，对于人是宇宙精神的中心，万物从人心中发散在宇宙中的想法又总是在这一谦卑态度之后不可抑制地冒出来，“不管人类与自然世界的巨大力量相比显得如何无能，在‘所见之轴’与

[1] Emerson. Essays & Lectures [M]. N. Y.: The Library of America, 1983: 548.
[2] Emerson. Essays & Lectures [M]. N. Y.: The Library of America, 1983: 10.
[3] Emerson. Essays & Lectures [M]. N. Y.: The Library of America, 1983: 546.

‘事物之轴’相遇时的那些孤立时刻中，他们仍然感觉无所不能。这样的力量注入在《论自然》中，并且洋溢在作品的各处”。❶

爱默生对自然的态度似乎在人是自然的中心、万物的法度，以及人是大自然最谦卑的小学生和最忠实的拥趸的角色之间游移。有时人是宇宙的中心、万物的灵长，有时他又是宇宙之一部分，与万物合为一体；有时他有着启蒙主义者的强大意志，有时他又有着浪漫主义者的纯美理想；有时他向往东方式的对自然的从容不迫的顺遂，有时他又以年轻人的热情去拥抱自然，驾驭自然。在爱默生的自然思想中，关于自我的强烈意识、关于个人在宇宙中的地位的思考贯穿其间。

因此，爱默生有关自我的论述与其说是个人主义的，毋宁说在最初意义上是对生命的惊奇和赞美、对个体力量的弘扬。但是这种极力扩张的个人主义又总是与自然不离不弃地交织在一起、作为自然和上帝的一分子而存在。个人灵魂与宇宙超灵的完美融合，是爱默生思想中深受浪漫主义、德国古典哲学、东方哲学和清教影响的一部分，也是爱默生思想中最富灵性、最为动人之处。显然，爱默生的个人不是一个脱离了自然的孤立自私的个体，而是一个永远作为自然一分子、作为宇宙超灵一分子而存在的有所依傍的“小我”。但是，这个在自然和上帝的慈爱中谦卑存在的小我的个人，并没有沿着东方哲学的融合平和的道路前进，而是更像拉伯雷的巨人一样不断崛起壮大。这种对生命个体的推崇更接近文艺复兴时期对人性的肯定和欧洲浪漫主义生命观。在爱默生充满热情的思想中，在关于人的自由和蕴藏在自身中的力量、灵魂对自然的直觉体验、个体的神圣和价值等表述中，我们可以随处发现这种血缘极为相近的变体。尽管这个个人披上了与自然融为一体的外衣，但这种融合不仅有东方色彩，也更是浪漫主义的。在骨子里，这仍是一个西方文化所生成的个人，不仅如此，他将在美洲大陆这块土地上成长得更为壮大。

---

❶ ［美］萨克文·伯科维奇．剑桥美国文学史（第二卷）［M］．史志康，等译．北京：中央编译出版社，2008：379.

爱默生思想与其说是唯心主义的，不如说是对自我的最大弘扬，是将自我上升到本体高度，上升到宇宙中心，上升到一切的源头和法则。这种对自我的提升与其说是一种看世界的哲学视角，不如说是一个新生民族和国家对自我认识的需求。他感到了自身正在生长的蓬勃力量，他渴望生长，渴望这种力量，这将有助于他实现对上帝的承诺，实现最初的建立公理主义社会的理想。这种对个人的极力弘扬其后又影响到尼采的超人哲学。

如果我们考察美国民族性格和美国精神，就会发现这种个人主义的强烈特征存在于美国民族性格和精神中，也正因为这样，爱默生思想通过美国文化精神渗透进美国普通民众内心，并因此形成美国的民族性格。爱默生的个人主义不仅是文学和思想上的，也是国家文化和核心价值层面的；不仅是文学上的表述，也是哲学上的观念；不仅是浪漫主义、唯心主义的，也是实干精神的典型；不仅是性善论基础上的乐观意愿，也是构建民族精神的强烈的社会意识。爱默生对个人的弘扬，如果从哲学角度看，亦可看作对主体的弘扬，这是一个刚刚诞生的民族对自我身份的确认需要在哲学和文化上的反映。也正因为这样，对个人的确立亦即通过对个体小我的确立来达到对国家的自我、民族的自我的确立。

正因为这样，爱默生的个人主义在彰显个人的背后总是有另一根与之紧紧缠绕在一起的线索，即一个民族的崛起、上升，这成为爱默生所思考的一切问题的基本标准。无论爱默生是否能够意识到他的思想在后来美国文化发展上发挥了多么重要的影响，至少在当时，他为建立美国民族文化而努力的雄心是明确的。在《美国学者》一文中，爱默生大声疾呼要建立美国自己的文化："我们依傍他人的日子，我们长久以来师从他国学艺的学徒期已经到头了。在我们周围，百万民众正在奔涌向生活的洪流，他们不能永远依靠从国外收获的那些残羹败食来供养自己的心灵。"[1]这是当时回响在爱默生那一代人心中的主旋律，"响彻于这一时期的文学中的国

[1] Emerson. Essays & Lectures [M]. N. Y.: The Library of America, 1983: 53.

家主义高音调，要算最为密切地符合这个时代的强烈要求了。……这个时代的所有美国作家都意识到了这个音调的现实意义和它的号召力——甚至那些企图把欧洲文化工具应用于他们的文化活动的作家也不例外”。❶

爱默生的个人主义被赋予了人与宇宙关系上的浪漫主义色彩，个人成为宇宙之中心。爱默生对自我的高度肯定，洋溢其间的理想主义和乐观进取精神，富有力量以及热情的青春气息等，无不为爱默生的个人主义思想增添了年轻向上的欢乐气氛。爱默生的个人主义把欧洲个人主义变成一种理想主义的、生机勃勃的、乐观向上的个人主义，宛如一个正在成长中的青年，他具有旺盛的生命力，深感自己与整个宇宙大我息息相通，自己的心与宇宙之心合而为一。他满怀拥抱世界的热情、自主自信的精神、积极奋进的勇气，满怀对未来的期盼和意欲征服世界、证明自己的热望。这一形象正好迎合了年轻的美利坚在上升时期的全部热情和野心，以及对建立一种积极的国家形象的期望。

我们看到，在爱默生轻灵的“超验”哲学和建构美国民族文化的雄心中，一种有别于欧洲个人主义的美国式个人主义业已成熟。这种爱默生式的美国个人主义是一种乐观、积极、进取的个人主义，宣扬的是一种积极向上、富于进取、充满力量的个人精神，表达的是一个正在上升时期的民族的满溢的自信和干劲。值得注意的是，爱默生的个人主义建立在这样一种前提下：他认为人性是可以臻于完善的，个人可以通过努力和修养来实现自我生命的提升。这便形成了一种对个人力量充满渴望、憧憬和自信的乐观精神，这种美国式的乐观和自信在惠特曼的诗歌中表达得最为彻底和典型。这种乐观自信既来自欧洲近代以来人性的觉醒和对人的主体性的弘扬，也有清教传统中所持的人性可以臻达完善的信念，也来自开疆拓土时代个人英雄主义的强力意识，而它背后则有法律依据和民主制社会所提供的现实保障。这种独立、自由、进取、乐观、务实的美国式个人主义既

❶ [美] 查尔斯·A. 比尔德，玛丽·R. 比尔德. 美国文明的兴起（上卷）[M]. 许亚芬，译. 北京商务印书馆，2010：801-802.

表现在爱默生的个人主义思想中，也表现在整个美国民族和国家的发展进程中，应该说爱默生思想中的乐观精神更是时代和民族精神的体现。

同样具有这种乐观精神的还有对美国文化产生深远影响的清教。这些都为美国个人主义打上了鲜明的特性。如果说欧洲的个人主义是在摆脱宗教束缚中脱颖而出的，那么在美国，宗教反而是个人主义发生成长的温床。神学不仅在殖民地时期和美国建国之初扮演至关重要的角色，在爱默生思想历程中也同样意义非常。爱默生的父亲在当时属于被称为“一位论”派的教派，而“一位论派让人看到了一个开明的、包容的基督教，一个关注理想世界、给人激励与慰藉的基督教”。[1]同样，爱默生毕业于哈佛神学院，并以牧师身份开始其职业生涯。黑尔在回忆中也曾谈到宗教对人性的乐观态度：“那群围绕在钱宁博士[2]身边的领袖人物，与他一起永远挣脱了加尔文神学的桎梏。这些年轻人所受到的训练就是要让他们认识到，人性并没有完全堕落。他们所得到的教育是，没有什么东西是人性所不能办到的。”[3]

而清教带来的另一个重要影响则是天定命运说，这就使美国个人主义带上了深刻的宗教底蕴和意识：强烈的上帝选民意识。清教徒抛弃家园、远渡重洋来到新大陆，即是要建立一个“山巅之城”，一个堪称全世界模范的公理社会。这也深刻影响美国文化精神，形成美国式个人主义的特征。只是这种特征有时会被英雄救世传说、强有力的单打独斗的个人英雄主义、追求自我价值、追求个人成功等所冲淡和遮蔽。当这种意识和特征经过种种历史和现实的交融催化表现在美国国家意识层面时，就会表现为上帝选民意识、全球领袖意识、世界警察意识、文化制度推行意识及至霸权主义等。

---

❶ ［美］萨克文·伯科维奇．剑桥美国文学史（第二卷）［M］．史志康，等译．北京：中央编译出版社，2008：331.

❷ 威廉·艾勒里·钱宁（William Ellery Channing，1780～1842），美国波士顿公理教会牧师，超验主义思想的先驱性人物，被称为新英格兰“伟大的唤醒者”，其思想对爱默生影响很大。

❸ ［美］萨克文·伯科维奇．剑桥美国文学史（第二卷）［M］．史志康，等译．北京：中央编译出版社，2008：350.

而随着历史发展，这种曾经是年轻的乐观的个人主义逐渐显露出它过于乐观和自信的问题。美国发展的历史就如同一个青年成长的历史，新生、年轻、富有朝气、充满进取精神；而美国的雄心、野心和自信心也如同一个人强烈的自我意识的释放过程，这种释放和张扬的自我意识便是美国精神的核心——个人主义。没有这种个人主义，便没有今天的美国和美国文化。如果说这种个人主义是存在于美国人心中的普遍信念，那么，个人信念便构成了国家和民族的信念，并以国家和民族的面目出现。那种通过国家形象表现出来的个人主义精神，也许我们可以称为“国家个人主义”。当个人主义演变为“国家个人主义”时，个人主义精神的实质是否还如当初？

二、爱默生与梭罗

这里所谈论的美国文化主流，我们把它限定为代表国家理念的主流价值观以及最能够体现民族精神的那些主要特征。美国文化精神的主旨是建立在个人主义基础上的以个人自由、权利、价值实现为核心的一系列特征。

在人类历史上，从没有一个国家如此主张、鼓励一种个人化的思想和行为方式，个人在人类历史上从未获得过如此重要、神圣的地位。不仅在个人、公众、思想文化层面，甚至在政府层面，个人都是如此受到尊重和保护，并且这种保护行为本身也受到鼓励和尊重。美国政府公开地、自豪地宣扬、鼓励这种美国式的个人理念，不仅将个人权利、自由和意志写进宪法，也在身体力行地实践着这种理念。整个美国历史某种程度上就是一部个人在社会、国家、宗教、文化精神及政治体制中的地位不断得以确立、提高、弘扬，及至成为在人类历史上、在关于个人与社会的关系中最强调个人理念的历史。这种理念不仅关乎人的生存、政治制度、社会权益、国际关系等现象，也作为一种文化形态、一种大众意识、一种民族精神，深深内化于美国社会和国民内心。

因此，当我们谈论美国式的“个人”概念时，所指的是一种典型美国式的理念，它不仅具有广泛的民意基础和历史基础，也已成为一种主流思想和文化，既在民间又在政府层面代表美国文化的精神。

在当时，不仅是爱默生的《自我信赖》表达了鲜明的美国式个人理念，超验主义其他成员即使没有提出明确的个人思想，也从不同方面表达出对个人的理解，在他们的作品和生活中，个人是一个重要的思考背景，而这又与建立民族文化的自觉结合起来。美国文化中对个人的强调促使这些文化精英站在民主国家的立场上思考个人与社会，同时思考美国的未来。对于一个新生的民主国家来说，个人与社会、个人与群体、个人与种族、个人与国家，这些问题所涉及的不仅是人类社会发展的现象，也是一个关乎民主制度的根本性问题。除却爱默生的思想表述，梭罗的身体力行，钱宁、阿尔科特、富勒、皮博蒂等人的社会改良也可以算入其中。但是，尽管美国文化从一开始就表现出对个人的高度关注，在这些知识精英中，对个人的理解并不尽相同。我们会看到，在其后的美国文化发展中，个人主义更多表现为爱默生式的个人主义品质，或者说，爱默生式的个人思想构成了美国个人主义思想的主流。

超验主义团体中的成员都在一种热切的探索中寻求自己对人生、哲学、文学艺术和社会改革的理解，这场文化运动对美国这样一个从无到有的新兴国家而言，在建立民族文化的意义上功不可没。大量新思想的涌现、文化上的勃兴与自觉的本土意识、一批知识精英的出现，都为这场文化运动增添了意义。欧洲历史在“人”的观念上经历了一个从奴隶主、皇权贵胄和神权中逐渐脱离，获得人的尊严和权利的过程，而这些过程在美国这个新兴国家中已被大大省略或根本不存在。这使美国文化在一开始所要面对的不是皇权君威和尊卑有别的等级制度，不是神的不可测度，而只是人自身：早期殖民者首先要面对的是如何在一个充满危险动荡的严酷环境中生存下去，他们首先要学会运用一己之力对抗环境；其次，在殖民地自治、社团结盟、小政府大社会形态以及建立民主制国家之后，人们还要考虑如何在诸多社会关系中成为自身以及如何最大限度地实现自身，这其中包括个人的独立和自由，自我价值的实现，人与社会的关系等。美国人所考虑的是，人在社会关系中如何既能遵守社会秩序，又能最大限度地保护个人权益，并在此基础上，达成人与人的共处关系和人与社会的共处关系。

“到了1863年，爱默生已成为美国公众生活中不可缺少的一部分。”[1]爱默生的许多重要文章最初都是以演讲的形式传播的，他是一个天才的演说家，他的演说富有一种激越而宏大的魅力，他的如“密西西比河水”般富有气势的语言配合其充满启蒙色彩和美国信念的内容，足以使他成为当时的文化先驱。听众们如痴如醉地聆听他的演讲。爱默生的个人思想之所以被广泛接受，首先在于那个特定的时代。围绕在爱默生周围的人们，尽管并没有一种严格、统一的观念将他们联结在一起，当时美国文化界的状况却促使他们秉有共同的精神追求和文化旨趣，那就是他们经历着一个共同的时代。这个时代，美国正在从无到有地建立一个全新的国家和政权体系，这将是一种创举，而这一创举是需要文化上的同步建设的。

在没有等级束缚的情况下，美国式的个人可以在人的自我价值实现上充分发展，这使得美国式的个人比其他民族文化中的个人更加强调人的独立和自由，像一个正在成长中的年轻人，因其缺少层层重压而无所顾忌，对自己的力量和能力充满自信。人类的成长如同个人的成长，在经历了种种磨难之后，人的历史才会因哀伤和悲悯而更加厚重，但这些在美国历史中是不存在的，短暂的历史造就了年轻的美国人，造就了美国式的自信和乐观。这在美国建国之初和国力上升时期无疑是最相宜的状态，而国力的渐强又大大强化了这种美国式的自信和乐观。这是爱默生关于个人独立自我信赖、强调个人自由和自我实现的思想得以被迅速接受、广为传播的社

---

[1] ［美］小罗伯特·D. 理查森. 爱默生：充满激情的思想家［M］. 石坚，李竹渝，等译. 成都：四川人民出版社，2001：779.

会原因。

其次，爱默生的思想在融合欧洲思想后，将其改造成为美国式的思想，并赋予其更多正面的积极意义。超验主义尽管发源于美国本土，其组成来源却得益于欧洲母体文化。超验主义既有德国古典哲学特别是康德哲学的成分，又受到欧洲浪漫主义的影响，同时亦有东方哲学的影子。如果单看这几种思想成分，我们就会发现超验主义者所感兴趣的是什么。康德哲学中的"超验"思想看重的是对实际生活经验的超越，它从先于经验的领域着眼，认为在人类经验之外存在我们的经验所不能认识的领域。同样，浪漫主义者对自然、美、理想、情感的推崇，对神秘事物的兴趣，与超验哲学相得益彰，仿佛是从艺术、纯美的角度对超越经验的理想和神秘之境所作的诠释。如果将"超验"作为对人生根本性问题的认识的基础，那么，浪漫主义者对世界的态度无疑是将哲学引入生活中的审美的超验。再往前走，超验主义者可能很容易就滑向神秘主义、宗教情绪或虚无。事实上，许多超验主义者都多少具有这种近乎宗教情绪的神秘和圣洁的倾向，追求纯粹的理想极致体验。如果这种对先验世界和理想世界的迷恋不能以某种准则固定下来的话，很可能会使人成为某种观念的牺牲品。布鲁克农场的失败即是一个实例。

但是，这种情形没有出现在爱默生的思想中。一种类似青年人式的健康的热情使爱默生的唯心主义倾向在向神秘和纯粹的理想之境前进的途中，适当地将思想引向积极和富有力量的方向，而没有向着阴郁、疯狂、反理性、激进、怀疑主义、宗教迷狂、极端主义发展。这就使得爱默生的思想在所有超验主义者中始终能够保持一种积极向上的基调，这种基调最能够体现年轻的美利坚在上升时期的民族情绪，也最符合民族发展的诉求。

再次，爱默生的个人主义建立在对人性的乐观态度上。不仅是个人主义，爱默生思想整个都建立在这种乐观精神上，这既是美国上升时期的国家和民族心态的一种映射，也与爱默生性情中的乐观坚定和个人思想中的积极有力有关。在爱默生的个人主义思想中，既有超验空灵的一面，也有进取强力的一面，这一点对尼采有很大影响。而美国精神中更多体现和承续下来的是其进取强力的一面。

爱默生的个人主义思想从最初的倡导个人自我信赖、自立、个人自由、个人价值的实现，直至为美国文化精神奠定了基调。这种个人主义与美国上升时期的乐观自信的国家心理结合起来，与美国民族情绪和宗教上的天命意识结合起来，从单纯的哲学和文学转变为具有更多国家民族内涵和广阔发展空间的，甚至具有不可测量的张力的一种思想现象。爱默生个人主义及其文学哲学不仅仅是单纯的学术，当它与国家文化和民族精神结合起来时，便有了更重要的意义。任何学术都不单纯是学术，它背后是无限广大、风起云涌的社会背景。但学术本身又具有其自身倾向并蕴涵着思想的力量，这种力量有时会通过现实显现出不可测度的结果。爱默生提出个人主义正是适时地为美国文化奠定了基础，并在其后演变为美国社会现象和文化现象。

由于爱默生的乐观人性观，个人主义思想与当时美国上升时期的国家心态最为吻合，或者说，爱默生的思想表达了美国文化的主流倾向，传达出美国精神的特质。在思考美国人和美国精神方面，爱默生表现出其中最积极和主旋律的一面，“爱默生是一位自我信赖、自我调节以及强调灵魂或精神活力的伟大美国斗士。他从不仅仅满足于断言，他总是在寻找力量的源泉”。❶

这也就是何以爱默生的思想会成为美国文化精神中的重要元素，何以会对美国文化产生如此深远的影响。是美国文化选择了爱默生，还是爱默生恰巧印证了美国文化？美国文化在选择爱默生之时其实就已经选择了将人性的无限可能性发扬光大的乐观态度，这也就是何以美国文化中个人能力可以无限制地发展甚至超越群体和政府的原因，这也就是美国梦得以制造和变成现实的根源。

最后，爱默生的个人思想在注重个人之时，始终依傍着美国民族的身

❶ ［美］小罗伯特·D. 理查森. 爱默生：充满激情的思想家［M］. 石坚，李竹渝，等译. 成都：四川人民出版社，2001：4.

份、背景和发展需求。爱默生始终站在美国的立场谈论这个“个人”，在强调个人自由、意志、权利之时，这个“个人”始终是美国的个人，作为美国公民而行使个人的权利和自由。这是爱默生个人主义思想的一个重要立足点，而这一点在美国个人主义理念中将被证明是非常重要的。

我们可以从爱默生与梭罗的关系中看出这一点。这两位美国文化名人的关系一直是人们津津乐道的话题。1837 年，爱默生与亨利·大卫·梭罗相识，当时爱默生 34 岁，而梭罗只是一个刚刚 20 岁的年轻人，正在学院读四年级。同年 4 月，梭罗阅读了爱默生的《论自然》一文。1837 年夏梭罗毕业后，开始在康科德公理学校教书，与此同时，大约是在爱默生的影响下，梭罗开始记笔记。在 1838 年爱默生自己的笔记中，他第一次提到梭罗，对这个年轻人很是喜爱。他这样形容这位朋友：“这个男孩说的每一句话都使得和他交往非常愉快。”[1] 他还非常赞赏梭罗身上的叛逆精神。同年 4 月，在爱默生的笔记中，他还写到他和梭罗一直散步了很久，直走到当地最高的山崖，从那里可以俯瞰萨德伯里河谷上壮丽的景象，他这样写道：“天气温暖，愉快，薄雾绵绵，整个山川好似个露天大剧场，沉醉于欢乐之中。一声乌鸦的啼鸣仿佛在空气中的每一个尘埃上回荡。”[2] 作为在爱默生生活中出现的一个新人，梭罗在爱默生生活中投下了浓重的一笔。同样，当时只有 20 岁的梭罗也已经把爱默生当作了自己亦师亦友的重要人物。两个同样在美国文学史和文化史上留下重要影响的人此时开始了他们亲密友好的关系。一个曾经拜访爱默生的人在后来形容他见到爱默生和梭罗时的情景，他说当时梭罗正在爱默生家里，显得很自在，他和爱默生的孩子们玩得很好，一直在爱默生家里待到很晚。当大家聊到某一话题时，爱默生便很关注梭罗的意见，每当从梭罗那里听到尖刻的评论，尤其是听到对教育问题的攻击时，爱默生都会报以静静的微笑。

---

[1] ［美］小罗伯特·D. 理查森．爱默生：充满激情的思想家［M］．石坚，李竹渝，等译．成都：四川人民出版社，2001：394.

[2] ［美］小罗伯特·D. 理查森．爱默生：充满激情的思想家［M］．石坚，李竹渝，等译．成都：四川人民出版社，2001：394.

爱默生和梭罗之间的关系在最初就是以这样亲密而默契的心灵交流方式呈现出来的。梭罗确实经常出现在爱默生家庭中，他喜欢爱默生的家人，特别喜欢爱默生的孩子们，孩子们也喜欢他。当爱默生出远门时，梭罗还会留在他家中帮助照看家庭，做些家务。梭罗在爱默生家中占据了一个特殊的位置，看到爱默生和梭罗的那位记述人感觉梭罗看上去就好像他们家庭中的一员。

爱默生和梭罗有很多相似之处，他们都关注人的精神的自律，认为人性是基本稳定的，更欣赏康德的心理认识理论而不是洛克的学说，他们都相信个人良知的权威性。他们都喜欢大自然，喜欢在康科德的乡间散步，喜欢康科德的瓦尔登湖。并且，他们相互赏识对方。当时的梭罗看上去有些像爱默生的弟子，而他在很多方面看上去都有点像爱默生，就连说起话来都有点爱默生的风格。对于爱默生来说，他敏锐地发现了梭罗身上的特殊的叛逆气质，他不会献媚，有些傲慢，但却有趣，他曾这样形容梭罗："梭罗用血与肉，用他那执拗的撒克逊人的信念，给了我做人的准则。比起我来，他更为真实，而且更能在实践中履行着它们。他总是以一种肯定的、不容被搁置一边的经历来给我留下深刻的印象。"[1] 事实证明，爱默生对梭罗的这段观察是准确的。当时的爱默生和梭罗亦师亦友，相互影响，相互从对方身上吸取思想能量。在梭罗的笔记中，明显地出现关于自然、诗歌、历史、自我信赖这样一些爱默生式的基本主题，而爱默生的笔记中也开始出现梭罗感兴趣的主题。从两人的作品、笔记和当时的一些生活片段中，可以发现许多这样相互影响的痕迹。两人不仅共同关注着一些话题，而且会在自己的写作中出现一些对方写作时的用语。

尽管两人有这样多共同之处，两人性情和思想中的某些方面却又是非常不同的。爱默生更关注宇宙中心、精神中的创造力、人与宇宙自然之间的神奇的能量，而梭罗更喜欢细致的观察，对自认世界的认识和记述方式

[1] ［美］小罗伯特·D. 理查森．爱默生：充满激情的思想家［M］．石坚，李竹渝，等译．成都：四川人民出版社，2001：396.

更趋于条理性，对科学更感兴趣。爱默生喜欢以充满魅力的格言式方式来表达那些重要的思想，语句铿锵，富有气势，而梭罗则更喜欢以叙述方式道来，抓住对某一时刻的洞察来表达深邃的认识。同时，爱默生更趋向于对美好、和平的世界的赞美和热爱，而梭罗则带着对社会问题的批判和抗争精神。这种不同的性格和认识倾向也是导致他们渐渐在一些问题上产生分歧的原因。正像美国学者理查森指出的那样："他们都感到远离了普通世界，为着揭示而生活，总是意识到控制和驱使着过程的法则和形式。各自都渴求清晰，追求条理。最后，两人都因为不可避免的无可逾越的分立而行的需要而受到诅咒。"❶

1848 年，爱默生和梭罗的关系开始紧张，这其中有些是事务性因素，而深层原因则来自两个同样富有思想的力量和人格的独特性却难以达成和谐一致的灵魂。1847 年，梭罗的《康科德河和梅里马克河上的一周》一书正准备出版，但是直到 1849 年才得以问世，而且销量极差。更糟糕的是，爱默生对此书评价不高，这使得梭罗对此愤愤难平，他觉得爱默生在他们关系友好时满是恭维，当他们疏远以后，却又对他横加指责。同样的不满也出现在爱默生的笔记中，一直保持记笔记习惯的爱默生把自己最初对梭罗的喜爱和后来对梭罗的不满都记录在案。爱默生对梭罗的不满可能更多来自对他性格中阴郁成分的警惕。他已经注意到梭罗和自己是不同类型的人。他甚至在笔记中说"宁肯抓一根榆树枝，也不愿意去挽梭罗的手臂"。这样说已经与梭罗把爱默生说成"敌人""毒箭"旗鼓相当了。的确，梭罗与爱默生在性格的某些地方相差很大，这也许是造成两人不能见容于对方的直接原因。在梭罗身上，总是有一种阴冷、严肃的东西，他总是对一切报以辛辣的嘲讽，对人性中的弱点几乎无法容忍，让人觉得缺少人情味。与梭罗形成对比的是爱默生那种充满激情、热忱和总是勇敢面对一切的精神。爱默生甚至无法理解

❶ ［美］小罗伯特·D. 理查森．爱默生：充满激情的思想家［M］．石坚，李竹渝，等译．成都：四川人民出版社，2001：400.

梭罗为什么能对美酒佳肴无动于衷，而梭罗对爱默生热衷于去欧洲旅游很是不解。不过，爱默生对梭罗很是欣赏，也处处维护他，尽管两人之间也会有对某些学术性问题的争吵，但常常能言归于好。但是，梭罗身上的这种多少有些高冷的气质总给人难以接近之感。不仅是爱默生，梭罗周围的一些人也注意到他身上那种执拗的反叛性和似乎缺乏热情的克制、冷漠。尽管这两位美国文化伟人由于种种原因导致关系疏远，但是，爱默生在临终时仍然把梭罗视为自己最好的朋友，并在梭罗去世后为梭罗撰写了悼词。题为《梭罗》的文章是爱默生最后一篇重要作品，也是一篇优秀的人物传记，并且被认为是迄今为止对梭罗评价最准确和深入的文章。在文章中，爱默生认为梭罗是为了这个时代而活着的人，他可以用自己犀利的眼看穿人性。

作为爱默生最亲密的朋友，梭罗对自我的强调似乎走得更远，在某种程度上梭罗甚至是一个与社会格格不入的孤独的思想者。爱默生曾认为没有再比梭罗更真实的美国人了，“爱默生一直强调梭罗身上的‘美国特色’（‘他对英国与欧洲人的礼仪和鉴赏力的厌恶，甚至到了鄙夷的地步’）和创建精神”。❶ 梭罗在瓦尔登湖畔的小木屋独自生活两年零两个月的经历，与布鲁克农场都带有实验性质。与布鲁克农场的超验主义试验不同的是，梭罗的湖畔独居生活所体验的是一种充分个人化的生存状态。因其对自我的修行式的思考和体验而与爱默生所提倡的进取的个人生存状态又有不同。爱默生的个人更多带有浪漫主义和积极进取的特征，而梭罗则想在一种脱离社会的自然状态下、在纯粹个体意义上思考人的存在，他说：“让我们自己首先变得简单而美好，如同大自然本身一样，驱散那垂挂在我们眉头的阴云，把小小的生命注入我们的脊髓。不去做穷苦人的先知，而要努力成为这个世界上值得去做的人。”❷ 这是爱默生与梭罗对个人理解的基本差异。

---

❶ ［美］小罗伯特·D. 理查森．爱默生：充满激情的思想家［M］．石坚，李竹渝，等译．成都：四川人民出版社，2001：775.

❷ Thoreau. Walden［M］. N. Y.：The Library of America，1985：384.

另一重要差异是，梭罗始终坚持个人高于群体，高于社会。与爱默生相比，梭罗更加坚持个人意愿和判断的权利。即使在现代社会，梭罗的这种个人观念仍然具有超前性。这种观念表面上看来与无政府主义相当接近，在强调个人意愿和个人自由上似乎过于高调，这对社会和政府都具有潜在的威胁。“……梭罗总是那么不可接近，许多人都同爱默生一样隐约感到，梭罗身上那种无政府主义的活力其实是有害的，因为它源于具有毁灭性的隔离之井。蒙丘尔·康韦说他怀疑‘在瓦尔登湖的深处潜伏着一个险恶的妖王之女，把梭罗的生命给勾走了’。”❶ 然而，如果一个政府所代表的大多数人的利益和意愿是错误的，或有悖于正义，形成民主社会中托克维尔所说的“大多数的暴政”，那么，那些少数出自良知的声音就会显出特殊的意义和力量。这是个人和民主社会之间不可化解的矛盾。在民主社会中，一方面，没有独立而自由的个人也就无法构成民主社会；另一方面，正如专制社会里一个人或少数人的权利和意愿可以压倒大多数人的权利和意愿一样，在民主社会中，大多数人的权利和意愿也会压倒个人或少数人的权利和意愿，而“多数的权利和意愿”正是对个人权利和意愿的压制。“如果你承认一个拥有无限权威的人可以滥用他的权力去反对他的对手，那你有什么理由不承认多数也可以这样做呢？”❷ 梭罗对自我的强调超出了社会范围和社会关系，个人的思考、意志、个人权利之不可侵犯在梭罗这里得到了充分强调。爱默生是康考德的圣人，在他周围聚集起来的追随者的热情如同光环围绕四周，而梭罗则一直被周围邻居当作行为古怪的人，“梭罗身上几乎没有常人的热情，也没有多少常人味，对一般的人性弱点和欲望无法容忍。他内在自我的一个重要部分就是一种深厚的克己和自制的能力，一种不靠外界的能力，尤其给人以深刻印象的是他可以毫不费力地办到这点。这种说不、宁愿反其道而行之的能力使他在自己

---

❶ [美] 小罗伯特·D. 理查森. 爱默生：充满激情的思想家 [M]. 石坚，李竹渝，等译. 成都：四川人民出版社，2001：651.

❷ [法] 托克维尔. 论美国的民主（上卷）[M]. 董果良，译. 北京：商务印书馆，2009：288.

周围筑起了一座高墙”。[1] 梭罗的古怪在表面上为他赢得了不可理解的声誉，而实际上，也许在当时，并不是许多人都能够意识到，他与周遭的格格不入，实则是一种反叛和不合作。梭罗是一个不合社会潮流的逆反者、一个反政府者、一个国家叛逆者。

梭罗由于反对美国人侵墨西哥而拒绝向政府缴纳人头税，他被逮捕并被送入监狱。他只在监狱中待了一晚，第二天早上就被他的姑妈赎回。后来，梭罗以此事为由写下了著名文章《论公民不服从的权利》。汉娜·阿伦特在讨论梭罗这一举动时说这篇文章“使得‘公民不服从’这个术语成为我们的政治词汇之一。在这篇文章中，他不是基于公民和法律的道德关系，而是基于个人的良知和良知的道德义务来为自己辩护”[2]。梭罗在个人主义历史、在质疑民主政体的合理合法性上开了一个先例，他在个人与政府、个人与群体、法律与良知、少数服从多数的问题上提出质疑，作出反抗。这一举动影响了甘地的非暴力政策。尽管梭罗这个康考德的“怪人”没有爱默生的名望与圣人地位，却从另一方面丰富了个人主义的内涵，注解了美国式个人的含义。尽管这一含义无法成为正统，却永远在考问人们的良知：“人们不仅和他们的同伴交流，而且也和自己交流，后一种交流方式——我独处自存——为前者制定了某些规则。这些规则是良知的规则……”[3]

与之形成对比的是，爱默生尽管也提倡个人自由、意志高于群体和社会，当个人自由和意志被摆在美国国家利益面前时，他却始终能够从美利坚民族发展的更长远和广阔的视野中考虑事件。这就可以说明为什么几乎所有超验主义者都是废奴主义者，但爱默生在反对蓄奴的同时并不反对西进运动，而梭罗在反对蓄奴的同时可以因为反对大多数人通过的对墨西哥

---

[1] ［美］小罗伯特·D. 理查森．爱默生：充满激情的思想家［M］．石坚，李竹渝，等译．成都：四川人民出版社，2001：651.

[2] ［美］汉娜·阿伦特．共和的危机［M］．郑辟瑞，译．上海：上海人民出版社，2013：45.

[3] ［美］汉娜·阿伦特．共和的危机［M］．郑辟瑞，译．上海：上海人民出版社，2013：49-50.

的战争而拒绝缴纳人头税。爱默生是支持扩张运动的，他的《年轻的美国人》一文可以被看作大张旗鼓地宣扬扩张的先驱。“这篇论文（指《年轻的美国人》——作者注）已作为波尔克领导下的扩张运动的先驱而经常阅读，实际上爱默生也真的对波士顿每年新建的一千二百或一千五百栋建筑留下深深的印象。他的确说过：‘道路建筑的这种狂热是有益的’，美国是‘未来的国家’。”❶ 我们今天所知的美国发家史是一部西进和扩张的高歌猛进与种族灭绝的血泪斑斑交织的历史。但当时的爱默生对西进运动是持肯定态度的，他所提倡的乐观和进取的价值观很合适地代表了那个时代美国发展的主流。美国要发展，要扩张，要走在人类命运的前列，就必须采取一系列合乎民族利益的强有力措施，哪怕这些举措是以牺牲其他群体的利益为代价的。“更为正确的是，当他反对吞并德克萨斯时，他坚信历史会证明吞并是不可避免的。”❷ 这似乎更像是运数所定而非国家政策。而这个运数就是美利坚的不可阻挡的崛起和发展。爱默生比梭罗更有预见性地认识到美利坚民族发展的不可阻挡以及所必须要做的事，他不是对是与非不能分辨，或者可以这样说，他比梭罗对待是与非的标准更加灵活，更能够适应时事，只要这个是与非的标准是针对美利坚的。“爱默生在《年轻的美国人》中说：‘有一种庄严而友好的天意，人类就是被其指引的。’这意味着，就爱尔兰铁路工人这一事件来说：‘我们制定控制费用的法律，替代的法律，但人口的原则总是把工资消减到最微薄的状况，但用这微薄的收入的生活可勉强维持下去。’这就是爱默生的逻辑所在，而且他并不满足于此，也不满意于一个仅以商业为重的国家。‘这是贸易的好处与邪恶，它将一切均置于市场：才能、美貌、道德及人自己。’”❸

在这一点上，林肯的例子更为典型。林肯在历史上一直为人所质疑，

❶ ［美］小罗伯特·D. 理查森. 爱默生：充满激情的思想家［M］. 石坚，李竹渝，等译. 成都：四川人民出版社，2001：553-554.

❷ ［美］小罗伯特·D. 理查森. 爱默生：充满激情的思想家［M］. 石坚，李竹渝，等译. 成都：四川人民出版社，2001：553-554.

❸ ［美］小罗伯特·D. 理查森. 爱默生：充满激情的思想家［M］. 石坚，李竹渝，等译. 成都：四川人民出版社，2001：553-554.

人们质疑他究竟是出于对黑人和白人平等的正义感，还是基于联邦统一的考虑而发动内战。汉娜·阿伦特对此这样写道：

和别处一样，良知在这里也是非政治的。……所以它会更彻底，并且如梭罗所说："人们必须停止蓄奴，停止对墨西哥的战争，虽然这会使他们作为一个民族付出代价"，对林肯来说，正如他在1862年所写的，即便在奴隶解放斗争中，"至高目标"仍然是"挽救联邦……而既不是挽救也不是毁灭奴隶制"。这并不意味着，林肯不知道"奴隶制本身极端的非正义"，他在8年前正是这么说的；这意味着，他也知道他的"职责"和"所有人处处都有自由的个人愿望"之间的区别。如果人们剥离这一区别上总是复杂而含混的历史情境，他最后就和马基雅维里所说的是一回事："我爱我的城邦胜过爱我的灵魂。"体现在林肯身上的"职责"和"个人愿望"之间的不一致表明了一种道德承诺的缺失，同样，城邦与灵魂之间的不一致则表明，马基雅维里是个无神论者，他根本不相信永恒的拯救和惩罚。[1]

这里，"好人"和"好公民"的问题再一次显露出来，成为考问良心的审判官。所谓"好人"，即具有良知的人，他只对良知负责，而不会对社会或群体的恶行说"是"，而"好公民"则是代表这个社会利益和行为准则的人，然而，"'好人'和'好公民'绝不是一回事"。[2] 在关于做"好人"还是"好公民"的问题上，梭罗选择做"好人"，他按照自己的良知行事，不惜以个人之力反抗社会，而爱默生则更像是一个真正的美国人，从美国立场出发，爱默生的所为合于时宜而显得更加明智和正确。如果说爱默生是美国文化的塑造者和代言人，是对美利坚民族发展充满信心

[1] ［美］汉娜·阿伦特．共和的危机［M］．郑辟瑞，译．上海：上海人民出版社，2013：46.

[2] ［美］汉娜·阿伦特．共和的危机［M］．郑辟瑞，译．上海：上海人民出版社，2013：49.

的梦想家和正确的预言家，是能够反映美利坚民族性格和精神的美国人，那么梭罗则是美国的良心。

对于良知，汉娜·阿伦特这样描述："良知并不总是伴人左右，每当人们孤身独处，它就守候在侧，漫漫长夜已逝，人们重返人群，它却悄然隐退。"❶ 良知是属于个别勇敢者的，正因为是个别者在大多数沉默或大多数违反良知的情况下勇敢地站出来表达意见，遵从自己的良知，才会有如此孤身反抗的可敬。"如果许多人的良知碰巧达成共识，并且这些良知反抗者决意投身公众领域，让公众听见他们的声音，那么，即使这种良知反抗也具有政治内涵。"良知一旦形成大多数情况，其良知本身的宝贵意义便被公众政治所取代，"在公众领域里，良知的命运与哲学家的真理的命运相差无几：它变成了一种意见，与其他意见毫无分别。而且，这种意见的能效不依赖于良知，而是依赖于持此意见者的人数——'全体一致同意，"X"是一种罪……这会增强人们相信"X"是一种罪的信心。'"❷ 当良知演变成大多数意见的时候，良知已发生蜕变，成为一种公众意见，而这种公众意见有时反而不是良知的表达，而是会形成一种可怕的力量。大多数的意见，不管对错，都会形成一种不容置疑的排山倒海般的力量，把一切与之相反的意见淹没。这个时候，与其说是良知，不如说是一种大多数的政治。

在民主国家中，"大多数的暴政"是民主体制中固有的问题。民主社会以个人的权利和自由为基本条件，而个人参与社会生活、公共事务、政治事务中，必然要将个人权利和自由进行充分发挥。这就会出现一个问题，即在个人行使自身权利，表达自身意见时，便会形成许多个体意见。但是，并不是说大多数人的意见就一定是正确的，或大多数人的意见就必须遵守，因为大多数人正是由许多个人组成的，如果这些个人的意见是

❶ [美] 汉娜·阿伦特. 共和的危机 [M]. 郑辟瑞，译. 上海：上海人民出版社，2013：50.

❷ [美] 汉娜·阿伦特. 共和的危机 [M]. 郑辟瑞，译. 上海：上海人民出版社，2013：51.

“正确的”，那么也许我们可以遵守大多数人的意见，如果大多数人的意见是“不正确的”，那么我们是否因为是大多数的意见就必须遵守，哪怕我们有与此不同的意见呢？而所谓“正确的”或“不正确的”意见的根据又是什么呢？谁来规定意见的“正确”或“不正确”呢？对于不同意大多数“正确的”意见的人来说，这些意见就是“不正确的”，只要存在相反意见，我们就不能仅仅从人数上来确定谁是“正确的”，谁是“不正确的”，虽然大多数时候，我们都会从人数上来断定。这样，我们也就会面临“大多数的暴政”。这种民主制中的问题使权力的关系问题再次凸显出来。

梭罗的个人不同于爱默生，爱默生的个人是年轻的个人，是充满生机、朝气、进取精神和力量的个人，而梭罗的个人更具有一种宁静的孤独的力量。表面来看，梭罗的个人近似东方的隐修者，他远离城市和人烟，放弃人们孜孜以求的名利、诱惑和享乐，独自享受着生存的孤独的宁静和充实，体会着个人与自然完美融合的愉快，体会着人在简单的本质上作为人的存在。梭罗式的个人试图离开社会、群体而独自存在，他只作为个人意义上的个人，只以自己的本心判断事物，他只面对自然，面对自己和自己的内心。在一定意义上，梭罗的个人是反社会、反群体的，带有无政府主义和叛逆色彩，这样的个人，其价值更多在于其所具有的哲学意义，而绝不会在任何时代成为政权所提倡的个人范式。汉娜·阿伦特在评价梭罗时所说：“梭罗足够坚定，他承认并且接受人们指责他不负责任，这是对‘好人’最陈旧的指责了。他明确指出，他‘不对社会机制的成功运作负责’，他‘不是工程师的儿子’。”[1] 爱默生的个人是一个年轻的美国人，一个与他的国家同样处于上升期的人。而梭罗式的个人在与自然融合过程中所体验到的是带有反思和哲学意味的经历：一个更多褪去美国公民的身份而专注于人的自我生存的个人，这样一个“纯粹”的个人在这个世界

[1] ［美］汉娜·阿伦特．共和的危机［M］．郑辟瑞，译．上海：上海人民出版社，2013：47.

上究竟如何生存才是正确的方式？

也正因为梭罗的这种对个人纯粹性的执着要求，使得他更多地要求人的自由意志，并在社会干预下敢于保护个人的自由意志，不惜成为群体的叛逆者。梭罗的这种对个人意志的绝对追求所造就出的可能正是反政府、反规则的个人。时至今日，梭罗的这种不合作行为所具有的先锋性和深刻性已成为当今社会中人们反抗权力、政治、规则的典范。

爱默生另一个合于社会主流的表现是，他是超验主义者中唯一不反对商业主义的人。这是爱默生的过人之处。他不是看不到商业主义的危害，但他依然可以在认识到这些危害之时也预见到商业主义为美利坚的未来带来的巨大益处。“虽然爱默生明白商业的泛滥和它有可能是潜在的另一种新的暴政，但他仍在《年轻的美国人》中赞扬了商业精神，因为它同样代表了一种比封建主义更为民主的、新的社会结构形式。在美国作家中，实际上只有爱默生一人孤立地承认商业原则。大多数美国作家都是反对商业的，很多——包括梭罗——如此强烈地反对。爱默生意识到他的朋友们的反商业情绪；他自己也认识到这样一种社会的缺点，在这样的社会里每件事、每个人都得忍受罗伯特·弗罗斯特称之为‘市场的审判’。但他认为，最终‘世界上的历史学家会发现贸易是自由的原则，贸易培养了美国，摧毁了封建主义，它创造和平又保持和平，将会废除蓄奴制’。”❶

三、思想造就历史，还是历史选择思想？

人类历史和人类思想历史之间的互动关系是复杂的。如果想要区分人类历史和人类思想历史之间的界限，或者理清人类历史进程对思想的发展

❶ ［美］小罗伯特·D. 理查森. 爱默生：充满激情的思想家［M］. 石坚，李竹渝，等译. 成都：四川人民出版社，2001：554.

产生了何种影响，人类思想发展对人类历史进程又发生了什么样的作用，以及究竟是人类历史对思想形成的影响更重要还是人类思想对历史进程的影响更大——这种划分在理论上当然可以进行，在实际中却因二者之间错综复杂的关系而往往难以作出明确的判断，即我们可能无法从是与不是的判断上来说明双方之间的影响。

一种思想的产生和发展无疑依赖于人类发展整体上的状况，是在一定条件、一定历史时期出现的。但这样又很难解释何以宗教多出现在人类历史早期。如果我们认为宗教之所以出现在人类历史早期，是由于当时科学技术还不发达，人们无法以更科学的方法来认识世界，因而只能依靠对神明的信仰来建立对宇宙、世界和人类社会的认识。这样解释固然有其道理，但也无法解释何以在科学技术昌明的今天，依然还会有那么多信徒，有些人甚至将对全知全能的神力的信仰与科学进化论结合起来。另一种无法解释的现象是人类那些最伟大的思想早已在人类早期诞生，它们在很大程度上构成了我们今天各种形态的文明的基础和核心，对人类历史发展的巨大影响甚至无法考量，在许多基本问题上是决定性的。我们今天的许多思想在一定程度上都是顺着这些思想的源头发展而来的，甚至常常在为这些思想做着修修补补的工作、注解的工作、细化的工作，而基础部分和主干部分早已在这些伟大的思想中基本定型了。如果我们认为早期人类发展阶段生产力尚不发达，很难产生这样的思想，那么这些思想的存在表明，人类思想并不是与文明的进化和技术的先进同步的，它并没有随着文明足迹的前进而改变自己的进程，或者说，它并不完全地、被动地受制于文明进步，也不会亦步亦趋地紧随文明的发展，而这其中，思想的诞生与发展更是与科学技术的进步、物质文明的昌盛显得不相协调，思想不会因为科学技术的昌明而发生所谓“进化”，更多的时候，反而表现为一种反其道而行之的现象，即真正的思想上的发展反而与现代物质生活的发展和科学技术占主导地位的现象相悖，物质的发展、技术的先进，反而成为阻碍思想真理产生以及被认识、接受的障碍。

许多思想家早已认识到这一点。他们对西方现代社会的批判所依据的正是这样一种认识立场，西方现代资本主义的发展所导致的本真思想的隐没、信仰的缺失、人类灵魂的被蒙蔽，正是西方文化发展至今的一个普遍性的现象，这一现象引起许多思想家的忧虑、关注和思考，进而引发他们对西方文明的反省和批判，这一反省和批判浪潮逐渐兴盛、扩大，导致西方现代以来一系列思想浪潮的兴起。

从这一点上看，思想的兴起与社会现实之间的关系是复杂的，它表现在：首先思想与社会现实之间的关系并非简单的一一对应的关系，而是更为复杂的；其次思想与现实之间的关系并非现实决定思想，也并非思想塑造现实，而是相生相长、相互影响、相辅相成、彼此互动的。但同时现实与思想也有其自身的独立性和运行规律。一种思想的出现是它所处的那个环境孕育的结果，那个环境中所有因素为这种思想提供了发生的条件，一种思想的产生离不开它所处的环境，而一种思想自身同时具有独立性，一旦生成，便同时具有了相对的独立性，它具有自己的特殊的内容和力量，同时也反过来会对它那个时代和其后的时代发生影响，这是思想本身所具有的品性和力量。

而在历史与思想之间的这种相辅相成、相互作用的关系中，双方既相互影响，或多或少、或隐或显地受到另一方的影响和制约，也同时对另一方施加影响和作用力，既促成对方、成就对方，又制约对方、改变对方。

历史可以是思想产生的条件，也可以通过各种方式促进、改变、制约、阻碍、消灭一种思想，而思想可以通过各种方式对人类生活发生影响，甚至推动或制约、塑造、改变历史行程，同时也被历史的浪潮所冲击，经受历史的选择。

美国历史是人为建立、人为选择、人为制造的，还是历史所酝酿出来的？

美国的历史在人类历史上是一个特殊的例子。大多数民族和国家的历史是从自然生存状态开始的，首先是人类在一定地域范围内居住或定居，繁衍生息，逐渐繁盛，有了国家形态、统治政权和社会规范，在此基础上，日渐演化，形成有着较为固定的社会形态、有着自身特征的文化形态和群体特征的民族形态。一部人类历史几乎都是在这一范式内生成和发展的。世界各民族历史大多遵从这一范式，虽然其间各民族生成发展历史各有其具体性、差异性，也在一定程度上遵从各自特殊的发展规则和模式，有着各自独特的历史，但总体说来，人类历史的发展大体是一致的，都遵从这些规律。

当然，在这一过程中，各民族和群体的历史发展进程又有着各自的特点和轨迹。一些国家作为国家形态消失了，一些民族几经战争、瘟疫等毁灭性的重大事件后，作为民族形态也消亡了，或融于其他民族中，但美国民族从没有经历过这样的发展历程。美国是一个几乎凭空建立起来的国家，也是一个没有遵循人类历史发展过程而人为建立起来的国家。人们可以从一开始就按照自己的理念来设计这个国家的框架，并在一定程度上制约、规定、把握、影响这个国家的发展过程。在一个过程中，一个国家的缔造者和它的民众可以按照自己的理念和构想来创立、选择它所需要的思想、制度、体系、法律、文化甚至社会生活的方方面面。

美国在建国之初即对国家体制进行了最初设计。在这个过程中，关于美国国家体制采取何种形式的问题经过几次讨论和斗争，才最终得以确认。在这个过程中，有两个重要的方面值得关注，这两个方面也关系到美国后来的发展方向、国家理念的形成和确立以及民族文化的形成和确立。

这两个重要方面是：其一，美国国家体制究竟是实行经营管理下的联邦共和制还是民主制。这个问题关系到美国立国的根本，它决定了美国国家体制的性质和未来的发展方向以及在今后可能面临的一系列问题。

对这一问题，美国开国元勋之间也存在矛盾。华盛顿等人更倾向于精英政治为主导的共和制政府，这种倾向也体现在一开始执政的共和党人中。美国开国元勋中的许多人并不相信所谓民主政治，至少不那么相信民主政治在一个国家治理中的作用，或者并不想把一个国家的政府治理完全建立在民主制上。在这些开国精英眼中，完全依靠民众来主导政治事务是危险的，完全把国家事务交给大多数人的想法，极有可能会损害国家利益，政权完全放逐于民众将不会使美国建立起更强大的政府、政体和国力，民众的声音将最终淹没国家利益。与此同时，以杰斐逊为代表的民主党则激烈地推进民主制的建立。

美国的民主制建立也经历了一个比较曲折的较量过程。毕竟，民主制的建立在人类历史上并非易事，美国民主制的建立在人类历史上也是第一次现代意义上的民主制。古希腊时代的民主制社会是人类早期民主制社会的模型，在古希腊民主制社会中，公民的生存权利、参政权利在早期社会发展中得到体现。这是人类早期对公民参与城邦治理、处理政务的一个具有历史意义和典型性的范例。

但是，古希腊城邦制的民主政治与美国所采用和建立的现代意义上的民主制度仍有很多不同。

首先，古希腊民主政治是早期公民参与政治的国家制度和政府模式，在当时历史上，这的确是人类政治管理模式的一个具有历史意义和典型性的制度，但是，考虑到古希腊社会是公元前五六世纪的社会，奴隶制是当时社会生产和生活的主要形式，这种役使奴隶为主要生产方式的社会是无法在完全意义上实现民主的。另外，当时时代的外交，更多是处理城邦之间的利益纠纷、战争等。这些在古希腊时代的社会中是城邦的基本事务。而在现代社会中，尽管国内事务和对外关系的模式基本保持在一定范围内，这些事务与过去古希腊时代的城邦内部和外部事务在本质上并无多大区别，大体上内部事务主要是处理农耕业、手工业生产等民生问题，也要处理社会制度、社会关系、律法纠纷等事务，而在对外关系上则基本处于利益的予与取之间的相互关系和制衡上。在现代社会中，这些依然是一国或一个政府面临的基本问题框架，但是，现代社会事务比之古希腊时代，事务的量与复杂性都在增加，事务的时代性也提醒人们不可以过去的政府模式来处理一切更为现代的问题。这是历史发展的一种必然结果。古希腊时代的民主政治与一个现代意义上的民主制新型社会之间必然存在许多不同，民主制政体无论在基本形式上还是细节上都会存在不同。

其次，古希腊时代是以单个城邦为单位建立起来的民主政体，每个城邦在自己的城邦范围内自成体系，可以单独根据律法形成制度和律法，实行单独管理模式。这其中以雅典的民主政治为代表。而在美国，国家是以各个州联合的形式建立起的联邦体制。这些州虽然具有相对独立的立法、议会和管理制度，但必须统一在美利坚合众国的范围内，遵守国家统一宪法和法案。在古希腊，虽然城邦之间也有联合，但这种联合是松散的，并不被整体纳入一个更大的政体，并不一定要服从统一的更高一级的政府管理，也不必遵循共同的法律，更不必追求共同的利益。但美国需要在各个州联合的基础上建立起一个更高一级的政府，用来统辖各个州，并把各个州纳入国家政府的管理范围内，要求各个州必须遵守共同的法律。这样，美国国家政体就必须在各个州的管理基础上生成国家一级的立法、议会和政府机构。对于美国来说，民主制从地方的层级划分开始，逐渐上移，最后，在国家一级的议会民主制基础上，也相应地产生了国家管理政府职能，尽管这一职能受制于国会两院和最高法院，但权力实际是进行了适当的集中，将一个更大的联邦制国家的管理纳入一种权力约束中。因此，美国的民主制是建立在大的联邦制国家中的民主和权力收束并行的体制。

古希腊则是长老议会制度和元首决策结合在一起的民主制度。这种层级的管理由城邦规模决定，更适合希腊城邦制管理。而美国则更适合现代社会和大规模社会管理。

在美国政体建立、民主制确定的过程中，个人主义和自由主义发挥着重要角色。可以说，没有美国的个人主义和自由主义思想，便不会产生美国式的民主。而美国民主制度的最终确立也为美国开辟一个更自由、活跃的市场经济体制提供了前提和保证。经济的突飞猛进又为美国社会迅速崛起提供了经济保障。美国国力增强进一步保证了当初来到北美大陆的殖民者实现他们建立一个自由公正的山巅之城的理想。这一理想不仅是当初那些初次踏上北美大陆的祖先们的想法，它深深扎根在后人心中，直至美国第一代开国元勋仍在努力实现这一梦想。这一梦想也在其后几代美国人身上不断持续，成为举国之梦想、民族之梦想，甚至波及海外，令无数还在旧大陆上受压迫的人们倾心接受，无比向往。美国梦一时间成为世界性的梦想。美国试图成为世界楷模，为世界树立起一个模范公理的社会，向全世界普及推广美国式理念，带领全世界人民去实现美国梦。这已成为美国历任领导者以及许多美国民众心中的信念。这就是美国在现代随着其国内国际力量进一步提升，成为世界霸主后总是千方百计地干涉其他国家内政，不断向外推行其价值的深层文化原因。在爱默生时代，美国正处于国家建立之初，亟须建设和确立各方面准则，也是国力整体上升时期。美国国家发展需要文化建设，需要确立一整套属于美国的思想观念、价值准则、文化体系。而爱默生的思想正是在这一历史时期产生的能够代表美国国家理念、顺应美国国家发展、开导社会风尚、积极向上的思想。

爱默生的个人主义思想的最大特点在于它的乐观向上和积极进取。这既是它的最大优点，也是它的最大问题。查尔斯·艾略特·诺顿❶曾这样评价爱默生思想中的一些潜在危险："如此根深蒂固、持之以恒的乐观主义虽然在爱默生这种性格的人身上可能只显出其可爱的一面，但对一个民族来说是危险的理论。"❷

爱默生的这种乐观主义不是没有理由的。北美殖民者在经历了一个多世纪的殖民拓荒后，终于在一片新大陆上建立起一个崭新的国家，建立起民主政体。当初漂洋过海来到这里的欧洲清教徒所信奉的建立一个模范公理社会的理想到这里似乎终于实现了。美国的建立，不仅仅是淘金者梦想乐园的实现，从美国形成和所建立的国家体系来看，更多意味着建立一个"山巅之城"的理想国的实现。正像在温斯罗普所作的题为《基督教慈善的典范》的布道文中所写："以色列之神……挑选了我们这个民族，我们就像坐落在山顶上的城市，全世界的目光都在注视着我们。"❸这种理想和信念驱使清教徒们相信，他们所做的事是上帝的旨意。而他们则是

❶ 查尔斯·艾略特·诺顿（Charles Eliot Norton，1827～1908），美国著名作家、社会活动家、艺术史教授。

❷ 钱满素．爱默生和中国［M］．北京：读书·生活·新知三联书店，1996：227.

❸［美］萨克文·伯科维奇．剑桥美国文学史（第一卷）［M］．蔡坚，主译．康学坤，朱士兰，吴莎，译．北京：中央编译出版社，2008：183.

“被上帝亲自撒在一片预定的大地上的伟大民族的种子”。❶

美国历史发展的特殊性使美国没有经历其他民族漫长演进的历史，没有经历人类文明必经的一些发展阶段和社会形态，而直接在当时文明的高度迅速进入现代社会。这是美国得天独厚的历史条件。当欧洲进入帝国主义时代，各种矛盾激化之时，远在大洋彼岸的美国却在向西部进军的凯歌声中，在土地扩张和资本扩张的运动中，在机器化进程的轰鸣中，在财富积聚的热闹中，迅速崛起。欧洲已经衰老，地球上许多民族都在停滞不前，古老的帝国摇摇欲坠，而美利坚正当年轻。这种大的世界背景怎能不使美国人感到乐观呢？正如亨利·詹姆斯笔下的许多美国人所表达出的那种对美国的自豪感一样：“他们（美国人）是世界上最伟大的国家，他们可以把整个欧洲装进他们的裤子口袋里。一个美国人说他们的坏话就应该用铁链子把他绑了送回家去，逼着他生活在波士顿。”❷

这种普遍的乐观心态正是爱默生式个人主义乐观基调的背景。爱默生的乐观主义代表了当时美国社会的普遍心态。可以说，乐观的个人主义是美国上升时期思想和文化的基调，反之，美国的迅速强大也加剧了这种个人主义的乐观主义。这也就是为什么爱默生的许多过于乐观甚至颇为自负的言论能够为时人所接受的原因。对于许多美国人，他们不是对自己的缺点毫无察觉，也并非没有一点反省精神，但在新生国家的迅速崛起面前，对未来的憧憬、自信和希望感常常会战胜对自身理智冷静的反省。

亨利·詹姆斯是美国作家中对美国精神有过最多自觉而深刻反省的作家。在爱默生不遗余力地赞美这个新兴国家的时候，在惠特曼慷慨高歌美国精神的时候，亨利·詹姆斯已经从更为客观理性的角度，通过将美国文化与欧洲文化相互映照来反思美国精神了。他对自己的祖国怀有一种复杂的深深的热爱，但这种热爱并没有像当时多数美国人那样盲目乐观甚至自大。詹姆斯小说中刻画了一系列典型的美国人形象，他在他们身上既赋予

❶ ［法］托克维尔．论美国的民主（上卷）［M］．董果良，译．北京：商务印书馆，2009：37.

❷ 代显梅．亨利·詹姆斯笔下的美国人［M］．北京：中国人民大学出版社，2007：62.

了与欧洲没落贵族气息迥异的新鲜蛮荒的气质，又不无深刻地暴露出美国人的无知自大。然而这种难能可贵的反省并没有唤醒大多数美国人的自省。里昂·艾德尔在评论詹姆斯的小说中对美国人形象的刻画时这样说："詹姆斯一开始就明白，而许多美国读者却愿意闭上他们的眼睛。"❶美国文化对自身的态度从一开始便形成了赞颂与反省两条线索，也正是有了詹姆斯这条反省的线索，使得美国文化在高歌行进过程中不会过于失衡。但这两条线索的发展并非一直并驾齐驱，乐观的一条线索在初期常常是占据上风的。美国发展需要这样乐观的高歌猛进式的自信，这个新兴国家太需要一种鼓动、支持和颂扬了，或者说，他们本来就认为这个新兴国家具有旧欧洲乃至全世界所不具备的先进性，除了文化和历史，美国国家的一切都正在建立这个世界上最合理、公正而优秀的制度模型，而美国经济的迅速崛起也为这一切加速助力。对年轻的美国的充满希冀的展望不仅是当时绝大多数美国人的心态，也是全世界许多人的憧憬。

随着历史发展，这种年轻的乐观的个人主义逐渐显露出它过于乐观和自信的问题。当这种乐观、进取与美国上升时期的开拓精神和民族活力结合起来时，美国文化就成为当时人类历史上对个人给予最多尊重和鼓励的文化，同时也是富有活力的文化和令无数人向往的"美国梦"的文化。而当这种乐观、进取的个人主义与国家利益、与清教徒的上帝选民意识、与美国人的全球领袖意识结合在一起时，美国文化就成为世界上最具霸权意识和侵略色彩的文化。从美国发展历程可知，当个人主义逐渐走向膨胀，并与国家发展结合起来时，便通过国家主体的方式以国家面目表现为一种国家强权意识。随着经济崛起，美国有能力在政治和国际事务中发挥影响，操纵时事时，这种以国家面目出现的美国式个人主义便表现出强劲的霸权色彩。

如果说美国个人主义带有强者色彩和张扬的特质，那么这种强者色彩便最早体现在个人主义的进取精神上。进取是许多美国人所尊奉的信念，

❶ 代显梅．亨利·詹姆斯笔下的美国人［M］．北京：中国人民大学出版社，2007：89.

它在本质上是对自我生命的肯定和对自我能力的信赖。在个人自我实现这一点上，美国个人主义较欧洲文艺复兴和资产阶级革命时代对人性解放的吁求，更加注重个性彰显和个人成功。这样强力进取、注重自我实现和成功的个人主义造就了独立、进取、务实的美国民族性格，也同时将社会达尔文主义、强者理论、文明进化论带进来，如果这种推崇进取的价值观再与种族主义和文明冲突论等结合起来，则不可避免地产生种族歧视和霸权逻辑。

这种以国家面目出现的个体意识的盲目乐观的膨胀即使不是由爱默生肇始，其中所蕴含的文化元素应该说最初是由爱默生所明确下来的。爱默生的观念典型而集中地体现出当时美国社会从精英到大众阶层的普遍心态。与清教徒的上帝选民意识相呼应，爱默生也将美利坚民族看作天生的领袖："除了我们这个国家，有哪一个民族能够担当起领袖的角色？除了新英格兰，谁能领导这场运动？除了年轻的美国人，谁又能指引领袖的步伐？"❶

爱默生在《年轻的美国人》中这段如今看来依然相当狂妄的话是对美国崛起的准确预言和发展的真实描述。这种乐观精神至此已远非进取向上的积极精神所能容纳。不加节制、缺乏自省的乐观会演变为狂妄。美国人深信他们所开创的是这个世界上完美的制度典范，一个真正自由、平等、民主、公平的国家体制。美国人已经按上帝的旨意建立起山巅之城，他们完全有能力实现上帝的旨意，开辟一个尽善尽美的社会。爱默生目睹美利坚民族的崛起，同所有美国人一样深信这种"天定命运"说，他也曾满怀激情地号召人们向西部进军。美国民族内心深处的这种全球领袖意识绝非经济强大之后的产物，而是从一开始就萌发于内并伴随着、激励着美国成长的。在一块完全崭新的大陆上按照人类自己的理想建立一个现存国家制度的典范，这一理想不仅是远渡重洋、艰苦创业的清教徒的理想，也是美国开国元勋和许多普通人的理想。这种对自我理想和价值的高度乐

❶ Emerson. Essays & Lectures [M]. N. Y.: The Library of America, 1983: 226.

观的肯定和全球领袖意识也是美国向全世界推行美国的民主和价值体系，推行美国文化的心理动机。

让我们再回到“好人”与“好公民”的问题上。

爱默生对公众的影响在当时即已发生，听众们如痴如醉地听着他那充满激情的演讲，“然而，正是爱默生对公共事务最为审时度势的反应，越来越取代了作为个人生活的爱默生”。[1]这里我们将再次面对“好人”与“好公民”的问题：爱默生所提倡的独立自由的个人究竟是一个独立自由的个人还是一个独立自由的美国个人？

林肯曾将爱默生称为“美国的孔子”。我们可以这样理解：爱默生思想之于美国文化的意义与孔子思想之于中国文化的意义相当。孔子学说之所以成为中国两千年帝制社会的官方思想和正统思想，自然有其被接受的理由，那么与此类似，作为“美国的孔子”，爱默生的思想也同样很好地为国家采纳，成为文化正统。这并非巧合，而是因为二者的学说中同样具有符合国家利益和发展需求，适合社会发展形势，可以为政府所用，对社会稳定前进有益的因素。林肯将爱默生比作“美国的孔子”其实是非常切近的，不论林肯当时提出这一说法出自什么样的考虑，至少，这一说法道出了一个深刻的现象，不论中国的封建社会，还是美国现代民主社会，在选择主流文化价值观和一国思想之本时，都基于同样的考量标准：对执政者管理社会具有最大化的意义，当然，这一意义也是被前者最大化了的。

孔子的学说在中国封建社会发展中不断被改造，在改造中不断适合统治者的观念和需求，这是一个学说再发展的过程，也是一个再利用的过程。与此类似，爱默生的思想也不断在为美国社会的需求作着注解。“当超验主义者因爱默生激动人心的演讲而大受鼓舞时，一些巧取豪夺的暴发户也同样热切地引用爱默生的话来为自己的无限扩张辩护。没有一位思想

[1] ［美］小罗伯特·D. 理查森．爱默生：充满激情的思想家［M］．石坚，李竹渝，等译．成都：四川人民出版社，2001：782.

家能把自己的本意强加于读者，也没有一种理论能逃脱被误解和庸俗化的命运。”❶ 这是孔子和爱默生所始料未及的。理论的产生都有当时特殊的历史环境和文化背景，我们必须将理论还原到当时的语境中去理解。“爱默生对个人主义的许多说法都具有超验主义的性质，如果不从超验角度来理解，它们便可能导致误读和负面的社会效果。”❷ 没有一种理论能够逃脱意识形态的语境而独立存在，理论被误读、利用、滥用是不可避免的，因此没有一种理论能够始终保持原初的纯洁性。我们不能因理论与某种现实的对应而简单地认为一种理论必然产生某种现实或一种理论有问题。然而，理论对实践虽然不是一对一的关系那么简单，但从理论中追根溯源，或许能帮助我们更好地认识现实。因为没有一种理论能够最终逃离意识形态的语境、政治的干预以及历史的裹挟，而成为真空中生存的思想。

这就是为什么爱默生的思想会成为美国文化的主流并且长期发生影响，正如儒家思想成为中国文化正统一样。与其说孔子影响了历史，不如说历史选择了孔子；同样，与其说爱默生思想迎合了美国社会，不如说美国历史选择了爱默生。文学、思想在塑造文化、历史的同时，反过来，历史、文化也选择了同时也塑造了一种文学和思想。

---

❶ 钱满素．爱默生和中国［M］．北京：读书·生活·新知三联书店，1996：227.

❷ 钱满素．爱默生和中国［M］．北京：读书·生活·新知三联书店，1996：227.

主要参考文献

[1] Emerson. Essays & Lectures [M]. N. Y.: The Library of America, 1983.

[2] Ralph Waldo Emerson. Collected Poems & Translations [M]. New York: The Library of America, 1994.

[3] David Marr. American World Since Emerson [M]. Amherst: The University of Massachusetts Press, 1988.

[4] David Poter. Emerson and American Literary Change [M]. Cambridge: Harvard University Press, 1978.

[5] Joel Torte. Emerson and Thoreau: Transcendentalists in Conflict [M]. Middletown: Wesleyan University Press, 1965.

[6] Iving Howe. The American Newness: Culture and Politics in the Age of America [M]. Cambridge: Harvard University Press, 1986.

[7] George J. Stack. Nietzsche and Emerson: An Elective Affinity [M]. Athens: Ohio Uneversity Press, 1992.

[8] Jonathan Freedman. The Cambridge Companion to Henry James [M]. Cambridge: Cambridge University Press, 1998.

[9] John Kaag. American Philosophy: A Love Story [M]. New York: Farrar, Straus and Giroux, 2016.

[10] Lawrence Buell. The American Transcendentalists: Essential Writings [M]. New York: The Modern Library, 2006.

[11] Mary Ann Caws. Henry James [M]. New York: The Overlook Press, Peter Mayer Publishers, Inc., 2006.

[12] Susan Cheever. American Bloomsbury, Louisa May Alcott, Ralph Waldo Emerson, Margaret Fuller, Nathaniel Hawthorne, and Henry David Thoreau: Their Lives, Their Loves, Their Work [M]. New York: Simon & Schuster Paperbacks, 2006.

[13] Henry James. Major Stories & Essays [M]. The Library fo American College Editions, 1999.

[14] Henry David Thoreau. A Week on the Concord and Merrimack Rivers / Walden; or, Life in the Woods/ The Maine Woods/ Cape Cod [M]. New York: The Library of America, 1985.

[15] Henry James. Complete Stories 1874~1884 [M]. New York: The Library of America, 1999.

[16] Henry James. Complete Stories 1898~1910 [M]. New York: The Library of America, 1996.

[17] Henry James. Literary Criticism [M]. New York: The Library of America, 1984.

[18] Henry James. Collected Travel Writings: Great Britain and American [M]. New York: The Library of America, 1993.

[19] Henry James. Novels 1881~1886 [M]. New York: The Library of America, 1985.

[20] Henry James. Novels 1896~1899 [M]. New York: The Library of America, 2003.

[21] 爱默生. 爱默生随笔 [M]. 蒲隆, 译. 上海: 上海译文出版社, 2010.

[22] 小罗伯特·D. 理查森. 爱默生: 充满激情的思想家 [M]. 石坚, 李竹渝, 等译. 成都: 四川人民出版社, 2001.

[23] 萨克文·伯科维奇. 剑桥美国文学史 (1-8卷) [M]. 史志康, 等译. 北京: 中央编译出版社, 2008.

[24] 托克维尔. 论美国的民主 (上、下卷) [M]. 董果良, 译. 北京: 商务印书馆, 2010.

[25] 沃侬·路易·帕灵顿. 美国思想史 (1-4卷) [M]. 陈永国, 李增, 郭乙瑶, 译. 长春: 吉林人民出版社, 2002.

[26] 加里·纳什, 等. 美国人民 (上、下卷) [M]. 刘德斌, 主译. 北京: 北京大学出版社, 2008.

[27] 保罗·约翰逊. 美国人的历史 (上、中、下卷) [M]. 秦伟安,

译. 北京：中央编译出版社，2010.
[28] 乔治·布朗·廷德尔，大卫·埃默里·施. 美国史（1-4）[M]. 宫齐，等译. 广州：南方日报出版社，2012.
[29] 涂纪亮. 美国哲学史（上、下卷）[M]. 武汉：武汉大学出版社，2007.
[30] 路易斯·哈茨. 美国的自由主义传统 [M]. 张敏谦，译. 金灿荣，校. 北京：中国社会科学出版社，2003.
[31] 梅利亚姆. 美国政治思想 [M]. 朱增汶，译. 北京：商务印书馆，1984.
[32] 汉娜·阿伦特. 共和的危机 [M]. 郑辟瑞，译. 上海：上海人民出版社，2013.
[33] 汉娜·阿伦特. 反抗"平庸之恶" [M]. 陈联营，译. 上海：上海人民出版社，2014.
[34] 让·波德里亚. 美国 [M]. 张生，译. 南京：南京大学出版社，2011.
[35] 罗恩·切尔诺. 国家的选择：华盛顿与他的时代 [M]. 钱峰，译. 北京：北京联合出版公司，2014.
[36] 代显梅. 亨利·詹姆斯笔下的美国人 [M]. 北京：中国人民大学出版社，2007.
[37] 罗·米尔德. 重塑梭罗 [M]. 马会娟，等译. 北京：东方出版社，2002.
[38] 钱满素. 美国文明 [M]. 北京：中国社会科学出版社，2001.
[39] 钱满素. 一个大众社会的诞生 [M]. 广州：花城出版社，2008.
[40] 钱满素. 爱默生和中国——对个人主义的反思 [M]. 北京：生活·读书·新知三联书店，1996.
[41] 李涛. 美国的梦想 [M]. 北京：新华出版社，2008.
[42] 资中筠. 美国十讲 [M]. 桂林：广西师范大学出版社，2014.

